A MISSÃO EM DEBATE

Coleção Ecclesia XXI

Amor e discernimento: experiência e razão no horizonte pneumatológico das Igrejas – Ana Maria Tepedino

Fora dos pobres não há salvação: pequenos ensaios utópicos-proféticos – Jon Sobrino

Igreja: comunidade para o Reino – John Fuellenbach

Movimentos do espírito – João Décio Passos (org.)

O futuro do cristianismo – Stanistas Breton

Os ortodoxos – Enrico Morini

Para compreender como surgiu a Igreja – Juan Antonio Estrada

Paróquia, comunidades e pastoral urbana – Antonio José de Almeida

O ancião e sua senhora eleita: reflexões teológicas, eclesiais e pastorais sobre a condição do bispo emérito – José Lisboa Moreira de Oliveira

Amerindia

A MISSÃO EM DEBATE
PROVOCAÇÕES À LUZ DE APARECIDA

Agenor Brighenti
Rosario Hermano
(organizadores)

Dados Internacionais de Catalogação na Publicação (CIP)
(Câmara Brasileira do Livro, SP, Brasil)

Amerindia
A Missão em debate : provocações à luz de Aparecida / Amerindia ;
Agenor Brighenti, Rosario Hermano (organizadores); [tradução Antonio
Efro Feltrin]. — São Paulo : Paulinas, 2010. — (Coleção Ecclesia 21)

Título original: La misión en cuestión.
Vários colaboradores
Bibliografia
ISBN 978-958-715-366-8 (Ed. original)
ISBN 978-85-356-2606-3

1. Conferência Geral do Episcopado Latino-Americano e do Caribe (5. :
2007 : Aparecida, São Paulo) 2. Documento de Aparecida 3. Evangelização
4. Igreja - América Latina e Caribe 5. Missão da Igreja I. Brighenti, Agenor.
II. Hermano, Rosario. III. Série.

10-01748   CDD-262.120981612

Índice para catálogo sistemático:

1. Conferência de Aparecida : Eclesiologia : Cristianismo   262.120981612

Título original da obra: La misión en cuestión – Aportes a luz de Aparecida
© Amerindia – Uruguay, 2009

1ª edição – 2010
1ª reimpressão – 2012

Direção-geral:	*Flávia Reginatto*
Conselho Editorial:	*Dr. Afonso M. L. Soares*
	Dr. Antonio Francisco Lelo
	Luzia M. de Oliveira Sena
	Dra. Maria Alexandre de Oliveira
	Dr. Matthias Grenzer
	Dra. Vera Ivanise Bombonatto
Organizadores:	*Agenor Brighenti e Rosario Hermano*
Editores responsáveis:	*Vera Ivanise Bombonatto*
	Afonso M. L. Soares
Tradução:	*Antonio Efro Feltrin*
Copidesque:	*Cirano Dias Pelin*
Coordenação de revisão:	*Marina Mendonça*
Revisão:	*Sandra Sinzato*
Direção de arte:	*Irma Cipriani*
Gerente de produção:	*Felício Calegaro Neto*
Capa e diagramação:	*Manuel Rebelato Miramontes*

Nenhuma parte desta obra poderá ser reproduzida ou transmitida
por qualquer forma e/ou quaisquer meios (eletrônico ou mecânico,
incluindo fotocópia e gravação) ou arquivada em qualquer sistema ou
banco de dados sem permissão escrita da Editora. Direitos reservados.

Paulinas

Rua Dona Inácia Uchoa, 62
04110-020 – São Paulo – SP (Brasil)
Tel.: (11) 2125-3500
http://www.paulinas.org.br – editora@paulinas.com.br
Telemarketing e SAC: 0800-7010081

© Pia Sociedade Filhas de São Paulo – São Paulo, 2010

PRÓLOGO

A MISSÃO DA IGREJA CATÓLICA: PARA QUE NOSSOS POVOS NELE TENHAM VIDA

SERGIO TORRES GONZÁLEZ[*]

> "Para vinho novo,
> odres novos."
> (Mc 2,22)

Com amizade e simpatia este texto pretende ser uma companhia para quem o leia. O livro foi patrocinado por Amerindia,[1] escrito por vários autores e se refere à V Conferência Geral do Episcopado Latino-Americano e do Caribe, realizada em Aparecida, Brasil, em maio de 2007.[2] Os bispos publicaram um *Documento final*[3] e, para aplicá-lo, convocaram uma Missão continental, que é um projeto de trabalho que se estenderá por volta de quatro anos com diferentes objetivos, atores e estratégias.

---

[*] Presbítero diocesano de Santiago do Chile. Professor de Teologia no Instituto Alfonsiano de Teologia e Pastoral de Santiago. Foi exilado em 1973, depois do golpe militar de Pinochet. Desde então tem sido pároco em várias paróquias da cidade de Santiago, ao mesmo tempo que tem estado envolvido em atividades teológicas e ecumênicas junto à Associação Ecumênica de Teólogos do Terceiro Mundo (ASETT) e Amerindia, uma rede continental de teólogos(as) e agentes pastorais.

[1] Amerindia é uma rede continental que se propõe manter e atualizar a tradição social e teológica das Conferências Episcopais Latino-Americanas. Inclui um grupo de teólogos(as) que fazem parte do departamento "Animação Teológica e Observatório Eclesial". Alguns participaram, em Aparecida, como assessores externos.

[2] Foram 266 participantes em Aparecida; um total de 162 bispos com direito a voto, 81 convidados, 15 peritos e 8 observadores de outras religiões. Foi notável a abertura dos bispos, pois os integrantes que não eram bispos puderam participar ativamente no trabalho das comissões.

[3] Para nos referirmos a esse texto, citamo-lo como *Documento de Aparecida* (*DAp*) com o número correspondente.

A Conferência de Aparecida foi um acontecimento espiritual muito significativo. O Cardeal Francisco Javier Errázuriz, quem presidiu o CELAM e organizou com êxito este grande evento eclesial, expressou em um documento posterior seu profundo significado: "Aparecida foi um tempo de graça e é um grande dom de Deus para a Igreja na América Latina e Caribe".[4]

Essa Conferência se realizou num momento difícil da Igreja. Os bispos assim o reconheceram num texto que revela a profundidade da crise:

> Não resistiria aos embates do tempo uma fé católica reduzida a uma bagagem, a um elenco de algumas normas e de proibições, a práticas de devoção fragmentadas, a adesões seletivas e parciais das verdades da fé, a uma participação ocasional em alguns sacramentos, à repetição de princípios doutrinais, a moralismos brandos ou crispados que não convertem a vida dos batizados [...] (*DAp*, n. 12).

Os participantes assumiram seriamente sua responsabilidade e enfrentaram o momento crítico com realismo, serenidade e espírito de fé. Confiaram plenamente na presença permanente de Jesus em sua Igreja (Mt 28,20) e, ao mesmo tempo, constataram o mistério da realidade divina e humana dessa instituição (*LG*, n. 9).

Ajudados por alguns documentos preparatórios e com a contribuição coletiva dos participantes, realizaram um diagnóstico adequado da situação da Igreja, e depois formularam várias propostas para redefinir sua missão diante dos desafios atuais. Essas propostas exigem grandes mudanças que muitos desejavam realizar há muito tempo e que foram retardadas por diversas razões. O *Documento de Aparecida* considera, desde o princípio, que "a Igreja é chamada a repensar profundamente e a relançar com fidelidade e audácia sua missão nas novas circunstâncias latino-americanas e mundiais" (*DAp*, n. 11). Se essas mudanças não se realizarem aumentará sua desilusão e a frustração.

---

[4] ERRÁZURIZ, Francisco Javier. *La opción pastoral de Aparecida*. Santiago de Chile: Tiberíades, fev. 2008. p. 1.

Os autores deste livro, competentes em suas especialidades e movidos por um profundo sentido eclesial, trazem propostas e sugestões para o bom resultado deste projeto tão significativo. Fazem-no com a ilusão de contagiar os leitores com seu entusiasmo, realismo, preocupação e esperança. Esta introdução não segue a ordem dos capítulos, mas os agrupa ao redor de alguns eixos centrais. Dadas as limitações deste espaço, sempre existe o perigo de reduzir a riqueza dos artigos. Desde já convidamos os leitores a entrar resolutamente na leitura. Não ficarão decepcionados. Começamos por um aspecto metodológico e seguimos, depois, com temas relacionados com o conteúdo. Interessa-nos chegar às pessoas que já têm conhecimento de Aparecida e também aos que não souberam muito dessa Conferência, mas que se preocupam com o futuro de nossos povos e das Igrejas.[5]

A recepção ou acolhida de Aparecida

Não basta ter um bom documento. É preciso que os(as) católicos(as) o acolham bem, o entendam e se motivem para aplicá-lo. Tal atitude positiva, tecnicamente, se chama "recepção" de um documento. No caso de Aparecida, a recepção não será fácil, e por um duplo motivo. Por um lado, há um grande desconhecimento desse acontecimento eclesial, por outro, as autoridades da Igreja têm dificuldade para se comunicar com os fiéis por razões que são de conhecimento público.

Neste livro, há dois artigos sobre o tema. Agenor Brighenti começa citando um texto de Paulo VI, que se refere ao Concílio Vaticano II, no qual se observa que "os documentos, mais que um ponto de chegada, são um ponto de partida para novos objetivos". Especifica o que se entende por recepção e enumera as condições para que o Povo de Deus receba e assimile essa mensagem. Entre essas condições há uma muito importante. Segundo o autor, a recepção é um processo ativo. O tempo pós-Aparecida

---

[5] A Amerindia valoriza a liderança do Celam e de seu presidente, Cardeal Francisco Javier Errázuriz, para conduzir com êxito a V Conferência e se sente comprometida pelo espaço obtido em Aparecida em seu serviço de assessoria.

é uma nova etapa, também conduzida pelo Espírito, de interpretação e reapropriação do *Documento*. Um tempo para complementá-lo, enriquecê-lo e confrontá-lo com a vida própria das comunidades.

Pablo Bonavía traz uma novidade interessante sobre essa "recepção", fazendo já uma experiência de interpretação. Lendo nas entrelinhas, descobre que a V Conferência, sem citá-los abertamente, assimilou em parte os dois documentos anteriores mais importantes sobre a missão: *Evangelii Nuntiandi*, de Paulo VI, e *Redemptoris Missio*, de João Paulo II. Aparecida teria – como dizem os economistas – um "valor agregado": assumir e atualizar a herança desses dois grandes documentos. Bonavía redescobre os elementos da recepção de *Evangelii Nuntiandi* e de *Redemptoris Missio*, não tanto nos textos do *Documento final*, mas na experiência dos participantes e das comunidades que representavam nessa experiência de comunhão eclesial. Em Aparecida, refletiu-se o que o Espírito Santo estivera falando às comunidades nos anos passados. Segundo o autor, há uma estreita articulação entre o testemunho, a vida dos missionários e o anúncio explícito do querigma (*Evangelii Nuntiandi*). Além disso, acrescenta, é necessário ressaltar a importância da categoria "Reino de Deus" na concepção da missão da Igreja no mundo (*Redemptor Missio*).

Recomeçar a partir de Cristo

Esse é um texto central de Aparecida que se refere ao conteúdo cristológico da Conferência e do *Documento final*. O parágrafo respectivo diz o seguinte: "[...] os cristãos precisam recomeçar a partir de Cristo, a partir da contemplação de quem nos revelou em seu mistério a plenitude do cumprimento da vocação humana e de seu sentido [...]" (*DAp*, n. 41). Essa afirmação inclui vários aspectos que os autores deste livro desenvolveram de maneira muito adequada.

O seguimento de Jesus. Este chamado se refere à pessoa que convida, Jesus, e aos discípulos que o seguem. Num primeiro momento, aparece como um tema conhecido e de consenso. Na prática, não é assim. Na cristologia e na percepção espiritual concreta há várias interpretações.

Entre elas adquire especial relevância a distinção clássica entre o Jesus histórico e o Cristo da fé, que, em geral, se refere aos aspectos humanos e divinos da pessoa do Salvador.[6]

Neste livro, os autores Jon Sobrino e Maria Clara Lucchetti Bingemer falam sobre o tema. Sobrino, um dos líderes da cristologia latino-americana, escreveu "O estilo de Jesus como paradigma da missão". Afirma que no *Documento* não são levadas em conta suficientemente as dimensões concretas do Jesus histórico. Também não está claro o papel que o conflito desempenhou na vida de Jesus. Os conflitos com pessoas e grupos durante toda a sua vida e o último conflito da cruz histórica do Mestre marcaram-lhe toda a vida e são um exemplo para a prática dos cristãos de hoje e de sempre. Sobrino diz que não falamos dos conflitos porque temos medo de denunciar os vitimários que produzem a morte das vítimas. A América Latina continua sendo um continente de "crucificados" e a missão da Igreja "é descê-los da cruz".[7]

Maria Clara Lucchetti Bingemer reflete sobre "a missão como seguimento de Jesus Cristo no Espírito". Traz alguns fundamentos bíblicos e insiste na inculturação da missão no contexto latino-americano. Enumera os elementos distintivos da identidade do discípulo, que são: o chamado de Jesus, a resposta amorosa, a vinculação a uma comunidade de vida e de destino com Jesus e a missão propriamente dita.

A Boa Notícia do Reino de Vida. Este tema está relacionado com a pregação de Jesus, que se considerou a si mesmo como enviado para pregar o Reino de Deus (Mc 1,15). Aparecida usa várias expressões para se referir a este conteúdo: Reino, Reino de Deus, Reino de Vida. Biblistas e teólogos escolhem e acentuam um ou outro alegando razões pertinentes. Dois artigos deste livro se referem a esta "boa notícia". Paulo Suess ob-

---

[6] João Paulo II se referiu positivamente a esta distinção. Na *Redemptoris Missio* (n. 6), observou: "Se é lícito e útil, portanto, considerar o mistério de Cristo sob os seus vários aspectos, nunca se deve perder de vista a sua unidade".

[7] Jon Sobrino, neste ponto, coincide com José Comblin, que se refere a este tema de maneira crítica: "A parte mais fraca do *Documento*, no meu modo de ver, é a cristologia", em seu artigo "O projeto de Aparecida", publicado em: AMERINDIA (org.). *A V Conferencia de Aparecida. Renascer de uma esperança.* Santiago do Chile: Edebé, 2007. p. 37.

serva que não há grandes diferenças entre as expressões "Reino de Deus" e Reino de Vida. Outros, como o mesmo Sobrino, dizem que é melhor privilegiar a expressão "Reino de Deus", que tem conotações diferentes, que às vezes esquecemos e cujo significado expressa melhor o projeto de Jesus. Paulo Suess diz que a missão da Igreja pode ser definida como o envio para anunciar e implementar o Reino da Vida. As consequências de anunciar, fazer memória, antecipar o Reino, são concretas e têm a ver com as estruturas e com o sistema econômico social. A missão promove uma mudança de estruturas, uma nova ética e a construção de uma nova sociedade, em que a minoria consumista assume uma atitude austera que permita que a grande maioria, que não tem o necessário, viva melhor.

Jon Sobrino é incisivo e prefere usar a expressão "Reino de Deus" com o conteúdo que Jesus lhe deu. O Reino é, em primeiro lugar, boa notícia para os pobres e é má notícia para os ricos. Os que lutam pelo Reino "sofrem violência" ao denunciar os que perseguem e, às vezes, matam os discípulos de Jesus. Jesus não se pregou a si mesmo, nem sequer somente Deus, mas o Reino de Deus. A missão é chamada a propor a Igreja não como um fim, mas como o instrumento privilegiado do Reino de Deus. Também é chamada a combater as forças do antirreino, que têm nome e rosto. Enfrentá-las profeticamente traz consequências, sofrimento e até mesmo o martírio.

O Espírito Santo, protagonista da missão. Esta expressão foi utilizada por João Paulo II na *Redemptoris Missio* (cap. 3,21-29). Tais reflexões servem de inspiração profunda para este tema que a teologia ocidental desenvolveu pouco. Na América Latina, também a teologia latino-americana não desenvolveu uma pneumatologia tal como fez com a cristologia e a eclesiologia. No entanto, vive-se uma teologia do Espírito, que foi formulada inicialmente em Medellín:

A América Latina está evidentemente sob o signo da transformação e do desenvolvimento [...] Percebemos aqui os pré-anúncios na dolorosa gestação de uma nova civilização. Não podemos deixar de interpretar este esforço gigantesco por uma rápida transformação e desenvolvimento como um evidente sinal do Espírito que conduz a história dos homens e dos povos para sua vocação.[8]

Neste livro, há vários artigos que se referem ao Espírito Santo, como o de Maria Clara. Mas o que se refere mais diretamente ao tema é o de Pedro Trigo. Em seu texto "A missão como ação do Espírito na Igreja e na sociedade", introduz um elemento muito positivo, pois não restringe o protagonismo do Espírito somente ao interior da Igreja, mas o estende à sociedade. Assim, recupera-se a teologia dos "sinais dos tempos", que também o *Documento de Aparecida* recordou com força. No número 33 expressa: "[...] sentimo-nos desafiados a discernir os 'sinais dos tempos', à luz do Espírito Santo, [...]". Esta teologia é o fundamento do método "ver, julgar e agir", aceito por Aparecida (*DAp*, n. 19).

O artigo de Pedro Trigo é dividido em duas partes. Na primeira, explica como o Espírito age no interior dos cristãos para "ativar, fortalecer e sustentar a nossa ação e direcioná-la". Também afirma que o Espírito está presente nas pessoas de boa vontade que servem o próximo e que lutam por usa libertação, mesmo quando não tenham consciência explícita desse "vento" que as impele. Na segunda parte, de forma muito atual, traz à memória o exemplo de Frei Bartolomeu de las Casas, esse missionário exemplar que foi um dos que respeitaram os indígenas no projeto inicial de sua evangelização.

A comunidade cristã como sujeito da evangelização-missão. Em Medellín, os bispos se perguntaram sobre o sujeito ou autor principal da evangelização. Colocando numa perspectiva correta a diocese e a paróquia, afirmaram que o sujeito principal da evangelização é a Comunidade Eclesial de Base,[9] que foi uma contribuição fundamental dessa Conferência. A história posterior é conhecida. Viveu-se uma verdadeira primavera eclesial. As CEBs se multiplicaram em todo o continente como parte da estratégia pastoral da grande maioria dos episcopados. Posteriormente,

---

[8] DOCUMENTO DE MEDELLÍN. Introdução às conclusões, n. 4.

[9] Ibid. Pastoral de Conjunto, n. 10.

surgiram dificuldades por erros e exageros de algumas comunidades e pela campanha antiMedellín.[10]

Aparecida, neste aspecto, foi também um espaço de controvérsia, que finalmente terminou de forma positiva. No documento oficial, aprovado pelos bispos no final da Conferência, estabeleceram claramente:[11]

> Queremos decididamente reafirmar e dar novo impulso à vida e missão santificadora das CEBs no seguimento missionário de Jesus. Elas foram uma das grandes manifestações do Espírito na Igreja da América Latina e do Caribe depois do Vaticano II.

Como se sabe, posteriormente esse texto foi modificado misteriosamente e no *Documento* atual esse compromisso aparece enfraquecido.

A pergunta inicial deste parágrafo continua nos interpelando: Qual é o sujeito ou ator da evangelização-missão? O *Documento final* responde e enumera o papel da diocese, da paróquia, das CEBs, das pequenas comunidades, dos movimentos e de todas as categorias de Povo de Deus (*DAp*, nn. 154-224). Essa enumeração é muito ampla. Na prática, de acordo com a experiência dos agentes de pastoral, os "sujeitos" próximos e mais visíveis são as paróquias, as comunidades e os movimentos. A seguir, propomos algumas reflexões sobre cada um desses sujeitos ou atores.

Começamos com *a paróquia*. Apesar de muitas tentativas, não se conseguiu renovar a instituição paroquial, que, por razões históricas, sociológicas, culturais e práticas, tem muitas dificuldades para cumprir o papel de sujeito da evangelização nas grandes cidades. Na prática, o papel principal das paróquias é administrativo e ser responsável pela "pastoral de conservação" mediante a sacramentalização, quase sem evangelização e catequese, e a manutenção e sobrevivência da religiosidade popular, uma grande riqueza em nossas terras.

---

[10] Essa campanha foi uma corrente paralela que pretendia corrigir os supostos erros teológicos e pastorais de Medellín. Adquiriu muita influência e introduziu uma divisão na Igreja que permanece até hoje.

[11] Número 194 do texto original aprovado pelos bispos.

Essa afirmação objetiva não pode deixar de reconhecer a bela tradição espiritual e familiar das comunidades paroquiais de todos os tempos e de todos os países ao redor de um templo e centrada na celebração da Eucaristia. Tampouco se pode esquecer que essas comunidades são pequenos grupos dentro de dezenas de milhares de pessoas incluídas teoricamente nos limites geográficos paroquiais. Há uma desproporção tão grande entre ambas as realidades que deveria levar a uma reforma profunda e urgente.

Em relação às *CEBs*, observamos que foram propostas por Medellín, Puebla, e agora por Aparecida, como sujeitos privilegiados da evangelização-missão. Mas é preciso voltar a Medellín para perceber sua identidade eclesial profunda. Promover Comunidades Eclesiais de Base supõe assumir plenamente a eclesiologia do Concílio Vaticano II, que insiste na igualdade de todos os cristãos pelo Batismo, a corresponsabilidade pastoral, o respeito aos leigos, o desterro do clericalismo, a diversidade de carismas e ministérios, e considerar a autoridade como um serviço. As CEBs, normalmente, são dirigidas por leigos e possuem uma autonomia relativa diante das paróquias, sempre em comunhão com o bispo, com a diocese e com os sacerdotes. Não são subdivisões da paróquia nem se pode "paroquializá-las".

Os novos *movimentos internacionais* de formação cristã e apostolado leigo constituem um fato maior da Igreja nos últimos anos. Sua história, os nomes desses movimentos, a aprovação pontifícia e de muitos bispos, os conflitos com outras instituições são conhecidos. Em geral, seus membros pertencem à classe média e aos setores acomodados, manifestam alguma independência em relação aos organismos diocesanos e têm a tendência de ignorar a tradição teológico-pastoral latino-americana, especialmente a opção pelos pobres.

Junto com esta análise, deve-se recordar que o sujeito principal da missão é toda a Igreja, especialmente a diocese ou igreja local. Esta é a única instituição permanente e todas as outras podem mudar. Na conjuntura atual, parece-nos que há dois sujeitos privilegiados da evangelização-missão, que seriam as Comunidades Eclesiais de Base e as comunidades dos novos movimentos. As CEBs pertencem à constituição mesma da Igreja.

Em contrapartida, as comunidades de movimentos correspondem a diversas espiritualidades. Em ambos os casos, o ideal seria que se transformassem em pequenas comunidades missionárias, que irradiam a vida em Jesus Cristo, em favor da humanidade e na perspectiva dos pobres. Naturalmente, compete aos pastores e aos integrantes de paróquias, CEBs e comunidades outra de novos movimentos acolher o chamado de Aparecida:

> Nenhuma comunidade deve isentar-se de entrar decididamente, com todas as forças, nos processos constantes de renovação missionária e de abandonar as ultrapassadas estruturas que já não favoreçam a transmissão da fé (*DAp*, n. 365).

Em nossa perspectiva, parece-nos que cada instituição está convidada a realizar sua própria autocrítica. O chamado de Santo Domingo (*Documento final*, n. 58) e de Aparecida (*DAp*, n. 172) para que a paróquia se transforme numa "comunidade de comunidades" é uma maneira teórica de resolver uma situação, sem solucionar as dificuldades de fundo. A paróquia responde às necessidades da vida rural (*DAp*, n. 173) e dificilmente se adapta à realidade urbana majoritária. Seria preciso que os episcopados implementassem o compromisso de Aparecida de incentivar novamente as CEBs, oferecendo pessoal, espaços e recursos. As CEBs, por sua vez, devem aprofundar sua identidade teológica, sua pertença eclesial e o compromisso social e político a partir de uma fé comprometida com Jesus Cristo.

Sugere-se que os movimentos, aos quais se atribui falta de sintonia com a tradição latino-americana, em especial com a opção pelos pobres, adotem uma atitude crítica diante das diferenças escandalosas entre ricos e pobres e, em solidariedade com os pobres, ajudem a construir o Reino de Deus numa sociedade democrática, mais justa e fraterna.

Um novo modo de ser católico

Esta é outra expressão da mudança que Aparecida pretende para a Igreja do continente. É uma frase direta e compreensível. Este novo modo de ser católico inclui vários aspectos e dimensões. Aqui são enumeradas algumas. A primeira se refere ao contexto ou à situação na qual se desenvolve a pastoral ou a ação da Igreja.

Uma pastoral que parte da realidade. Aparecida assim a reconhece:

> A pastoral da Igreja não pode prescindir do contexto histórico onde vivem seus membros. Sua vida acontece em contextos socioculturais bem concretos. Essas transformações sociais e culturais representam naturalmente novos desafios para a Igreja em sua missão de construir o Reino de Deus. [...] (*DAp*, n. 367).

Neste livro, três autores se referem ao contexto da missão. Manuel Hidalgo concorda com vários temas do documento dos bispos, especialmente com os efeitos negativos da globalização, e aprofunda a análise abrangendo outros aspectos. Afirma que a globalização neoliberal sofreu uma derrota ideológica aguda, semelhante à crise do socialismo real de 1989. Propõe novas tarefas para os cidadãos, como avançar para uma mudança do modelo econômico e desenvolver padrões de produção, consumo e vida, harmônicos com a preservação da natureza.

Luiz Carlos Susin concorda também com a análise cultural do *Documento de Aparecida* e oferece reflexões originais sobre algumas mudanças radicais que estão acontecendo na cultura atual e das quais temos pouca consciência. Essas mudanças oferecem novas oportunidades para a missão – por exemplo, oferecer uma abertura para a transcendência e para a mística.

J. B. Libanio escreve um artigo sobre "a missão na sociedade do conhecimento". Aponta as mudanças que aconteceram na sociedade e especialmente na economia. Hoje em dia, a prioridade não são a produção nem a distribuição, os pilares de antigamente, mas o desenvolvimento financeiro, com todas as complexidades que a atual crise mundial desejou abertamente. A partir desta constatação, vincula esse desenvolvimento financeiro com os meios modernos da comunicação e a alta tecnologia da informática. A missão da Igreja enfrenta novos desafios, especialmente se quiser continuar ao lado dos pobres, que são os que têm menos acesso à tecnologia moderna, cada vez mais sofisticada.

Atualizar a opção pelos pobres. Uma das orientações mais significativas de Medellín e de Puebla foi a "opção pelos pobres". Compromisso desafiador e ao mesmo tempo conflituoso que exige uma espiritualidade austera e mudanças profundas na organização e estruturas da Igreja. A história de tal "opção" enche as páginas do acontecer eclesial com seus avanços e retrocessos. Aparecida, no meio das dificuldades e ambiguidades atuais, renovou essa opção evangélica: "A opção preferencial pelos pobres é uma das peculiaridades que marca a fisionomia da Igreja latino-americana e caribenha" (*DAp*, n. 391).

Neste livro, Ronaldo Muñoz* resume essas declarações. O autor começa dizendo: "Não se trata, pois, de um tema ou de um capítulo entre outros, mas de uma dimensão essencial do caminho eclesial de Aparecida [...] como continuação e aprofundamento das Conferências pós-conciliares anteriores". Depois, recorda a contribuição cristológica de Bento XVI em seu discurso inaugural: "A opção pelos pobres está implícita na fé cristológica naquele Deus que se fez pobre por nós, para nos enriquecer com sua pobreza" (*DI* 13). Cita também outro texto de Aparecida, fonte de compromisso e de espiritualidade: "[...] Tudo o que tenha relação com Cristo tem relação com os pobres, e tudo o que está relacionado com os pobres clama por Jesus Cristo: [...]" (*DAp*, n. 393).

Descolonizar nossas mentes diante dos indígenas, afro-americanos e mulheres. A expressão "descolonizar" é nova e atrevida na linguagem eclesiástica. Foi usada no *Documento final* em relação aos afro-americanos e indígenas: "Desse modo, descolonizar as mentes, o conhecimento, recuperar a memória histórica, fortalecer os espaços e relacionamentos interculturais, são condições para a afirmação da plena cidadania desses povos" (*DAp*, n. 96).

Três artigos deste livro se referem à necessidade de descolonizar nossas mentes, de olhar para todos e todas num plano de igualdade e

---

* Falecido em 15 de dezembro de 2009. (N.E.)

de não discriminação. Eleazar López, teólogo zapoteca do México e líder da teologia índia no continente, fala da história de ser e do fazer da reflexão teológica a partir da experiência religiosa e social dos povos originários. Em relação ao fazer, diz que consiste em compartilhar sua experiência de Deus, demonstrar e provar que essa experiência de Deus vem de muito antigamente, e oferecer essa tradição num âmbito pluralista e respeitoso. Confia que a missão continental permita olhar com novos olhos a contribuição da teologia índia. Também espera que o Cristianismo possa assumir um rosto indígena, segundo sua cultura e de acordo com a matriz de sua experiência religiosa, obra do Espírito, que faz convergir tudo para Cristo.

A contribuição de Silvia Regina de Lima Silva, teóloga feminista afro-americana, do Brasil, representa um momento especial e diferente neste percurso pelas páginas do livro. Tem um olhar crítico diante da resposta do *Documento de Aparecida* em face da realidade afro-americana, que – diz – corresponde a 30% da população total do continente. Observa que o *Documento*, neste aspecto, é ambíguo. Por um lado, reconhece a realidade dos afro-americanos, mas não os considera ainda como sujeitos e protagonistas de seu processo de evangelização e missão. Propõe que a missão da Igreja não seja, em primeiro lugar, levar autoritariamente uma "boa-nova", mas descobrir as "boas-novas" que já existem nas culturas indígenas e afro-americanas, como "sementes do ver", e que estabeleça um diálogo entre essas respectivas mensagens para que se enriqueçam mutuamente.

Um terceiro artigo, de Bárbara Bucker, denuncia outra forma de "colonialismo" e convida – a seu modo – para rejeitar a mentalidade "colonialista patriarcal". Em seu artigo "Deus nos criou, homem e mulher", remonta às fontes bíblicas do Gênesis, recorda o comportamento revolucionário de Jesus diante das mulheres e convida suas companheiras a assumir um lugar mais visível na Igreja e na sociedade.

A missão é o cuidado da criação. Afonso Murad afirma que Aparecida abre um novo capítulo das relações entre a missão da Igreja e a ecologia, que até agora caminhavam por caminhos separados e às vezes contraditórios. Cita vários parágrafos que chamam a atenção. Por exemplo:

> A natureza foi e continua sendo agredida. A terra foi depredada. As águas estão sendo tratadas como se fossem mercadoria negociável pelas empresas, além de terem sido transformadas num bem disputado pelas grandes potências. Exemplo muito importante nessa situação é a Amazônia (*DAp*, n. 84).

O autor aponta várias contribuições de Aparecida e também algumas limitações. Estamos no caminho de reformular uma visão cristã sobre a criação na qual a pessoa humana não é o centro da criação que subjuga as outras criaturas, mas estamos todos relacionados com um vínculo de interdependência. Já temos os fundamentos de uma visão ecológica da fé cristã, que não somente se preocupa com cuidar da "casa comum", mas tem uma maneira própria de se relacionar com o Deus da vida. Esta espiritualidade ecológica está em continuidade com a Teologia da Libertação. Considera que, assim como essa teologia nos ensinou a escutar o "grito dos pobres", a espiritualidade ecológica nos convida a escutar o "grito da terra". Com a mesma indignação ética que denunciamos a opressão e os sofrimentos dos pobres, também denunciamos o "sofrimento" da terra, que, dia após dia, está recebendo tantas agressões.

Leonardo Boff, reconhecido teólogo da relação entre teologia e ecologia, por razões conjunturais que não puderam ser resolvidas, trouxe um pequeno artigo sobre a "dívida ecológica e a evangelização", que, em síntese, indica as tarefas pendentes em relação à criação.

Missão e conversão pastoral

Todos os artigos deste livro se referem ao projeto missionário. Mas há alguns que tratam da conversão pastoral da Igreja e das mudanças estruturais necessárias. Entre eles destacamos os de Francisco Merlos, do México, e de Roberto Tomichá, da Bolívia.

No texto de Merlos há uma referência notável diante de uma mudança muito profunda reclamada pelos leigos ao falar da igualdade entre pastores e leigos. O autor diz o seguinte:

> Por muito tempo os fiéis leigos foram submissos aos clérigos, que os tratavam como crianças, embora fosse social e biologicamente adultos. Os clérigos, por sua vez, viam como normal impor sua autoridade, baseando-se num suposto direito divino que lhes dava liberdade para agir arbitrariamente. Assim surgiu a Igreja que manda e a Igreja que obedece, a que ensina e a que aprende, a aristocrática e a comum, a de cima e a de baixo [...]. Felizmente, hoje as coisas estão mudando, embora muitos não o queiram. Os ares democráticos que percorrem o mundo e o Espírito de Jesus porão as coisas em seus devidos lugares.

Roberto Tomichá, teólogo indígena da Bolívia oriental, aponta em seu artigo várias condições que a missão da Igreja deveria cumprir. Destacamos duas delas. A primeira constitui uma contribuição significativa para o tema geral de Aparecida, "para que nossos povos tenham vida". Observa que a palavra "vida" não pode ser reduzida nem minimizada. A vida é uma só, mas muito ampla, universal, cósmica. Escreve textualmente que: "A pessoa humana, os outros seres animais e vegetais, o mundo inteiro, o cosmo, buscam ansiosamente uma vida plena, harmônica, apoiada no respeito e no equilíbrio recíproco". A missão dos crentes deveria ser inserir-se na preocupação existencial de defesa da vida plena em todas as suas instâncias e espaços a partir da profunda experiência do encontro com Jesus Cristo.

Também se refere à presença da Igreja nas diferentes culturas. Até agora, era comum usar a expressão "inculturação" para se referir à encarnação do Evangelho numa determinada cultura. Tomichá propõe o termo "interculturalidade" para a missão como diálogo entre o Evangelho proposto pelos missionários, que já está inculturado, com outras culturas emergentes. A missão é, então, um diálogo intercultural entre pessoas, experiências e culturas que se complementam e se enriquecem mutuamente. A partir da experiência de Jesus e das culturas se chegará a um Cristianismo plural em línguas, ritos, mentalidades, estilos comunitários, acentos teológicos etc.

Outro autor, Diego Irarrázaval, introduz um elemento de muita atualidade e de grandes exigências contextuais, culturais e espirituais em relação à missão da Igreja. Ele se refere à "mudança de época". Trata-se de uma categoria nova, de grande significado. Costuma-se dizer: "não estamos em uma época de mudanças", mas de "mudança de época". Este é outro critério para a missão, com muitas implicações teóricas e práticas.

Reformas estruturais

Victor Codina, em seu artigo sobre "A missão como renovação eclesial", convida a aprofundar as reformas propostas por Aparecida. Observa que as mudanças devem ser traduzidas em instituições jurídicas, novas e vinculantes. O Concílio Vaticano II, em alguns aspectos, não conseguiu todos os resultados esperados por não ter legislado sobre essas matérias. Codina teme que aconteça algo semelhante com Aparecida. Antes dessa Conferência, desejava-se que houvesse mudanças radicais, como a participação mais ampla na eleição dos bispos e reformas no ministério dos presbíteros. Esses temas não foram tratados, pois competem à autoridade central de Roma. No entanto, tais inquietudes e preocupações ficaram pendentes. O autor propõe outros níveis onde é possível introduzir essas reformas e indica várias delas em relação à participação dos leigos, mulheres, jovens, pobres etc.

Os mártires, coroa da Igreja

Jon Sobrino lamenta, neste livro, que a realidade dos mártires não estivesse muito presente na consciência coletiva de Aparecida, pois as referências a essa experiência dramática são ambíguas e insuficientes. A Amerindia quer contribuir para preencher esse vazio, e enriquece este livro com uma reafirmação do martírio como expressão máxima do discipulado no seguimento de Jesus em defesa dos pobres e oprimidos. Em seu artigo, o Bispo Erwin Kräutler, da prelazia do Xingu, na Amazônia do Brasil, dá um testemunho emocionante sobre os mártires, seguidores de Jesus, o mártir do pretório e do Gólgota.

O bispo começa seu artigo recordando a visita que realizou, em 2002, ao lugar onde Monsenhor Oscar Romero foi assassinado e refuta com força os argumentos dos que se atrevem a duvidar do significado desta oferenda da "vida pelos seus amigos". Junto com o bispo mártir de El Salvador recorda também os nomes de vários mártires, homens e mulheres, do Brasil e de outros países. Reconhece que os mártires são uma prova da validade evangélica da Teologia da Libertação. O testemunho desse bispo adquire maior força quando o mesmo conta, com simplicidade evangélica, que sua vida está ameaçada de morte e que, desde junho de 2006, a Secretaria de Segurança do Estado do Pará, onde vive, lhe dá proteção policial permanente, vinte e quatro horas por dia, para defender sua integridade física.

Com este testemunho emocionante conclui-se nossa viagem com os leitores. Por um lado, nós nos sentimos emocionados pela sabedoria compartilhada. Por outro lado, experimentamos certa confusão porque estas palavras introdutórias não dão conta, de forma adequada, da riqueza desta obra. Consola-nos saber que os leitores poderão comprovar pessoalmente a relevância do convite que lhes fazemos. A Amerindia está orgulhosa de ter patrocinado esta publicação. O livro aumenta o compromisso e a esperança. Colocamo-lo nas mãos da Virgem de Guadalupe e de Nossa Senhora Aparecida, sinais visíveis de proteção feminina e maternal no caminhar dos povos da América Latina e do Caribe.

PARTE I

O CONTEXTO DA MISSÃO NA AMÉRICA LATINA E NO CARIBE

MISSÃO EM UM TEMPO DE MUDANÇAS PROFUNDAS E DESAFIOS CULTURAIS INADIÁVEIS

Luiz Carlos Susin[*]

Embora sejam repetidamente apresentados os sinais de mudança cultural que vêm atravessando profundamente e de forma global todas as culturas, convém partir de alguns deles para discernir prioridades missionárias.

A mudança da vida rural para a vida urbana e o dinheiro como subsistência, cultura e "sacramento"

Até algumas décadas, ao menos até metade do século XX, a vida humana sobre a terra, por milhões de anos, estava inserida imediatamente na ecologia rural, era parte da paisagem rural. Evidentemente, cidades sempre existiram, e algumas muito grandes, mas a vida urbana era minoritária. Mesmo uma vida na cidade de médio porte permitia sair para os campos e neles trabalhar, ou permitia, dentro dela mesma, alguns canteiros para plantar e colher algumas verduras para a mesa. Os pobres podiam ser apenas "comedores de batatas", como Van Gogh celebrizou

---

[*] Graduado em Teologia pela Pontifícia Universidade Católica do Rio Grande do Sul - Faculdade de Teologia (1979), em Filosofia pela Unijuí (1971), mestre em Teologia pela Pontificia Universitas Gregoriana de Roma (1981) e doutor em Teologia pela Pontificia Universitas Gregoriana (1983). Atualmente, é professor da Pontifícia Universidade Católica do Rio Grande do Sul, membro do comitê de redação da revista internacional de teologia *Concilium*, membro da Equipe de Reflexão Teológica da Conferência dos Religiosos do Brasil, secretário executivo do Fórum Mundial de Teologia e Libertação.

em sua pintura. No entanto, alguns indicadores avisam que houve uma inversão de até 80% em poucas décadas do final do século XX: se antes tínhamos apenas 20% da humanidade em áreas rigorosamente urbanas, hoje temos 80%, permanecendo apenas 20% em áreas rurais, com algumas variações de acordo com a região do planeta.

A primeira consequência desta virada copernicana do rural para o urbano se dá na economia e naquilo que mais a representa financeiramente: o dinheiro. Antes o dinheiro era uma forma complementar de vida econômica, mas mesmo sem dinheiro não havia necessariamente o espectro da fome batendo à porta no dia seguinte. Era o clima, o mau tempo, que trazia o espectro da fome, e não a falta de dinheiro. Pela primeira vez na história da humanidade como um todo, e sobretudo na vida dos pobres, o dinheiro é um elemento essencial para não passar fome no dia seguinte. Mesmo numa sociedade que parece ter deixado para trás a raridade da comida, com uma produção em grande escala de alimentos, portanto uma "sociedade de abundância" – inclusive na oferta de batatas –, sem dinheiro não há batatas, não há abundância, nem mesmo o necessário. Todos precisam de dinheiro para comer, e os pobres mais imediatamente do que os abastados. E, numa visão global e realista, como os pobres continuam a ser a maioria da humanidade, a luta pela vida é hoje, direta e brutalmente, uma luta por conseguir dinheiro. Sabemos que Marx dedicou-se com muito interesse à análise do funcionamento da sociedade capitalista, como mercantilização e financeirização da economia. Mas hoje temos condições de entender, talvez para além de Marx, a crueldade da situação: o dinheiro, que em si mesmo é uma representação simbólica, tornou-se a promessa de salvação dos pobres ameaçados de passar fome, porque não podem plantar e colher batatas, ou nem mesmo catar raízes e folhas para o que há de mais primitivo na ameaça da vida: a falta de comida. Não se pode mais viver sem dinheiro, e este é o maior drama dos pobres em todas as latitudes do planeta.

As Igrejas neopentecostais intuíram esta mudança radical da cultura, que não é mais cultura de batatas, mas cultura de dinheiro: somente com dinheiro se consegue batatas. E, assim, transformaram o dinheiro em "sacramento". Usa-se a palavra bíblica "dízimo" como *dever* e como *generosidade* – dízimo sem limites. O dízimo é invocado e abençoado na forma de sacramento: nele há matéria e forma, há *ex opere operato*. O mais importante é que justamente o pobre, que tem pouco dinheiro, é convocado e fascinado por um ato de "investimento" em Deus como sinal de sua fé, o *ex opere operantis* através deste sacramento. E assim poderá confiar nos altos juros da parte de Deus. A oferta, o dom que cria crédito e necessidade de contradom por parte de Deus, não poderia ser batatas, mas dinheiro. E enquanto as Igrejas históricas procuram manter-se numa atitude de discrição e utilizam o dinheiro com certa "má consciência" – justamente por causa do mandato de praticar o bem a fundo perdido e por se saber o quanto o dinheiro é faca de dois gumes e fonte de corrupção –, nas correntes neopentecostais e seus assemelhados o dinheiro "corre solto" em meio à pregação por sua capacidade de salvação e santificação. Isso corresponde a uma experiência cultural e espiritual que os pobres estão fazendo na violência cotidiana da vida urbana: sem dinheiro não há vida nem salvação.

Mas a questão não é simplesmente transformar o dinheiro em batatas para comer. A vida urbana cria e intensifica desejos com maior facilidade, e os coloca de tal forma no nível das necessidades que praticamente embaralha e confunde. Assim, outros consumos passam a ser sentidos como necessários. É que na estrutura mesma da vida urbana está a industrialização, a tecnologia, a produção crescente em escala mundial, a necessidade de consumir cada vez mais para fazer girar a roda do mercado. Roger Garaudy foi contundente ao analisar este gigantismo "cultural" feito de racionalidade econômica, de exaltação da atividade e do trabalho, de tecnologia como sinônimo de progresso e de produção "ao infinito" – o mau infinito, o infinito "quantitativo". E, finalmente, tal situação ganha o estatuto de religião, é sagrado no seu sentido mais básico: intocável.[1] E

---

[1] Esta intrínseca conexão entre economia e religião e suas metamorfoses foi analisada em: ASSMANN, Hugo; HINKELAMMERT, Franz. *A idolatria do mercado;* ensaio sobre economia e teologia. Petrópolis: Vozes, 1989. Cf. também os numerosos textos de Jung Mo Sung, entre os quais: "Teologia, espiritualidade e mercado". In: SUSIN, Luiz Carlos (org.). *Teologia para outro mundo possível*. São Paulo: Paulinas, 2006. pp. 337-350.

há Igrejas e religiões ou grupos religiosos que se entregam sem problemas a esta forma de religião sob os antigos nomes religiosos. Assim,

> nós vivemos a mais cruel das guerras religiosas. Não entre essa religião que não ousa dizer seu nome e que, na verdade, rege hoje todas as relações sociais, bem como todas as relações internacionais: o *monoteísmo do mercado*, cobrindo todas as idolatrias. Nossa época não é ateia: ela é politeísta. O monoteísmo do mercado engendra o culto de diversos ídolos: do dinheiro, do poder, dos nacionalismos, dos integrismos.[2]

A aceleração do tempo e a luta pelos espaços: "Onde dormirão os pobres?"

Esta advertência da Lei, em Ex 22,25, para que os pobres encontrem um lugar onde dormir, é uma questão e mesmo um grito assumido como título de ensaio de Gustavo Gutiérrez.[3] Em Nairobi, capital do Quênia, metade dos três milhões de habitantes vive milagrosamente comprimida em 5% do espaço urbano. É uma estatística que reflete uma situação à primeira vista sem nenhuma lógica, num país e num continente que estão longe de ter a densidade demográfica de outras regiões da terra. Esta lógica, no entanto, é mundial, com a precipitação de "favelização" ao redor do planeta em grande escala. No mesmo período, em menos de cinco décadas, as casas dos americanos médios dobraram seus espaços – para comportar adequadamente tudo o que compram. Este desequilíbrio se estende à crise ecológica sem precedentes, pelas razões que sabemos. O que aconteceu com o espaço? O espaço está sendo "tragado" pelo tempo. E os povos mais "consumidores", na verdade, são também suas vítimas. Isso tem uma história.

---

[2] GARAUDY, Roger. *Rumo a uma guerra santa?* O debate do século. Rio de Janeiro: Zahar, 1995. p. 15.

[3] GUTIÉRREZ, Gustavo. *Donde dormirán los pobres*. Lima: Instituto Bartolomé de las Casas, 2002. Nesse ensaio, o patriarca da Teologia da Libertação coloca a questão básica da evangelização: o que pode levar uma boa notícia para os que não têm um lugar decente onde dormir? Quem tem autoridade para evangelizar os pobres?

Segundo Margareth Wertheim, em seu afortunado livro *Uma história do espaço: de Dante à internet*,[4] pode-se acompanhar a passagem do espaço "simbólico" bizantino e medieval, bidimensional e bifrontal, para o espaço "perspectivista" e "fisicalista" do Renascimento e das ciências nascidas no século XVI. Uma passagem da bidimensionalidade para a tridimensionalidade. A perspectiva deu extensão física à interpretação do espaço. O espaço representado na pintura, portanto experimentado pelo ser humano na sua relação com o espaço, correspondeu a um momento histórico dentro de uma perspectiva científica de abordagem que lhe deu realismo, deixando a dimensão simbólica para a subjetividade, segundo a famosa repartição cartesiana. A "intra-historização" da escatologia na elaboração paradigmática do "mito do progresso" acrescentou às três dimensões a quarta dimensão do espaço: o tempo. Mas uma das formas de experiência do tempo, conectada ao mito do progresso, foi sua perspectiva econômica: *time is money*. E o tempo, ganhando velocidade e aceleração dentro do mito do progresso – hoje o mito do "crescimento" –, foi ganhando tal prioridade que chegamos ao século XX com a completa "temporalização do espaço". Por exemplo: não se pergunta sobre uma distância em quilômetros, mas em horas. Outro exemplo: a distância mais curta entre dois pontos não é mais propriamente espacial, mas é a tecnológica, o "meio" que transporta mais rapidamente em termos de tempo. Não se conta a distância espacial entre Buenos Aires e São Paulo em quilômetros, mas em horas de avião ou de ônibus, portanto duas distâncias possíveis.

É o mesmo Roger Garaudy quem observa com ironia: parecemos hoje carros que correm cada vez mais rapidamente em autódromo sem chegar a lugar nenhum. Há somente a aceleração do tempo, sem um lugar de chegada. O "crescimento" se reduz à incrementação tecnológica que acelera e diminui as distâncias, comprimindo os espaços. A atual percepção de "tempo real" é oferecida pela tecnologia, que nos permite, num toque digital, transmitir imediatamente, no mesmo instante, absoluto *just in*

---

[4]   Rio de Janeiro: Zahar, 2001. O original traz como título *The Pearly Gates of Cyberspace*.

time, ao outro lado da terra ou a diversas partes do planeta "ao mesmo tempo". Essa coincidência anula os espaços pela instantaneidade e nos cerra em nosso lugar cibernético, diante do terminal: somos transmissores, próteses, inteligências conectadas à grande rede inteligente, cercados de tecnologia inteligente mesmo em nossas casas: sem um lugar para "residir", sem uma morada ou lar para o *re*-colhimento e sem um tempo para cantar ou rezar. Habituamo-nos a "não lugares", sem habitar neles – na "correria" e na pressão – *stress* – do tempo.[5]

Como chegamos a tanto? Está comprovado que hoje trabalhamos mais, produzimos mais, consumimos mais, e estamos mais, muito mais, insatisfeitos que outras gerações. E por conta desta insatisfação trabalhamos mais, produzimos mais etc., numa roda de *samsahra*, num círculo praticamente infernal e sem saída, sem espaço para respirar com calma e para se *re*-ligar, almas soltas sem religião. Seria o caos da espiritualidade na tecnificação da vida, como vinham avisando os pensadores mais proféticos?

A crise de identidades e a criatividade sobre o caos: como ser "membros de um corpo"?

Não só a mesma crise ecológica se estende por todo o planeta: a mesmidade é a tendência e a marca de nosso tempo. As tecnologias e os recursos são os mesmos, por isso os *shopping centers*, os bancos, os executivos, todos se parecem mais iguais, com algumas modalidades ou variações dentro da monotonia. Também nos meios dos pobres tudo se parece muito igual, pois as favelas são iguais por toda parte, seja em São Paulo, em Mumbai, em Bogotá, em Kinshasa, em Buenos Aires.

Ora, a mesmidade, o apagamento de diferenças, desenha o caos, na imagem do mar imenso que engole e tritura com sua energia diluviana qualquer diferença, ou na imagem da escuridão ameaçadora: hoje sabemos

---

[5] Sobre esta condição espacial de "não lugar", efêmeros, transitórios, solitários, funcionais, sem laços ecológicos profundos, cf.: AUGÉ, Marc. *Não lugares;* introdução a uma antropologia da supermodernidade. Campinas: Papirus, 1994.

que o universo é escuro em porcentagem estonteante, pois até mesmo as galáxias são proporcionalmente pequenos pontos de luz perdidos na escuridão. A imagem do caos aparece socialmente em meio à pobreza, na falta de espaço e de dinheiro, nos mesmos becos e ruelas estreitas, nos mesmos materiais reciclados para emendar e compor suas casas precárias, nas mesmas palafitas e escadas improvisadas, na mesma condição de periferia urbana, nos mesmos desastres causados pelas chuvas, enfim, na mesma "estética do caos" devorador. Mas o caos permeia também o mundo abastado, que tem dinheiro e espaço – na forma da sua monotonia mesmo em suas variações.

Em todas as situações caóticas das sociedades se pode constatar um "descolamento" entre instituições – com suas tradições e pedagogia de futuro – e as subjetividades. Esse descolamento acontece através da fragilização até a dissolução do "sentido de pertença". É a "pertença" que conecta os indivíduos às suas instituições, enquanto "membros" de um corpo e de um lugar onde residir. Mas em sociedades reguladas pelo mercado e pelas medidas de mercado, cujas catedrais são os *trade centers* e as Bolsas de Valores, não há conexão que crie pertenças ou membros de um corpo, pois se trata essencialmente de conexões de negócios, que se dissolvem justamente quando os negócios são cumpridos, parcerias que devem necessariamente ser passageiras. Somente dons e contradons podem criar alianças com "dívidas humanas" praticamente eternas e sólidas, dívidas na lógica da gratuidade, da graça e do agradecimento, da retribuição sem medidas num novo círculo, que não é o de *samsahra*, mas das *Três Graças – dar, receber e retribuir.* O mercado até vive deste "círculo do presente", no calendário das festas de presentes, incrementando até mesmo o calendário. Mas todo o rumor de compras e vendas, o mercado que vive como vampiro da necessidade de criar e fortalecer laços através de dons, de presentes, acaba por dissolver a seriedade dos próprios presentes, tornando hipócritas e sem eficácia os laços que os dons deveriam criar.[6]

---

[6]   Marcel Mauss, em seu *Essais sur le don*, de 1924, compreendia as sociedades tradicionais constituídas exatamente pelos dons e dívidas que criam contradons, seja entre si, seja com

No entanto, muita criatividade provém da pobreza: no caos ameaçador da vida dos pobres é necessário "matar um leão por dia" para conseguir viver, e isso exige uma intensa criatividade: é necessário recolher muita energia e muita disposição, muita inteligência e muita experiência. É o que faz um menino de rua que só dispõe de seu corpo e de sua esperteza, ou uma mãe que sai para buscar comida para seus filhos. A emergência de conexões e estruturas a partir do caos se dá nesta luta e na rede de relações que se estabelece a partir desta mesma luta. Muitas paróquias e obras sociais das Igrejas são incorporadas a este tecido de conexões na trama da sobrevivência. Mas a criatividade em luta extrema não cria propriamente identidade, porque esta supõe certo grau de estabilidade. Está-se como em pleno mar agarrados a uma tábua aqui, outra ali, num clima essencialmente instável.

Esta crise atinge a linguagem naquilo que há de mais identitário: os nomes próprios. A começar pelos nomes das pessoas: quem batiza em periferias sabe o quanto há de "criatividade" na invenção de nomes inauditos. É uma experimentação de criatividade e de poder dos pais, geralmente da mãe, elaborando nomes que não guardam mais relação com uma tradição. Há nomes que ficariam bem em animais de estimação, assim como os animais estão recebendo nomes tradicionalmente de pessoas. Além dos nomes de botecos, becos, favelas – tudo é nome criativo, cujo significado precisa de uma hermenêutica contextualizada. Mas a *crise dos nomes* de pessoas revela bem o âmago da crise de identidade e da resposta criativa, ainda que presa ao caos da linguagem.

---

o seu *totem* divino. Lévy Strauss reduziu essa relação à troca e ao mercado. Na verdade, o escambo – troca de bens *in natura*, sem mediação do dinheiro –, nos mercados das sociedades tradicionais, permanecia muito próximo do dom e contradom. Mas não se pode absolutamente experimentar o mesmo no mercado moderno. Entre a regulação do mercado e a regulação do Estado, o "Dom" permanece um "terceiro paradigma", que clama nas tentativas de criar laços humanos. Cf. CAILLÉ, Alain. *Antropologia do Dom;* o terceiro paradigma. Petrópolis: Vozes, 2002. Cf. também: GODBOUT, J. T. *O espírito da dádiva*. Rio de Janeiro: Fundação Getúlio Vargas, 1999. GODELIER, Maurice. *O enigma do dom*. Rio de Janeiro: Civilização Brasileira, 2001. MARTINS, P. H. (org.). *A dádiva entre os modernos. Discussão sobre os fundamentos e as regras do social*. Petrópolis: Vozes, 2002.

Nos ataques de dissolução, uma resposta cultural possível e comum é o fundamentalismo, uma afirmação de fundamento que pode beirar a patologia, a agressividade e a guerra santa. Na imagem da tábua em meio ao oceano, o fundamentalismo pode acontecer quando os que flutuam perigosamente buscam se agarrar como em uma tábua de salvação sem concessão nem hesitação, sem consciência crítica sobre a solidez ou não da tábua. Ela até pode ir afundando, mas o fundamentalista não se desgruda da tábua, precisa de um fundamento a qualquer preço. A crise dos nomes, no ambiente pentecostal, vai sendo superada pelos nomes bíblicos, que conectam as subjetividades à tradição da palavra e da história do Povo de Deus. As crianças crescem com nomes de profetas, de apóstolos, de heróis da fé. Mais dificilmente os santos e santas do calendário católico. A Bíblia empresta linguagem e cosmovisão, mesmo sem hermenêutica. E junto com a linguagem e os nomes próprios devolve sentido de pertença, de identidade e de dignidade. A hermenêutica crítica é rejeitada por complicar a conexão urgente e a necessidade de fundamento para uma identidade em urgente composição.

As conexões internacionais e a criação de novas identidades

Hoje, dificilmente se pode esperar disposição juvenil para "morrer pela pátria", como cantam os hinos ufanistas das independências nacionais. As nações criadas com a Modernidade, após a Revolução Francesa, exigiram sacrifícios e de bom grado esses sacrifícios foram exaltados. Hoje, a pátria não é mais inspiração para tanto. Pode-se constatar tal mudança de diversas maneiras: por um lado, a intensificação das migrações, e, por outro lado, os novos controles e conflitos de fronteiras não para anexar terras, mas para tentar ainda conter o ir e vir de populações que portam culturas estranhas para dentro do território. Entrementes, com a ajuda das novas tecnologias de comunicação, há a criação cada vez mais difusa e intensa de comunidades para além dos territórios. Assim, por exemplo, a cultura *rastafari* ou, mais recentemente, *hip hop*, ou *orkut*, criam o sentido de pertença e identidade a grupos que se situam na Baixada Fluminense (Rio de Janeiro) com o Soweto da África do Sul e o Bronx de Nova York. Essas conexões se tornam mais importantes do que as fronteiras e as identidades nacionais. Devolvem algum sentido de pertença, de ser *membro de um corpo.*

Nesse mesmo sentido, com a perda de relevância dos aspectos políticos, sobretudo nacionais, para a transmissão de identidade, numa "Terra-Pátria" – feliz expressão de Edgar Morin para indicar a urgente necessidade de ampliação da "pátria" –, mas pátria ainda demasiado injusta para todos, ganham nova oportunidade as formas simbólicas de identificação e, entre elas, de modo privilegiado, a religião. Talvez seja mundialmente mais visível no "mundo muçulmano": a relação entre "nós" e "outros" que circunscreve a identidade e a diferença desenha um mapa que tem pouco a ver com o mapa político: desenha meia África, abraça quase todo o Oriente Médio, avança pelo Pacífico até a Indonésia e pela Ásia até a Índia, penetrando na Europa e por quase todo o globo, costurando uma grande pátria em meio às demais. De certo modo, é a inversão de força: é a identidade religiosa que tende a marcar as fronteiras e um eventual sentido de "nação". E mesmo nos conflitos dolorosos de fronteiras deste amplo espaço mundial, é parte do sonho da grande pátria muçulmana que atravessa muitas fronteiras políticas. O que a política "laica" moderna parecia ter controlado e superado volta a se manifestar com energia e criatividade por toda parte, desta vez menos territorializado e mais cultural e simbólico. Com os jogos olímpicos na China se tornou mundialmente visível, a partir do Tibet, outro mundo, o "budista", espalhando-se pelo planeta inteiro: não é a política a submeter a religião, mas a religião com forte reivindicação cultural e política. O Nepal e outras nações da região também se tornam áreas em que a história política é antes de tudo história da religião, "alma da cultura" – segundo feliz expressão de Durkheim, que via na religião o símbolo da totalidade e da coesão de uma sociedade.[7]

---

[7] **DURKHEIM**, Émile. *As formas elementares da vida religiosa.* São Paulo: Paulus, 1989.

A América Latina não é outro mundo: torna-se cada vez mais uma região deste fenômeno cultural e religioso mundial, permeável e ao mesmo tempo em reação a partir de si mesma. Há um momento altamente simbólico desta tendência: quando Evo Morales assumiu a presidência na Bolívia, dirigiu-se a um líder espiritual *aymara* para que o abençoasse. Isso, provavelmente, tem tanta ou mais originalidade do que os reis da Cristandade sendo coroados pelo papa ou seu representante, porque vai mais diretamente e de forma mais pura à fonte religiosa, mística e xamanística, sem passar pelo complicado equilíbrio político-institucional da Cristandade. Na América Latina, nem Hugo Chavez, nem Fidel Castro podem banir Jesus e o Evangelho de seus discursos, embora possam não ligar para Igreja. No Paraguai acontece até o avesso: o fato de um bispo, líder religioso de grande autoridade moral, ter enfrentado uma bem estabelecida oligarquia de poder político e se tornado presidente da nação não o torna menos religioso para o seu povo. Ao contrário: muita gente de sua região conserva nas paredes das casas sua foto como bispo devidamente paramentado, o que é sintomático: o fato mesmo de ser alguém que partiu da experiência religiosa do povo lhe deu mais autoridade política.

Se os indígenas se movem e ganham visibilidade cada vez maior na América Latina, isso tende a romper a imposição de fronteiras que violentam seu sentido de pertença. Assim, numa grande reunião de guaranis, por ocasião das celebrações dos 250 anos da morte de Sepé Tiaraju em São Gabriel, no sul do Brasil, estavam como em grande família guaranis do Brasil, do Paraguai, da Argentina, do Uruguai, com suas variantes linguísticas e culturais, mas encontrando-se com um sentido de pertença sem fronteiras políticas. Confraternizando com os indígenas estava um "ressuscitado" grupo indígena "charrua", já declarado oficialmente extinto, como também gente do movimento negro, afrodescendentes vindos de diversas regiões. Podia-se constatar uma criativa articulação de identidades e alteridades culturais *re*-emergindo e recompondo-se com admirável energia, e convivendo com um espírito novo, sem que as diferenças fossem motivo de conflito, mas de enriquecimento.

E, finalmente, uma última constatação: Barack Hussein Obama II, eleito presidente dos Estados Unidos, uma singular figura "sincrética" esbanjando energia e inspiração, de pai queniano e mãe americana, criação de avó, conhecedor da discriminação e do extravio desses tempos na experimentação de drogas em sua adolescência, eleito pela união das minorias e jovens nos Estados Unidos, simboliza na sua própria carne uma esperança que lavou a alma do mundo todo: o respeito e a união das minorias, sejam quais forem, num mundo sem esquecimentos e onde as diferenças culturais sejam fontes de dignidade e enriquecimento humano. Evidentemente, como Mandela na África do Sul, ou talvez Lula no Brasil e Fernando Lugo no Paraguai, a administração política tenda a encobrir o mito, mas é importante a sua manifestação fundadora de novo paradigma quando se trata de pessoas que encarnam simbolicamente e, mais ainda, religiosamente, o que os povos sonham como futuro.

Igreja, religião, mística: a busca de novas formas de catolicidade como parte da missão

A criatividade das minorias culturais e as novas identificações com sentido de pertença – de ser *membros de um corpo* – em meio à decadência dos meios com que a Modernidade tinha escolhido para realizar o sonho de igualdade, liberdade e fraternidade, em meio à decadência do mito do progresso e do capitalismo, decadência também da laicidade radical das sociedades, abrem chances, sobretudo desafios, muito grandes à missão da Igreja.

Desde o abade Joaquim de Fiore (†1202), a pergunta pela *Ordo*, pelo estamento ou pela classe, pelo grupo investido de poder para levar adiante a história – pelo "sujeito histórico" – tinha se tornado fonte de conflito de poderes: nobreza, clero, burguesia, proletariado? Na Igreja, o protagonismo da hierarquia, do clero, dos monges ou dos leigos? Ou dos movimentos, das *bases*, especialmente dos pobres? Uma conciliação fácil que passa por cima dos abismos e aplaina as diferenças só pode ser a conciliação dos mais poderosos, dos "vencedores", que perdem rapidamente os interlocutores. A partir do discurso vigente, a pregação da união, da formação de um corpo, da comunhão, não introduz novidade e não tem a força da renovação, da coesão e da fundação de um futuro para todos. Os tempos são, ao mesmo tempo, de fragmentação com sabor de caos e de emergência de novas conexões, muito complexas. Para a Igreja, a mais urgente postura é a de repensar-se e reposicionar-se, com a liberdade e a confiança dos filhos de Deus, com sabedoria para o grande trabalho e a grande missão dos próximos tempos: o discernimento, a busca e o cultivo dos sinais do Reino de Deus, *venham de onde vierem* – do Ocidente ou do Oriente, do Norte ou do Sul, de pai africano e mãe branca ou indígena ou tibetana ou palestina. É o desafio de uma *nova catolicidade*, a oportunidade de cumprir uma missão descobrindo-se em nova catolicidade e dando-lhe tecido.[8]

A cultura viva só é viva porque porta alma – experiência religiosa – e, na alma, o segredo da experiência religiosa, a transcendência e a mística. É a transcendência mesma que abre a cultura ao diálogo e à busca, ao encontro e ao enriquecimento de sua vida. Se estivermos vivendo um tempo de *re*-emergência e de *re*-floração cultural, ainda que pelas suas fronteiras haja o risco de conflitos na *re*-emergência de velhos ressentimentos e na exigência de restauração de justiça e de direitos lesados, estamos diante de uma oportunidade de diálogo e de sonho comum: a formação de uma nova catolicidade, uma nova totalidade que pode vencer a tentação do totalitarismo enquanto se constitui como *totalidade aberta*, justamente o que se pode pretender de toda religião "católica": que ela seja uma *totalidade aberta*. Assim, somente através do diálogo persistente e perseverante pode-se sonhar com um corpo mundial de muitos membros, que, por sua vez, não são apenas partes de um todo fechado sobre si mesmo, mas interlocutores de um grande parlamento, alteridades que portam experiências próprias como testemunhas do mistério humano e divino. Essa nova catolicidade exige algumas virtudes do conjunto da Igreja:

---

[8]   Cf. SCHREITER, Robert. *A nova catolicidade;* a teologia entre o global e o local. São Paulo: Loyola, 1998.

- Em primeiro lugar, muita renúncia. Embora teoricamente sempre se afirme que a Igreja não é dona do Evangelho e da Palavra de Deus, a prática é uma grande tentação: a constituição "constantiniana" da Igreja e suas complicadas formas de poder. Estamos numa encruzilhada crucial: ou a Igreja depõe vigorosamente a via do poder constantiniano e ganhará maior autoridade evangélica, ou será esvaziada de qualquer autoridade e poderá se reduzir a uma seita. Desde o século XIX, com a perda crescente do poder político, o poder constantiniano foi migrando para a doutrina dogmática e moral, tornando-se, nesses assuntos, um espaço pouco respirável, pouco livre e pouco adulto. A renúncia ao poder significa também renúncia a ter todas as receitas, a ter a verdade pronta.

- Em segundo lugar, a busca da verdade em diálogo, inclusive a verdade sobre si mesma, sobre sua identidade. Algo parecido com as missões espaciais enviadas para a investigação do universo. É uma "missão" de investigação, de exploração, de sondagem, de prudência e audácia ao mesmo tempo, na investigação da própria identidade, de seu tesouro e herança cultural, mas em diálogo com tantos tesouros e heranças da humanidade: por que uma música gregoriana ou de Mozart seria mais mística do que o profundo rufar dos tambores e a delicadeza das vozes indígenas? Um grande empenho missionário é, portanto, antes de levar a verdade, buscar organizadamente, criar verdadeiras "missões de investigação" com a liberdade e a confiança de que *quem busca encontra* e de que *quem encontra ainda busca e ainda encontra*, parafraseando Santo Agostinho.

- Em terceiro lugar, a liberdade para a missão exige uma reta colocação de ordem entre instituição, missão, mística e catolicidade. Não se trata de distinguir a ponto de separar, mas de relacionar na devida ordem. A catolicidade e a mística são maiores do que a missão e a instituição. Como a taça, ainda que de barro, está para o precioso líquido, assim está a instituição como missão para a mística e a catolicidade. Assim também a relação entre instituição, comunidade e comunhão. Os tempos são propícios para a comunhão: a proximidade que pode se tornar uma guerra a invocar a religião para se defender do outro também é proximidade como ocasião para uma comunhão e uma paz de fundo religioso que louva a Deus pela riqueza do outro, no reconhecimento da biodiversidade que se estende da ecologia natural à ecologia cultural e religiosa. Uma Igreja "serva" e "missionária" não pode pretender ter toda a catolicidade sob a mesma regra institucional, e aqui talvez esteja o ponto nevrálgico a decidir o futuro da missão da Igreja. Sua glória é servir o precioso líquido e não querer contê-lo todo em si. Sua surpresa, boa novidade, é descobrir e saborear este precioso líquido servido também em taça alheia, sem rivalidade e com gratidão.

A nova catolicidade poderá acalmar o "mercado religioso" e o "sacramento do dinheiro", dando um *novo sentido de pertença*, um novo sentimento de ser membro de um corpo com grandes riquezas e recursos de mística e religião. Poderá levar a passear por novos espaços humanos e místicos, superando o sentimento de deslocamento e de flutuação sem um espaço onde repousar. Poderá adquirir grande autoridade nas questões vitais do espaço, da ecologia, da justiça. Finalmente, as Igrejas poderão ser como as antigas "Ordens religiosas" que ofereciam modos concretos de realizar alguns caminhos dentro dos muitos caminhos que conduzem ao Reino de Deus.

A DIMENSÃO CONFLITUOSA DA MISSÃO NA SOCIEDADE DO CONHECIMENTO

J. B. Libanio[*]

Momento atual: *tsunami* financeiro

Enquanto este texto está sendo escrito, o sistema financeiro, menina dos olhos do neoliberalismo, vê-se atingido por *tsunami* ameaçador. Desde a segunda metade de 2007, com enorme agravamento a partir de setembro de 2008, assistimos à derrocada financeira global com o epicentro nos EUA. Seguiram-se uma cascata de falências de poderosas instituições financeiras e a necessidade da intervenção do Estado na economia contra o dogma maior do neoliberalismo. Para salvar a sua alma, o neoliberalismo invocou o demônio temido e detestado do Estado.

As consequências de tal turbilhão nos escapam no momento. Pesa sobre o mês de setembro a dura sina de em 2001 o mundo ter sido abalado pela destruição das Torres Gêmeas de Nova York e agora, em 2008, ter sido minada a torre do neoliberalismo financeiro. Com a inter-relação globalizante, esses dois eventos afetam o mundo inteiro, independentemente das decisões e vontades nacionais. Os Estados buscam soluções para minimizar os terríveis efeitos destrutivos das duas gigantescas vagas de morte.

---

[*] Nascido em 1932, é formado em Filosofia e Línguas Neolatinas e doutor em Teologia (Frankfurt e Roma). Professor de Teologia na Faculdade Jesuíta de Filosofia e Teologia (CES/ISI), de Belo Horizonte, Minas Gerais. Membro fundador da Equipe de Teologia da CRB-Nacional, primeiro presidente da Sociedade de Teologia e Ciências da Religião (Soter), assessor de Intereclesiais de CEBs, vice-pároco em Vespasiano, Minas Gerais.

O reinado solitário do neoliberalismo, depois da queda do socialismo, sofre o primeiro e gigantesco abalo. Que virá? Dificilmente o cassino eletrônico financeiro seguirá com as mesmas regras. Não se vê no horizonte nenhuma alternativa pronta e à espera de vaga para entrar.

Tudo nos induz a pensar que vivemos momento de alternativa: a maquiagem do neoliberalismo anterior com fôlego para alguns anos, ou a tentativa híbrida à la China, que une o capitalismo econômico com a rigidez política marxista, ou uma verdadeira alternativa na linha do Fórum Social Mundial. Que os próximos anos nos digam.

Aparecida não espera

Enquanto o desenlace da presente crise não nos mostra as últimas consequências, existem desafios maiores que a conjuntura financeira atual. A cultura moderna avançada, a Pós-Modernidade subjetivista, a sociedade do conhecimento avançam, intrépidas, interpelando a Igreja. Conscientes de que os principais conflitos na América Latina datam de séculos e que persistem em gravidade crescente, os bispos em Aparecida decidiram lançar a grande Missão continental. As presentes reflexões respondem ao incentivo dado pela Conferência. "Levemos nossos navios mar adentro, com o poderoso sopro do Espírito Santo, sem medo das tormentas, seguros de que a Providência de Deus nos proporcionará grandes surpresas."[1]

Mar adentro: sociedade conflituosa

O quadro cultural e eclesial da América Latina reflete conflitos profundos, cujo estudo detalhado nos levaria longe e fora dos propósitos desse texto. Escolhemos o ângulo do conhecimento para analisar os diversos aspectos: econômico, político e cultural.

---

[1] *Documento de Aparecida*. 7. ed. São Paulo: Paulus/Paulinas/CNBB, 2008. n. 551.

O capitalismo neoliberal substituiu o acento sobre a produção e a distribuição pelo jogo financeiro, que se alimenta fundamentalmente do conhecimento das complicadas e aparentemente arbitrárias regras do mercado. A linguagem forjada pela mídia denota com clareza tal mudança. Atribui ao mercado reações tipicamente humanas. Ele fica nervoso, foge de um país para outro, ataca as economias frágeis, despreza o Estado, mas, quando necessita dele, pede-lhe ajuda. O personagem *mercado* parece ente superior, cuja psicologia nos afeta. Avulta monstruoso por entre os pequenos humanos a sondar-lhes o ânimo pela via do conhecimento.

Quem consegue por primeiro perceber o levantar ou o baixar da onda das ações e aposta corretamente faz fortunas. Não precisa sair de sua casa. Basta, com rápidos toques no teclado do computador, conectar-se com a correnteza de informações. Sagacidade e gigantesco fluxo de dólares decidem o tamanho do lucro ou da perda, apoiados pelo conhecimento obtido pela *high-tech* da informática. Quem dispuser de computador mais rápido e chegar antes à fonte de informação, mesmo que seja por alguns segundos, fará fortuna. Portanto, sociedade do conhecimento no duplo sentido: de saber o que acontece e de ter *software* de melhor qualidade e rapidez. O capitalismo neoliberal casa-se amorosamente com a tecnologia eletrônica.

A produção põe-se a reboque do conhecimento de diversas maneiras. Os meios de produção, os produtos e os trabalhadores perdem substância física a fim de ser valorizados pelo grau de conhecimento.

Os meios de produção: basta comparar uma fábrica tradicional, com centenas e até milhares de operários, com as supermodernas, que utilizam robôs, onde poucas pessoas manejam o complexo a partir de painéis de controle. Consequência: milhares de operários ficam desempregados. Os países ricos reservam para si os meios de produção de maior intensidade de conhecimento, com maior rentabilidade e menor custo operacional, e empurram para os países pobres aqueles menos rentáveis, que ainda precisam de mão de obra barata. Cresce, então, a disparidade entre países de fábricas limpas tecnificadas e os de lugares sujos e menos rentáveis com salários baixos.

O produto incorpora conhecimento. O automóvel antigo valia pelo material físico. Hoje se paga pelo *design* sedutor (conhecimento), pela quantidade de *chips* (conhecimento) nele inseridos a comandar, controlar, informar sobre tudo o que passa no veículo. Quanto mais conhecimento houver, mais valor. A Microsoft, que praticamente só produz conhecimento, tornou-se uma das empresas mais rentáveis. E que dizer do conhecimento vendido sob a forma de propaganda? Aí está a *alma mater* da vendagem.

Os trabalhadores expõem-se ao impacto do conhecimento. Se os meios de produção embutem cada vez mais conhecimento, quem os manipula necessita adestrar-se nesse tipo de conhecimento. À guisa de exemplo: determinada fábrica seleciona operários, colocando-os diante de máquina desconhecida e oferecendo-lhes o manual de instrução. Quem não for capaz de fazê-la funcionar não serve para a empresa. Cresce a exigência de conhecimentos de informática, de manuseio de aparelhos eletrônicos no trabalho. Tudo isso significa conhecimento.

Aumenta a distância das pessoas que têm daquelas que não têm acesso ao conhecimento. Entra em jogo a qualidade da escolarização. O futuro aposta na melhoria do ensino. Opção pelos pobres implica opção pelo acesso deles a um nível cada vez melhor de estudos.

No campo político, a sociedade do conhecimento tem produzido mudanças substanciais. Aproxima os candidatos dos eleitores por meio de fácil recurso de informação pela internet. Melhora a possibilidade de escolha. Supera-se o estreito horizonte local do círculo de amizades e obrigações, que caracterizou a política do cabresto e dos grotões. O eleitor tem condições de levantar voo e planar por alturas informativas.

A imagem midiática, porém, ao crescer de importância, ofusca a real verdade do candidato. Quem consegue manejar melhor o sistema moderno de conhecimento e de impacto emocional possui chances maiores de ser eleito. Os marqueteiros custam caro aos candidatos e terminam ajudando os mais poderosos. A política se constrói mais sobre a imagem do que sobre a realidade.

Os pobres se tornam as maiores vítimas nas duas pontas da política: candidato e eleitor. Candidato, por disputar com o poder da mídia que não se recomenda pela ética e justiça social. Eleitor, por dispor de informação facilmente manipulada e não ter condição de enfrentar criticamente a pressão propagandística.

A cultura na sociedade do conhecimento se define pós ou hipermoderna. Indiquemos alguns poucos traços que afetam a missão evangelizadora. O exacerbamento do individualismo leva ao extremo a autonomia, a emancipação em face da tradição, das instituições, de qualquer tipo de autoritarismo, dogmatismo, providencialismo. Por oposição, tem provocado fundamentalismos doentios que se opõem radicalmente ao traço libertário da Pós-Modernidade. Rompe-se com as explicações globais em prol de pequenas e fragmentadas interpretações provisórias enquanto servem. A história e a utopia cedem lugar ao puro presente, ao instantâneo.

Reina profunda desconfiança a respeito dos ídolos maiores da Modernidade: razão iluminista, eficiência, sujeito conquistador, poder, império da ciência, transformação da realidade, utopia de nova sociedade. Prefere-se a razão fruitiva, pluralista, antes feminina que masculina. Leva-se o processo de desconstrução à frente até o extremo, desvendando os pressupostos, os interesses ideológicos subjacentes, as intenções ocultas do poder e da instituição em prol de uma liberação geral. Vale o axioma de maio de 1968: "É proibido proibir".

Bastam esses poucos traços para percebermos a gravidade dos desafios à evangelização cristã. Tudo parece mover-se. Existe o puramente atual. E a fé cristã, por natureza, vive da Tradição, da interpretação autêntica garantida pela hierarquia. Choque tremendo de mentalidades. Deixemos de lado todo o mundo do consumo, da exterioridade, da visibilidade midiática, das relações virtuais, da tecnologia eletrônica, do marketing voltado para o consumidor. E a barca da Igreja neste mundo?

Missão da Igreja na sociedade do conhecimento

A Igreja na sociedade do conhecimento estende dois braços. O mais importante para a vítima principal dessa sociedade, o novo pobre. E outro para as possibilidades que ela lhe oferece para a evangelização.

O mundo dos pobres

A América Latina, com milhões de pobres ao lado de estreita minoria de ricos privilegiados, desafia a missão da Igreja. Pobreza significa fundamentalmente carência dos bens. Quanto mais grave, tanto maior a pobreza. Sem a base material, romantizamo-la.

A natureza comporta-se ora como mãe generosa em bens, ora seca os seios. A pobreza natural resulta da carência dos bens da natureza, quer de maneira permanente, quer por alguma circunstância aleatória. O ser humano tem batalhado contra a pobreza da natureza, minorando-a com os recursos de sua inteligência e da tecnologia que desenvolveu.

No entanto, nessa mesma luta tem criado sistemas econômicos para que produzam outro tipo de pobreza. Enquanto um grupo se enriquece, outro é socialmente alijado dos bens. Tal pobreza tem-se agravado com o sistema capitalista neoliberal globalizado.

A pobreza piorou por ter-se roubado dos pobres a esperança de uma sociedade alternativa, quando da queda e fracasso do socialismo. Vieram tempos de morte da esperança. O fim da utopia, a fragmentação da força operária, o aburguesamento ideológico dos partidos socialistas, a queda do tônus social das Igrejas cristãs puseram em crise a opção pelos pobres na linha da causa libertária, afrouxando-a para o campo assistencialista.

A condição do pobre na sociedade pós-industrial do conhecimento modificou-se também. Os que vivem do trabalho pagam caro pela financeirização da economia que aumenta a brecha entre ricos e pobres. Acontece a dupla globalização, da riqueza e da pobreza. Esta se estende para além dos bens materiais, aprisionando os pobres na míngua dos bens culturais. Os pobres vivem próximos da morte.[2]

A base da pirâmide dos pobres alarga-se e a ponta dos ricos afunila-se. A pobreza invisibiliza-se pela segregação dos pobres, amontoados nas favelas, e pela reclusão dos ricos em condomínios-*bunkers* de luxo.

A cultura Pós-Moderna rouba dos pobres a esperança em projetos libertadores. Fragmenta a grande narrativa da libertação em pequenos relatos biográficos e consoladores. Favorece o surgimento do neopaganismo, que apostrofa o Cristianismo por causa de sua visão igualitária e de preferência pelos pobres. Proclama a volta às religiões indoeuropeias e ao ideal grego do "καλός και αγαθός" – bonito e bom – em contraste com o pobre feio e sem prestígio.

A conjuntura eclesiástica esfriou os fervores libertadores de décadas anteriores. Orienta as preocupações para o fenômeno religioso, para o crescimento das Igrejas evangélicas pentecostais com sabor neoconservador institucional eclesiástico. A onda carismática consola a má consciência da injustiça social ao transformar o pobre em objeto de caridade.

Evangelizar no mundo do conhecimento

A missão evangelizadora no mundo dos pobres chama-se solidariedade: a face prática e social do amor. Ao comentar a epístola de São João, Santo Agostinho deixou-nos essa pérola literária: *Dilectio dulce verbum, sed dulcius factum*, ("A caridade é uma doce palavra, mais doce ainda é a ação"). Hoje diríamos: a solidariedade.

Cultura da solidariedade diz mais que práticas solidárias. Cria um imaginário cujos símbolos segregam aliança, fraternidade. Eles falam de união, comunhão, cooperação, enquanto o sistema vigente, com a lógica da troca competitiva, divide as pessoas dentro de si em desejos opostos: a família pela competição entre seus membros, as classes jogando os in-

---

[2] GUTIÉRREZ, G. *Onde dormirão os pobres?* 2. ed. São Paulo: Paulus, 1998.

divíduos uns contra os outros, a sociedade em classes antagônicas. Tudo regido pela competição, concorrência insolidária.

A cultura da solidariedade inverte essa lógica. Instaura a harmonia no interior de si, o diálogo no seio da família, a cooperação dentro da mesma classe e entre elas. É nova maneira de entender o mundo, de pensar a realidade, de ver as coisas. Ela nos impregna os atos de modo que ser solidário se torna conatural. Viceja lá onde os sinais internos e externos da nossa existência apontam primeiro para o movimento de cooperação, de integração da comunidade e não para o da satisfação do indivíduo.

À medida que a cultura da solidariedade for ocupando os espaços do mundo interior das pessoas, das famílias, das escolas, das Igrejas, da mídia, as condutas espontâneas modificar-se-ão. O gesto primeiro de pensar em nós cede lugar para o olhar para quem necessita mais do que nós. Missionar na América Latina significa semear e praticar em todos os níveis a solidariedade, de modo que, aos poucos, vá surgindo um sistema alternativo ao neoliberalismo, doentiamente marcado pelo individualismo e pela exploração do mais forte sobre o mais fraco.

Possibilidades evangelizadoras da sociedade do conhecimento

Em síntese, ir além das presenças reais, criando redes virtuais de evangelização. Já existe a diocese virtual *Partenia* de Monsenhor Jacques Gaillot.[3] Na mesma inspiração, abrem-se maravilhosas perspectivas de presença da Igreja pela via virtual, ao lado das formas presenciais e a modo de complementação. Catequese, cursos de Crisma e de noivos, cursos monográficos teológicos e outros se adaptam muito bem à alternância de encontros presenciais e virtuais a distância. A tecnologia e a didática desenvolvida pela docência a distância permitem ampliar muito a dimensão formativa das comunidades, paróquias e dioceses, sem falar até mesmo em nível nacional e internacional.[4]

---

[3] <www.partenia.org/portugues/partenia_pt.htm>.

[4] MORÁN, J. M. *Mudanças na comunicação pessoal. Gerenciamento integrado da comunicação pessoal, social e tecnologia.* São Paulo: Paulinas, 1998.

Além dos canais religiosos de TV, já em funcionamento com programa próprio, há ainda espaços a ser explorados na internet, na produção de DVDs, na criação de sites educativos, no uso de chat aberto ou fechado para discussão religiosa, blogs etc. Quanto mais a tecnologia avança, tanto mais novas possibilidades se abrem para a evangelização no campo virtual. Não supre, de modo algum, a necessidade e relevância dos encontros reais, das celebrações, dos grupos de oração, de troca de experiências e conhecimentos. A tecnologia virtual vem somar com tudo o que existe no mundo real e não suprir nem abolir.

A geografia tem progredido muito sob o aspecto de geoprocessamento dos espaços. A pastoral da Igreja tem aproveitado pouco desse recurso para organizar eficientemente a missão. Ela detalha com exatidão as necessidades espirituais, o tipo de público, as carências e recursos existentes na região etc. Quanto mais dados o geoprocessamento oferecer, tanto mais eficiente se organizará a missão.

A Igreja, nos primórdios, conheceu método de evangelização que conserva validez até hoje. O estudo de Stark aproxima a difusão do Cristianismo primitivo com o crescimento semelhante dos mórmons nos dias de hoje. Chega à conclusão que ambos adotaram a evangelização pela proximidade, vicinalidade, afinidade.[5] O Evangelho convertia um membro de uma família e este, por sua vez, atraía à fé os outros familiares e amigos. E assim, pelos laços de família, de proximidade afetiva e de moradia, o Cristianismo se expandiu. O autor constata que os mórmons, nos EUA, empregam método semelhante com igual êxito. O mesmo podemos dizer de denominações pentecostais e neopentecostais no Brasil. Tal perspectiva serve à finalidade de afervorar os próprios católicos, feitos apóstolos de seus familiares, vizinhos e amigos, e de reconduzir às Igrejas aqueles que a tinham deixado.

---

[5] STARK, R. *O crescimento do Cristianismo. Um sociólogo reconsidera a história*. São Paulo: Paulinas, 2006.

Em termos práticos, primeiro a proximidade, a presença contagiante. Depois vêm a palavra, a doutrina, os ensinamentos. A rede de afinidades converte mais que a doutrina e os próprios ritos.

Conclusão

Missão, na sociedade do conhecimento, implica compreendê-la na originalidade econômica, política, cultural e o seu impacto sobre os pobres. A opção pela cultura da solidariedade responde à situação do novo pobre. E a inserção numa pastoral da comunicação completa o quadro evangelizador.

A MISSÃO DIANTE DA CRISE ECONÔMICA: INTERPRETAÇÃO, CONSEQUÊNCIAS E DESAFIOS

*MANUEL HIDALGO**

A missão não pode perder de vista a realidade, pois a evangelização consiste num "assumir para redimir". Segundo Medellín, todo compromisso pastoral brota de um discernimento da realidade. Converter-se para a realidade é condição para a fidelidade ao Evangelho. O *Documento de Aparecida* apresenta a realidade como o ponto de partida da missão. O capítulo 2, "Olhar dos discípulos missionários sobre a realidade", trata dessa situação que nos desafia e analisa com muita profundidade a realidade sociocultural, a situação econômica, a dimensão sociopolítica e a questão ecológica.

Em 2007, ano da Conferência de Aparecida, a atual crise da economia mundial ainda não se havia manifestado claramente. No entanto, Aparecida já advertia sobre os perigos da globalização neoliberal. Profeticamente, observou que, "conduzida por uma tendência que privilegia o lucro e estimula a concorrência, a globalização segue uma dinâmica de concentração de poder e de riqueza em mãos de poucos" (*DAp*, n. 62). Essas predições se cumpriram dramaticamente e, em 2008, explodiu uma crise global de proporções incalculáveis.

---

* Economista peruano, assessor sindical, encarregado do Observatório Social da Amerindia. Áreas de especialização: conjuntura político-econômica internacional, movimentos sociais; integração latino-americana.

Neste artigo, analisa-se o aspecto econômico da crise, que já é considerada uma crise global sistêmica, que se transformou numa crise de civilização. Também são analisados fatos políticos e sociais relevantes, e se expressa muita confiança nos movimentos sociais.

Prova de fogo: a América Latina diante da crise

Ao finalizar o ano de 2008, a América Latina e o Caribe enfrentam, como o resto do mundo, um contexto marcado pela crise estrutural do capitalismo internacional. Pôs-se, assim, fim a uma fase histórica que se iniciou em fins de 2003 e se prolongou até meados de 2008. Sobre a base dos preços altos das matérias-primas e as baixas taxas de interesse internacionais, que deram sustento a um ciclo econômico expansivo, significou uma pausa na crise das políticas neoliberais na região e concedeu margens de governabilidade importantes às diferentes forças e atores políticos que os diversos países do continente encabeçaram, e ainda o fazem.

O sistema capitalista, enquanto sistema de dominação planetário, entrou em sua crise mais grave dos últimos setenta anos, pelo menos. É uma crise multidimensional – política, econômica, social, cultural, militar –, menos de vinte anos após o capitalismo proclamar triunfante sobre seus adversários, "o fim da história" e que não havia mais horizonte senão o do mercado para regular a vida dos seres humanos.

O momento se precipitou a partir da crise econômica e financeira dos Estados Unidos, mas não se limita nem a essas dimensões nem a esse espaço. Como destacaram diversos analistas,[1] ao confluir e se entrelaçar com outras crises – a ecológica, a climática, a energética e a alimentar –, deu lugar a uma crise global, sistêmica, que compromete o conjunto do planeta e a sobrevivência da humanidade. Com mais ênfase que a crise

---

[1] BOFF, Leonardo. "Eles não amam a vida", 5 de dezembro de 2008. Disponível em: <http://alainet.org/active/27876&lang=es>. DIERCKXSENS, Wim. "A grande depressão do século XXI inaugura a 'administração Obama'", 1º de dezembro de 2008. Disponível em: <http://www.observatoriodelacrisis.org/readarticle.php?article_id=65>. BEINSTEIN, Jorge. "Rostos da crise", 29 de outubro de 2008. Disponível em: <http://www.observatoriodelacrisis.org/readarticle.php?article_id=136>.

da década de 1990, volta-se a se falar de crise de civilização, na mesma medida que as emergências climáticas e ecológicas puseram em evidência os limites de uma Modernidade que contempla a natureza somente como objeto de exploração. Uma mudança de época abre passagem, mas não está definida sua direção nem delimitados seus contornos.

O tempo histórico se acelerou notavelmente. Logo depois, o dinamismo dos acontecimentos é marcado, sobretudo, pelo processo de extensão e intensificação da crise econômica e financeira. A recessão e suas consequências no desemprego e as quedas na entrada de capital já se estendem, a partir dos Estados Unidos, Europa e Japão, para o resto do planeta. A profundidade das ramificações da crise do sistema financeiro internacional torna improvável que o dinamismo das economias asiáticas e de outros países emergentes possa sustentar o crescimento da economia mundial no curto prazo (2009-2010) e talvez mais além.

As múltiplas medidas de salvamento, empréstimos, capitalizações, linhas de créditos e de garantias outorgadas pelos Bancos Centrais e pelos Estados para conter o processo de agravamento da crise nos Estados Unidos e na Europa não conseguem, ainda, restabelecer a confiança nem dos investidores nem dos consumidores. Os mercados de crédito continuam praticamente fechados. A cada semana surgem novos bancos e grandes empresas com problemas, fecham-se indústrias e aumentam as demissões. Tudo isso a despeito de que a taxa de interesse foi levada nos Estados Unidos, na Europa e no Japão a seus mínimos históricos.

As autoridades dos países do capitalismo central continuam mergulhadas no maior dos desconcertos e ainda não conseguem esboçar um conjunto de medidas coerentes que conseguisse conter o aprofundamento da crise. Enquanto a incerteza se mantiver, tanto as Bolsas de Valores como as paridades cambiais terão uma volatilidade elevada; isto é, não terão uma tendência definida e previsível em suas constantes mudanças. Volatilidade alta que poderá persistir por até mais dois anos.

Como consequência disso, as decisões de investimento e consumo se manterão freadas e as tentativas de reativação pela via de outorgar maior liquidez ao sistema financeiro resultarão inúteis. Todos os bancos e empresas estão preservando sua própria liquidez diante deste cenário. Os prognósticos, por isso, para o próximo semestre, são de um aprofundamento das tendências recessivas, e também uma queda nos preços das matérias-primas, ativos e bens finais, que poderia girar em 20% ou 25%, no caso dos Estados Unidos.

Isto explica o recente fortalecimento do dólar e do yuan, uma vez que o capital especulativo tendeu a sair de todos os demais mercados – emergentes, zona euro e Japão –, como também da posse de matérias-primas, para se refugiar na moeda norte-americana, pois quem tiver maior liquidez nessas circunstâncias poderá aproveitar as maiores oportunidades. Mas a médio prazo o dólar poderia voltar a cair como reflexo de uma economia que continua elevando sua dívida externa, pública e privada maciçamente. Um endividamento para o qual somente se vislumbram soluções traumáticas.

Os fluxos do comércio mundial e dos investimentos estrangeiros estão num processo de rápido enfraquecimento e se prognostica que retrocederão claramente durante o ano em curso. Isso derivará na tendência de os países baixarem seus esforços de crescimento econômico, numa medida maior, nos mercados internos. E poderia envolver maiores práticas protecionistas dos países do capitalismo central.

Os defensores da globalização neoliberal sofreram uma derrota ideológica aguda, pelas medidas práticas que as autoridades do capitalismo central se viram obrigadas a tomar. O sistema financeiro e monetário internacional enfrenta agora uma reforma inevitável, cujo conteúdo, espaço e forma de acordo estão em disputa. Numa tentativa por manter certos parâmetros dentro desse empenho, os Estados Unidos convocaram o G20 para uma reunião, em novembro de 2008, que não levou a nenhuma ação de consenso. Por outro lado, a partir da assembleia geral da ONU foi constituída uma Comissão para a Reforma do Sistema Monetário e Financeiro Internacional, com quinze peritos, encabeçados por Joseph Stiglitz, da qual saíram propostas para uma nova "arquitetura financeira internacional" e uma nova ordem monetária, pressagiando-se que abra passagem para o fim da hegemonia do dólar, o aparecimento de novas moedas regionais e o estabelecimento de uma nova e verdadeira moeda mundial de reservas.

No plano geopolítico, as repercussões desta crise são e serão de enorme transcendência. A decadência da hegemonia dos Estados Unidos já é indiscutível, muito além da enorme superioridade em armamento que possui. Sua margem de manobra foi reduzida substantivamente e exigirá aliados cada vez mais esquivos para levar adiante seus propósitos. A troca de Bush por Obama não melhorará as coisas, cercado como está o novo presidente de uma equipe que garante uma continuidade, mais que uma mudança, tanto na política interna como na externa dos Estados Unidos.[2]

Pior ainda, o novo governante se apresenta comprometido com a agenda israelita no Oriente Médio, em momentos que esta evolui radicalmente para a tomada militar de Gaza, a "limpeza étnica" da Palestina e o bombardeio imediato do Irã.[3]

Cabe esperar, por isso, um agravamento da crise político-militar dos Estados Unidos, que não somente sairão derrotados do Iraque e continuarão perdendo o controle do Afeganistão, mas também se expõem a provocar um conflito nuclear de consequências imprevisíveis. Ao isolamento internacional que esta postura os levaria deve-se acrescentar a sangria de recursos econômicos e humanos que ela implicará e a profunda decepção e rejeição que encontrará no movimento cidadão que respaldou e se esperançou com a eleição de Obama, o que poderia alterar o quadro político interno nos Estados Unidos.

Por outro lado, a ordem política multipolar está cada vez mais patente. Mais além de uma vacilante União Europeia, são as potências emergentes do chamado BRIC – Brasil, Rússia, Índia e China –, que estão coordenando suas posições para influenciar nos espaços de decisão internacionais. Além disso, cada uma delas está fortalecendo sua liderança em seu entorno regional respectivo e desdobrando uma maior iniciativa político-diplo-

---

[2] CHOMSKY, Noam. "As eleições nos Estados Unidos". Disponível em: <http://www.jornada. unam.mx/2008/11/30/index.php?section=mundo&article=032a1mun>.

[3] PETRAS, James. "Barack Obama, o primeiro presidente judeu dos Estados Unidos", 18 de dezembro de 2008. Disponível em: <www.rebelion.org>.

mática, econômica e militar, com vistas ao seu fortalecimento e maior autonomia. Embora nenhum desses países possua uma ideologia global alternativa ao capitalismo, todos mantêm um forte papel do Estado na economia, querem controlar seus recursos naturais, garantir sua própria autossuficiência energética, alimentar e fazer uma defesa enérgica de seu espaço geopolítico – o que, em todos os casos, confronta com aliados dos Estados Unidos.[4] A China e a Índia manterão, finalmente, ritmos de crescimento consideráveis ainda em 2009, entre 8% e 7%, enquanto o Brasil e a Rússia o fariam abaixo dos 3%.

A evidência dessas tendências na América Latina não tardou a aparecer. O enfraquecimento da influência política dos Estados Unidos na região chegou a seu ponto mais agudo em mais de sessenta anos.[5] Suas recomendações e advertências não são ouvidas, dois de seus embaixadores foram expulsos – da Venezuela e da Bolívia – e muitos países adotam um discurso aberto contra os Estados Unidos. A recente Cúpula da América Latina e do Caribe foi um marco histórico sob essa perspectiva; da mesma forma que a incorporação de Cuba ao Grupo do Rio.

Paralelamente, as turnês presidenciais da Rússia e da China pela América Latina deram conta tanto do interesse estratégico dessas potências na região como dos movimentos dos países latino-americanos por alcançar maior autonomia.

A turnê do presidente russo Dmitri Medvedev por Cuba, Venezuela e Brasil, as manobras da frota russa com as armadas da Venezuela e Nicarágua, a visita dos navios russos a Havana e a navegação deles pelo canal do Panamá constituem sinais e mensagens para os Estados Unidos no plano político-militar. A turnê do presidente chinês Hu Jintao por Cuba, Costa Rica e Brasil mostrou, em contrapartida, que seu país tem basicamente um interesse econômico e comercial na região, que se subscreveu com sua

---

[4] GOLUB, Philip S. "Para um mundo centralizado". *Le Monde Diplomatique*, edição chilena, n. 91, nov. 2008.

[5] FRAGA, Rosendo. "Balanço político da América Latina 2008". Disponível em: <www.nueva-mayoria.com>.

incorporação ao Banco Interamericano de Desenvolvimento (BID) como país doador, com uma contribuição inicial de 350 milhões de dólares.

Os acordos recentes da Venezuela com a Rússia e do Brasil com a França para se equipar de armamento e tecnologia militar constituem passos de soberania e afirmação de um poderio indispensável para enfrentar a disputa pela hegemonia no continente latino-americano.

Os desafios deste ambiente para a América Latina e o Caribe

Enfrentar a emergência e avançar na mudança do modelo econômico

Aumento do desemprego, queda dos salários, encarecimento do crédito, diminuição das remessas, aumento da pobreza, agudização da desigualdade: esse é o panorama econômico-social que já se está configurando na região para os próximos anos, como consequência da crise mundial em curso e de seu impacto em nossos países. Significa uma reversão de tendências 2003-2008, exceto no tema da desigualdade, que não deixou de crescer nem na fase econômica expansiva que terminou.[6] A alta de preços dos alimentos em 2007-2008 aumentou a pobreza, especialmente nos países centro-americanos (que são, além disso, os mais pobres do continente, exceto Costa Rica), mas também na Bolívia, Equador, Chile, Uruguai e Venezuela.

Diante da evidência de que isto não será resolvido pelo mercado nem pela iniciativa privada, até o mais neoliberal dos governos está se vendo obrigado a desenvolver políticas contracíclicas, com os recursos de que dispõem. Existe, isto sim, "uma diferença marcante entre os alcances das políticas anunciadas em alguns países sul-americanos em comparação com algumas economias centro-americanas e caribenhas", dada

---

[6] "Panorama social da América Latina 2008", dezembro de 2008. Disponível em: <www.cepal.org>.

a disparidade de arrocho fiscal e reservas internacionais que os países têm, aponta a Comissão Econômica para a América Latina e o Caribe (Cepal).[7] Os programas de estímulo ao emprego, linhas de crédito para empresas de menor porte ou rótulos específicos, aumento do gasto em programas sociais, assim como aumentos e antecipações de gastos em infraestrutura, estão na ordem do dia. A provisão de liquidez em moeda nacional foi também uma preocupação imediata dos governos.

O tema é até onde e até quando serão eficazes essas medidas, que não terminam por perceber que o que se esgotou não é somente um ciclo expansivo, mas todo um esquema de desenvolvimento capitalista. Para além de 2009, o dinamismo econômico não poderá se escorar no crescimento exportador nas proporções em que se estava fazendo. A queda dos preços e dos volumes de exportação, em especial para os mercados dos países do capitalismo central, como a queda das remessas de migrantes, reduzirá substantivamente as entradas externas de nossas economias.

Enquanto não se restabeleçam novas bases monetárias e financeiras no plano internacional, é previsível que o comércio mundial permaneça fortemente contraído. Embora a demanda asiática pudesse outorgar um piso para os preços dos alimentos e matérias-primas que os países latino-americanos exportam, no médio prazo esse piso não será sensivelmente maior do que aquele que se tem nos dias atuais. A consequente queda da rentabilidade conterá os investimentos privados nos títulos petroleiros, mineiros, florestais e de agronegócios, parte importante dos quais se verão postergados.

A virada para esquemas de crescimento que outorguem uma maior ponderação para os mercados internos parece inevitável e deverá vencer resistências de parte daqueles que se aferrarão a seguir esperando que o maior alento venha "de fora". No entanto, não existe possibilidade alguma de resolver o problema do emprego na região que não passe centralmente por um replanejamento da estratégia de desenvolvimento, concedendo ao

---

[7] "Balanço preliminar das economias da América Latina e do Caribe", 22 de dezembro de 2009. Disponível em: <www.cepal.org>.

setor vinculado ao mercado interno – sobretudo ao das empresas de menor porte, urbanas e rurais – um papel decisivo no crescimento econômico.

Isso torna imprescindível que o Estado recupere onde não tem e fortaleça onde tem uma capacidade efetiva de liderar o processo de acumulação. A recuperação da propriedade dos recursos naturais (minérios, petróleo, gás, água, florestas etc.) e das empresas de setores estratégicos (banco, energia, comunicações, transporte) torna-se fundamental. É o caminho que já empreenderam a Venezuela, a Bolívia e o Equador.

O financiamento da transformação produtiva, que é necessária, envolve inevitavelmente temas como a reconsideração da dívida externa, por um lado, e da estrutura impositiva em nossos países, por outro. O exemplo do governo equatoriano, que depois de uma auditoria rejeitou o pagamento das dívidas contraídas ilegitimamente, despertou interesse no Paraguai, na Bolívia, na Venezuela e no Brasil, que estão estudando seguir o mesmo procedimento. Dessa forma, por-se-ia fim a uma injusta carga que pesa gravemente sobre a disponibilidade de recursos fiscais de muitos países latino-americanos. E, quanto às reformas tributárias, não se pode prolongar mais a infâmia de que em muitos países da região, proporcionalmente a suas entradas, tributem mais os pobres que os ricos e que a carga tributária que pesa sobre empresas transnacionais e grandes grupos econômicos seja tão reduzida como é.

A redistribuição da riqueza e a realização de reformas democráticas profundas – a reforma agrária, da saúde, da educação, do seguro social –, restabelecendo nos últimos aspectos o papel do Estado como garante dos direitos econômicos, sociais e culturais, constituem outras linhas fundamentais que devem ser encaradas nessa perspectiva.[8]

---

[8]   ZIBECHI, Raúl. "América do Sul: encurta-se o tempo", 21 de novembro de 2008. Disponível em: <www.jornada.unam.mx>.

Mudar a matriz energética e desenvolver padrões de produção, consumo e vida, em harmonia com a preservação da natureza

O esgotamento dos combustíveis fósseis e, ao mesmo tempo, o aquecimento global tornam impostergável avançar na mudança da matriz energética para formas de energias renováveis e na adoção de padrões de produção, de consumo e de vida harmônicos com a preservação da natureza.

As propostas do presidente Evo Morales na reunião de Poznan,[9] com vistas para a próxima Cúpula sobre Mudança Climática da ONU, são um verdadeiro programa que deveria ser incorporado na agenda e na luta dos movimentos sociais, posto que, como ele observa, "o melhor instrumento para enfrentar o desafio da mudança climática não são os mecanismos de mercado, mas os seres humanos organizados, conscientes, mobilizados e dotados de identidade".

A concepção do desenvolvimento como "Viver bem" ou "Sumac Kausay", assim como os princípios de solidariedade, complementaridade, reciprocidade e harmonia entre os povos e a natureza, constitui um paradigma para a formulação de alternativas no terreno econômico que se nutre da sabedoria ancestral de nosso continente, num marco dentro do qual devemos pensar modelos alternativos de produção, de consumo e de vida. Isto nos coloca diante dos esquemas de tipo extrativista, que devemos ir superando, num processo que não será fácil nem breve, pelas entradas que hoje significam para nós os recursos minerais, petrolíferos e gasíferos, em cuja substituição se deve pensar.

---

[9] MORALES, Evo. "Salvemos o planeta do capitalismo", 3 de dezembro de 2008. Disponível em: <www.rebelion.org>.

Avançar com a mobilização e derrotar a violência e a militarização

No plano político, há três grandes tipos de cenário hoje, na América Latina e no Caribe, que envolvem uma problemática diferente e que se tornará aguda com o impacto da crise mundial.

Um primeiro tipo de cenário é o que se apresenta no México, na Colômbia, no Peru, e ao qual também poderia se assemelhar, apesar de sua menor complexidade estrutural, El Salvador. São países em que os governos têm um forte alinhamento com Washington. Junto com o manejo macroeconômico neoliberal, desenvolvem políticas de "segurança democrática" e de criminalização do protesto social, que impõe cursos nefastos de militarização da vida política e social. A forte presença do narcotráfico e do crime organizado, com extensos vínculos nas instituições, oferece, por outro lado, a desculpa para a intervenção militar e dos Estados Unidos em território nacional.

Os povos zapatistas e indígenas do México; os do Cauca (Colômbia) – que desenvolvem a Minga Nacional de Resistência –; as comunidades que no Peru lutam contra o despojamento de suas terras e da água pela exploração mineira e os movimentos sociais salvadorenhos vêm criando experiências de luta, organização e sobrevida, de espaços autônomos, que enfrentam o desafio de vencer a militarização e a guerra. Isso provém não só do Estado, mas do narcotráfico, do crime organizado, e, mesmo, de setores da esquerda.

Os partidos e lideranças de esquerda aparecem em todos esses países encabeçando a oposição e terão uma forte oportunidade de deslocar a direita neoliberal nas próximas eleições, graças ao forte desgaste e à carência de discurso com que os governos chegarão a essa instância. López Obrador no México, a FMLN em El Salvador, o Polo Democrático na Colômbia e as forças de esquerda no Peru ver-se-ão numa tarefa complexa no caso de assumirem o governo. Neles, a luta contra a corrupção e o narcotráfico e a depuração, democratização e reformulação da doutrina das Forças Armadas serão essenciais.

O cenário contraposto é o que se apresenta na Venezuela, no Equador e na Bolívia, países governados por líderes que confrontam abertamente com a política imperialista estadunidense. Junto com a recuperação do controle de seus recursos naturais – petróleo e gás –, puseram em marcha processos de reformulação democrática de seus Estados, reformas agrárias e programas de atenção direta aos problemas sociais mais básicos da população. No segundo semestre de 2008, todos eles venceram eleições e referendos com porcentagens superiores a 60%, enfrentando uma oposição que está combinando diversas formas de luta para elaborar a desestabilização política e propiciar o clima favorável para um golpe militar. Na Bolívia, a agressividade chegou a ponto de grupos camponeses indígenas serem assassinados por bandos civis incentivados por autoridades da oposição.

A nova conjuntura aberta pela crise, os problemas de uma maior estreiteza das arrecadações fiscais que derivarão da queda dos preços do petróleo e do gás e seu eventual impacto no gasto social tentarão ser usados pela oposição, que redobrará suas manobras populistas e separatistas. Deverão permanecer atentos, além disso, à ameaça militar dos Estados Unidos, agindo a partir da Colômbia e do Peru.

Os povos indígenas e os movimentos sociais desses países se viram, por sua vez, pressionados pela relação com seus governos para manter sua autonomia e sua capacidade de mobilização. Os governos nem sempre entenderam que nessa mobilização popular reside seu maior apoio e a força fundamental para derrotar as manobras da oposição, que tem procurado enfrentar por caminhos mais burocráticos e institucionais. Resolver uma articulação adequada das forças da mudança será fundamental para derrotar política, jurídica, ideológica e socialmente a oligarquia.

Finalmente, na maioria dos países da América Latina e do Caribe prevalecem governos "progressistas", que mantêm um alinhamento geopolítico preferencial com a social democracia europeia, porém partidários do "regionalismo aberto" inspirado pela Cepal. Governos que combinaram uma manobra econômico-neoliberal com políticas sociais mais ou menos focalizadas em setores de extrema pobreza.

As forças da esquerda nesses países permanecem dispersas, algumas no interior das coalizões de governo e outras fora. De fato, o sistema de partidos tende para o bipartidarismo, com a direita neoliberal como oposição mais configurada. Mas existe, além disso, um distanciamento de sua dinâmica em relação à que impera nos movimentos sociais, que olham com crescente distância a ação dos partidos.

Os movimentos sociais apresentam neles um grau menor de ascensão em suas mobilizações e prevalecem ainda amplos setores da população cooptados pelo sistema tradicional de partidos e a economia de mercado, numa profunda alienação política. Diante da crise, cabe esperar uma ativação maior de suas lutas, que deverão driblar não somente as renovadas de tentativas de cooptação, mas também a repressão e as tentativas de tingir de violência e criminalizar o protesto social. No entanto, somente essa mobilização poderá mudar o cenário político nesses países, pressionando as forças de esquerda para que possam se transformar em alternativas de governo.

Avançar com a integração continental e bolivariana

A emergência da crise mundial está acelerando a disputa sobre qual esquema de integração é o que se impõe e sob quais princípios efetivos esta se desenvolve. Embora Uribe (Colômbia) e García (Peru) continuem frustrando expectativas ao concretizar Tratados de Livre-Comércio (TLCs) com os países do capitalismo central – e como reflexo do qual se privaram até mesmo de assistir a cinco cúpulas simultâneas realizadas em dezembro passado em Salvador, Bahia –, os olhares do conjunto estão cada vez mais postos nos processos liderados pelo Brasil, por um lado, e por Cuba-Venezuela, por outro.

O Brasil deu um passo histórico ao convocar a Cúpula da América Latina e do Caribe (CALC) como novo espaço de integração continental, assim como ao encabeçar o acordo de uma agenda de cooperação em doze temas substantivos,[10] dentro dos quais se buscará articular os avanços

---

[10] "Declaração de Salvador, Bahia", 18 de dezembro de 2008. Disponível em: <www.sela.org>.

dos diversos organismos de integração regionais e sub-regionais preexistentes. Soma-se ao avanço que significou a criação da União de Nações Sul-Americanas (Unasul), para os países sul-americanos, em meados de 2008, e que já mostrou uma eficácia para intervir em apoio da democracia boliviana, quando da tentativa de "golpe prefectural" em agosto de 2008.

Trata-se de espaços que estabelecem um marco para a unidade e a integração, ao mesmo tempo que relevantes para a interação da sub-região e do continente com o resto do mundo. De ritmo mais pausado, esses espaços terão uma importância maior para afirmar a soberania continental no terreno político e da segurança, diante das velhas e novas potências externas, assim como para afinar posturas comuns com vistas à intervenção nos foros mundiais. Quanto à crise, por isso, quem sabe se o acordo mais significativo é o em que se tenha concordado em construir uma posição diante da Conferência de Alto Nível sobre a Crise Financeira da assembleia geral das Nações Unidas que acontecerá em março de 2009.

Não se pode esperar deles, no entanto, acordos mais concretos e igualmente necessários no terreno econômico, comercial e financeiro da integração. A liderança do Brasil nesses aspectos se esvai pelo privilégio que concede a seus interesses nacionais e aos de seus empresários privados, nas relações com seus países vizinhos, todos eles de menor tamanho e poderio global. Essa atitude derivou no passado em conflitos com a Argentina, no cancelamento do projeto do Gasoduto do Sul e numa prorrogação do início efetivo das operações do Banco do Sul. Por outro lado, as medidas agressivas, no campo diplomático, político e militar, com que o Brasil encarou conflitos recentes com o Equador, a Bolívia e o Paraguai, levaram a que mais de um se pergunte se por acaso o Brasil não está confundindo o processo de integração com a construção de sua "retaguarda", no mais puro estilo imperialista.[11]

Mais inspiradores e práticos, nas dimensões econômicas e sociais, são os processos de integração bolivariana, da Aliança Bolivariana para as

---

[11] ZIBECHI, Raúl. "Está o Brasil construindo sua própria 'retaguarda'?", 5 de dezembro de 2008. Disponível em: <http://www.ircamericas.org/esp/5722>.

Américas (ALBA) e Petrocaribe, assim como os de Cuba com a Comunidade Caribenha (Caricom). Esses se destacam pela implementação de ações concretas que colocam em prática os princípios de solidariedade, complementação e tratamento especial das economias menores e vulneráveis, mas, ao mesmo tempo, pela maior rapidez em encarar propostas que rompem com os parâmetros das instituições próprias do neoliberalismo. Durante esses meses, a III Cúpula Cuba-Caricom,[12] assim como a III Cúpula Extraordinária do ALBA,[13] constataram avanços e resolveram novos e importantes acordos.

O mais transcendente é o relativo a

construir uma Zona Monetária que inclua inicialmente os países-membros da ALBA (a Associação Comunal de Dominica participaria na qualidade de observadora) e a República do Equador, mediante o estabelecimento da Unidade de Conta Comum SUCRE (Sistema Unitário de Compensação Regional) e de uma Câmara de Compensação de Pagamentos. A criação dessa Zona Monetária será acompanhada do estabelecimento de um Fundo de Estabilização e de Reservas com contribuições dos países-membros.

Esta proposta foi apresentada e estendida ao resto dos países do continente na Cúpula CALC.

Avançar com flexibilidade, mas com sentido da urgência histórica, combinando esses dois tipos de processo, mantendo sua unidade, mas desenvolvendo a luta política e ideológica em reação a eles, é assim que aproveitaremos da melhor forma a oportunidade histórica que este momento oferece, dada a realidade complexa de nosso continente.

---

[12] "Declaração de Santiago de Cuba", 8 de dezembro de 2008. Disponível em: <www.adital.com.br>.

[13] "Declaração da III Cúpula Extraordinária da ALBA-TCP", 26 de novembro de 2008. Disponível em: <http://www.alternativabolivariana.org/modules.php?name=Content&pa=showpage&pid=1974>.

Fortalecer o protagonismo popular na construção de alternativas

A possibilidade de dar um salto histórico que coloque nosso continente no caminho para sua independência definitiva e realização política, econômica, social e cultural é a que está em jogo na mudança de época que começamos a viver.

Para sair triunfante desta prova de fogo, a chave estratégica fundamental é fortalecer o protagonismo popular em todos os desafios particulares que enfrentamos, o que não significa desconhecer o papel transcendente que estão exercendo alguns novos líderes que emergiram, sabendo catalisar o clima criado pelos movimentos sociais e o estado de ânimo majoritário de nossos países, para alcançar as vitórias eleitorais que começaram a mudar o panorama político na região. Mas somente uma crescente consciência e organização das amplas maiorias populares nos permitirá dar continuidade e profundidade ao longo e complexo processo de mudanças que nos espera.

Fortalecer a reconstituição dos movimentos populares, da identidade de novos sujeitos da mudança, no calor das lutas sociais por vir, se torna fundamental. Não é estranho, respectivamente, que sejam os povos indígenas os que marcham na vanguarda desses processos em muitos países da região, possuidores como são de uma identidade que se manteve por mais de quinhentos anos de opressão e que, nas últimas décadas, voltou a se assumir com força. É essa identidade, da qual brota uma cosmovisão e uma forma de viver alternativa, que costuma ser chamada de projeto.

Pelo contrário, setores amplos de trabalhadores, jovens e pobres urbanos, despojados de uma consciência de classe, mercantilizados ou alienados pela cultura da sociedade do espetáculo, da violência e do crime, permanecem em nossas cidades mergulhados no individualismo, na despolitização ou incluídos em pseudoidentidades como as que lhes proporcionam as turmas, as gangues, os assassinatos por encomenda, o crime organizado, as "barras bravas", as seitas políticas ou religiosas.

Um profundo conhecedor e acompanhador dos processos de nossos povos nos diz que neste momento histórico

> os movimentos sociais aprofundarão as mudanças que já se processam nos últimos anos. Um dos mais notáveis pode ser a expansão de articulações entre os de baixo, como as que promovem zapatistas e os Sem-Terra, com modos e formas diversas, e na qual estão empenhados movimentos argentinos, bolivianos, peruanos...[14]

Criar espaços nos quais se reconstrua a identidade, e se construa uma maior e mais integradora, que nos permita sonhar o mundo que inclua todos os "outros mundos", incentivar a autonomia dos movimentos sociais e dos povos indígenas, sua capacidade de criar alternativas, é o caminho que devemos seguir para abrir passagem para as mudanças profundas que envolvem a redescoberta de nossa América como o continente no qual se celebra a vida.

---

[14] ZIBECHI, Raúl. "Crise financeira: oportunidade para a América Latina", 10 de outubro de 2008. Disponível em: <www.jornada.unam.mx>.

PARTE II

OS FUNDAMENTOS BÍBLICOS DA MISSÃO

O ESTILO DE JESUS COMO PARADIGMA DA MISSÃO

*JON SOBRINO**

"Missão" e "evangelização" são realidades praticamente intercambiáveis. Conceitualmente, evangelização remete ao "quê" de uma práxis eclesial: anunciar e iniciar uma boa notícia. "Missão" implica que a evangelização tem origem num envio. Ambas as coisas se relacionam, portanto, mas – lógica e mistagogicamente – parece-me importante começar com a "evangelização". Sobretudo para compreender o "Jesus" cujo "estilo", tal como se diz no título do tema que me pediram para desenvolver, deve permear "a missão" para a qual Aparecida aponta.

Recordemos o fundamental. Segundo a *Evangelii Nuntiandi*, "evangelizar constitui [...] a felicidade e a vocação própria da Igreja, sua identidade mais profunda. Ela existe para evangelizar" (cf. n. 15). De modo que tudo o que acontece *ad intra* na Igreja só tem pleno sentido quando se transforma em "anúncio da Boa-Nova" (n. 15).

Naquilo que diz respeito ao nosso tema, a importância de Jesus para a missão, a *Evangelii Nuntiandi* o expressa com esta afirmação fundamental: "Jesus foi o primeiro evangelizador" (n. 7). "É, antes de tudo, sua missão e sua condição de evangelizador [de Jesus] que ela [a Igreja] é chamada a continuar" (cf. n. 15).

Vamos nos concentrar nisto, mas sem esquecer que Jesus, o Cristo mediador e Filho de Deus, é quem envia para a missão. A isto quero

---

[*] Nasceu em Bilbao, em 1938. Reside em El Salvador desde 1974. Presbítero jesuíta. Atualmente, é diretor do Centro Monsenhor Romero. Professor de Teologia na Universidade Centroamericana de San Salvador (UCA). Amigo e colaborador de Monsenhor Oscar Arnulfo Romero. Companheiro e colaborador dos jesuítas mártires da UCA.

acrescentar que também a realidade dos pobres nos chama e nos envia para a missão. Mateus 25 é um símbolo da união entre Cristo e os pobres, e, pastoralmente, me parece muito importante tê-lo presente quando se pensa na missão. É preciso ir até os pobres. Mas neles existe alguma coisa que, analogamente, nos move – nos envia – a evangelizar.

Neste artigo, farei algumas reflexões breves sobre Jesus de Nazaré, o primeiro "evangelizador" e o primeiro "missionário", cujo ser e fazer a Igreja deve continuar. Vou me fixar em duas coisas, importantes em si mesmas e também para o "estilo" da missão: o Reino de Deus e a cruz. O primeiro dá "peso" à missão, o segundo dá "arestas". Parecem-me importantes hoje, dado o déficit de ambas as coisas na missão. Finalmente, mencionarei, muito brevemente, duas atitudes fundamentais do "missionário" Jesus: a obediência de Jesus "somente a Deus" e o modo de agir em "liberdade".

Nos dias atuais, parece-me importante que a missão seja realizada com "peso", mais além de infantilismos e boas intenções; com "arestas", mais além de pacifismos e covardias; e com "liberdade", mais além de prudências paralisantes e medo de autoridades, as de fora e também as de dentro da Igreja. Isto significa levar a cabo a missão como "corpo eclesial" e como "Povo de Deus", todos com igual dignidade. E, certamente, "missionar" assim já é evangelizador em si mesmo, já é Boa Notícia.

As "arestas" da missão: conflito e cruz

Dom Demétrio Valentini escreveu lucidamente: "Avaliamos Aparecida como uma experiência da dinâmica profunda do Evangelho".[1] O texto é parte dessa experiência, e Dom Demétrio reconhece que tem valores e limites.

Valor importante é como, em princípio, relaciona de maneira precisa a missão e Cristo: "os cristãos precisam recomeçar a partir de Cristo, a

---

[1]   Aparecida. Valores e límites. In: *Aparecida. Laicos, mujeres y jóvenes*. San Salvador, 2008. Cuadernos Centro Monseñor Romero.

partir da contemplação de quem nos revelou em seu mistério a plenitude do cumprimento da vocação humana e de seu sentido" (*DAp*, n. 41). É uma afirmação muito positiva, embora ao falar de "*re*-começar" aponte para a suspeita de que algo se perdeu, reconhecimento que também me parece positivo. Positivos são, certamente, os números 129-135 do *Documento de Aparecida*, nos quais Jesus é apresentado como homem de grande compaixão para com toda classe de gente que sofre e está marginalizada. E isso nos é transmitido como "o imperativo" de "gerar uma sociedade sem excluídos" (*DAp*, n. 135).

Porém, na imagem de Jesus também há lacunas, a ponto de, segundo Comblin, "a parte mais fraca do documento, no meu modo de ver, ser a cristologia".[2] No tratamento de Jesus, com efeito, falta a história. E deve ser recuperada como tarefa fundamental. Em outras palavras, deve-se compreender o "recomeçar a partir de Cristo" como o "recuperar o Jesus histórico". Nisso trabalharam há décadas Juan Luis Segundo, Leonardo Boff, Carlos Bravo, Ignacio Ellacuría. E o fizeram não somente – embora o aceitassem – na linha de Käsemann *versus* Bultmann, mas com originalidade latino-americana: recuperar um Jesus ao qual se pode e se deve "seguir" para anunciar e construir o Reino de Deus. E deve-se recordar – atualizadamente, certamente – o impacto que antigamente o Jesus histórico causou em crentes e, mesmo, em não crentes.[3] Foi fundamental para gerar "missão" evangélica e latino-americana.

Deve-se levar em conta a novidade do presente e não insistir tanto no passado, costuma-se dizer, no que há algo, ou muito, de verdade, mas também de simplismo e até de perigo. E isto acontece especialmente na cristologia. Recuperar o passado do "Jesus histórico", isto é, remontar ao Jesus de Marcos e de Lucas, ao Jesus de Nazaré, não tem nenhum perigo. Ao contrário, é fundamental para recomeçar hoje a missão. É o que aprendemos em décadas do passado recente.

---

[2] El proyecto de Aparecida. *Revista Latinoamericana de Teología* 72 (2007) 278.

[3] Algo, de alguma forma semelhante, aconteceu com a publicação de: PAGOLA, José Antonio. *Jesús. Aproximación histórica*. Madrid: PPC, 2007. O que este livro exemplifica é o impacto do "Jesus histórico", também em sociedades de abundância e em vias de secularização.

A Igreja latino-americana, chamada "Igreja dos pobres" e também "Igreja popular" – nome com o qual caiu em desgraça –, se reportou a Jesus de Nazaré, como ele anunciou uma Boa-Nova, iniciou o Reino de Deus e lutou contra o antirreino. Foi uma Igreja evangelizadora e profética. Não acredito que fosse chamada, então, Igreja "discípula" e "missionária", mas era. Parecia-se com Jesus e sofreu o destino de Jesus.

Hoje, é preciso repensar muitas coisas, evidentemente. Mas estou convencido de que esse "passado" recente é o que, embora anonimamente, continua injetando seiva naquilo que Dom Demétrio, acertadamente, chama "uma experiência da dinâmica profunda do Evangelho". Isto é, em suma, o que deve mover para e dirigir a missão.

Voltemos ao nosso tema. Em Aparecida, há duas lacunas importantes no que diz respeito a Jesus de Nazaré. Falta a síntese, aquilo que aglutina os ditos e feitos que são mencionados da vida de Jesus. E falta o conflito em que Jesus viveu e a cruz para a qual o enviaram os grandes e poderosos.

Comecemos pelo segundo. "O que ocupa um lugar fundamental nos Evangelhos não aparece: o conflito de Jesus com os sacerdotes, com os doutores da lei, com os fariseus, com os grandes daquele tempo. Esse conflito é o fio condutor dos Evangelhos".[4] E o texto também não menciona que esse conflito se torna mais agudo pelo estilo de alternativa da pregação de Jesus. Para uns, prega uma boa notícia e, para outros, uma má notícia (Lc 6,20-26). Para uns mostra compaixão, para outros, indignação.

Esta lacuna não é somente um vazio conceitual na cristologia, mas configura *in actu* o processo histórico da missão. Consciente ou inconscientemente, leva a evitar conflitos com aqueles que hoje continuam oprimindo os pobres – cujos rostos o *Documento* descreve admiravelmente no n. 65 –, os sucessores daqueles que mataram Jesus.

E isto se nota também no tratamento que se dá aos inumeráveis mártires da América Latina. Quando usa explicitamente o termo, Aparecida menciona "o martírio pela fé" (n. 383), e isto não oferece nenhum problema. Mas é problemático que, quando alude ao martírio real de nossos dias – a

---

[4] Ibid., p. 280.

entrega da vida –, vê sua grandeza em participar na cruz de Jesus – o que, de novo, não oferece nenhum problema (n. 140). Mas não menciona os conflitos reais com os poderosos que ocasionam a cruz em nossos dias. Este é o problema maior.

De Jesus na cruz – e dos mártires – se exalta a grandeza e a virtude, mas não a denúncia que fizeram da opressão e o conflito que isto gerou. Consciente ou inconscientemente, dá a sensação de que os participantes em Aparecida – em sua maioria – não buscaram ir ao fundo do problema para não ter de enfrentar os poderes deste mundo. Comblin sentencia: "É o Evangelho que satisfaz a burguesia. Essa cristologia é burguesa em sua inspiração. Não expressa o que sentem os pobres nem de que maneira entendem a vida e a morte de Jesus".[5]

Ninguém deve se assustar pelo fato de haver lacunas no texto – que podem ser preenchidas, como é a esperança de Dom Demétrio. Mas faz pensar. Uma realidade tão central e evidente no Evangelho e na recente vida eclesial de martírio, ao que parece, não estava presente, de maneira central, na consciência coletiva da assembleia. De qualquer forma, não se impôs. Agora, depois da assembleia e em época de "missão", é importante remediar essa lacuna. Conforme for central ou não o conflito de Jesus durante sua vida e sua morte na cruz, assim será o "estilo" que vai orientar a "missão". Sem arestas e em paz com o mundo, ou com arestas e em paz com Deus.

É preciso voltar, pois, à cruz histórica de Jesus. Sem masoquismos, mas com honradez com o real, com a realidade de Jesus e a de nossos povos. Existencialmente, é decisivo para se decidir por uma missão segundo Jesus e para se manter nela. E, para isso, vemos as seguintes razões:

a) Exige-o a realidade atual do continente. Há anseios de vida, evidentemente; mais ainda, de "libertação de todas as escravidões", que Medellín dizia quando a fé estava perpassada de grande esperança. Porém, continua sendo mais certo que a América Latina é um continente de "povos crucificados", diante dos quais a exigência maior

---

[5] El proyecto de Aparecida, p. 281.

da Igreja – que pode ser chamada de "missão" ou "imperativo" de Deus – é "descê-los da cruz". Sem tornar a cruz central, diante da imensidão de pobres do continente, perdemos a perspectiva fundamental. E também perdemos criatividade teológica, pastoral, litúrgica, na teoria e na prática, na vida de cada dia e na missão.

b) Sem a centralidade da cruz, dilui-se o relato evangélico sobre Jesus. É conhecido o que disse Martin Kähler: "Os Evangelhos são a história da paixão com uma longa introdução". E nessa "longa introdução" bem depressa aparece o conflito de morte com os poderosos. Em Mc 3,1-6, Jesus cura o homem com a mão seca, na sinagoga e no sábado. Ao sair, "os fariseus, com os herodianos, tomaram a decisão de eliminar Jesus".

c) A cruz histórica foi central nas cristologias mais importantes: em Paulo, Marcos e João, em Lutero, Bonhoeffer e Moltmann. Atualmente, penso que já não é esse o caso, mas continua sendo para os mais lúcidos. J. I. González Faus, no contexto do pluralismo religioso, insiste no "exclusivismo do crucificado como [o] irrenunciável cristão".[6] Entre nós, Dom Romero na pastoral e Ellacuría na teologia a consideraram central. É o não negociável.

d) A páscoa é a ressurreição de um crucificado. O ressuscitado aparece com suas chagas, e isso é narrado, penso, não só para facilitar a apologética, mas para não se enganar sobre sua identidade.

e) Finalmente, sem a cruz o "estilo de Jesus" durante sua vida fica seriamente desfigurado, enquanto, a partir da cruz, se compreende melhor o Reino, a misericórdia e a esperança. Sem a cruz, o conflito histórico, "o estilo" de Jesus "perde arestas". Todos conhecemos a voragem de "cristos", "meninos deus", "divina misericórdia"; de um Cristo, *Kyrios* todo-poderoso, *pantocrator*, de uma abstração conceitual: "uma pessoa divina que subsiste em duas naturezas". Para isso pode haver lugar na teologia e na piedade. Mas na vida real, depois de tudo isto, pode – e costuma – desaparecer o Jesus

---

[6] *El rostro humano de Dios.* Santander: Sal Terrae, 2007. p. 203.

de Nazaré. O que fica é um Jesus sem arestas. E, então, a missão deixa de "incomodar" no mundo.

E algo semelhante costuma acontecer com Maria, envolta em tradições de todo tipo, que, às vezes, ocultam sua realidade. Com frequência, deixa de ser a de Nazaré, a que pedia a Deus que desse vida aos simples e tirasse dos poderosos coisas que precisam ser levadas em conta no estilo da missão. E a que esteve presente junto ao seu filho assassinado. Bem podemos chamá-la hoje "Mãe dos povos crucificados".

No meu modo de ver, ao pensar na missão, na evangelização, na pastoral da Igreja – sem citar a liturgia – hoje já não se fala muito nem dos conflitos nem da cruz histórica de Jesus. E parece que não se imagina porque isto acontece, e porque a teologia, habitualmente, continua falando do "mistério da cruz", mas não muito da "cruz da história". Isto foi feito por Ellacuría. Num escrito fundamental, fez a seguinte dupla pergunta, inocente só na aparência: "Por que Jesus morreu e por que o mataram?".[7] Fazia a primeira pergunta para ser fiel ao mistério desse Deus que estava na cruz. E a segunda, para não ser irresponsável diante da crueldade deste mundo e não evitar o conflito de encarnar-nos nele. Ninguém na Igreja deveria esquecê-lo. Sem isto, a missão se torna redonda. Perde arestas.

O "peso" da missão: o Reino de Deus

Faz alguns anos, aconteceu uma mudança copernicana. No centro da vida de Jesus está o Reino de Deus – o "Reino" e "Deus", ambas as coisas. Escrevi, então, que "Jesus não pregou a si mesmo, nem sequer pregou somente Deus, mas o Reino de Deus". Sua realidade foi excêntrica, e isso é fundamental no estilo de Jesus. A Igreja deve ter isso presente ao "falar sobre Jesus", mas deve reproduzir em si mesma a excentricidade também ao "missionar". Negá-lo *in actu*, pôr-se ela no centro, é viciar sua essência de raiz. É tentação recorrente, na qual se costuma cair. E cria dificuldade – afora os milagres da graça – para que a missão seja eficaz.

---

[7] *Diakonía* 8 (1978) 65-75.

O Reino que se deve anunciar e iniciar

Vejamos, primeiro, como Jesus compreendeu o Reino de Deus. Deus reina no mundo, quando é "um mundo em que reina a paz com a justiça e a solidariedade universal".[8] Hoje, isto foi formulado de várias maneiras. Aqui, em El Salvador, Rutilio Grande – que, certamente, na década de 1970, foi pioneiro em organizar "missões" entre e com os camponeses, com grande criatividade e como fundamento de toda a sua pastoral – disse-o de modo que todos o entenderam. Seja-me permitido citá-lo um pouco mais extensamente para recordar o que também disseram, cada um a seu modo, Dom Helder, Proaño, Dom Sérgio, justamente chamados "Pais da Igreja latino-americana". São os que criaram o "estilo latino-americano" de ser Igreja e de "missionar". Rutilio dizia:

> Jesus era um caminhante peregrino por entre o povo. Percorria povoados e aldeias. Ensinava em cada povoado a Boa Notícia do Reino de Deus. E quais são as linhas mestras do Reino de Deus?
>
> Todos os homens têm um Pai comum. Portanto, todos somos filhos desse Pai. Portanto, evidentemente, todos os homens são irmãos. Todos igualmente uns dos outros! Porém, Caim é um aborto no plano de Deus, e existem grupos de Cains. Também é uma negação do Reino de Deus. Aqui, no país, existem grupos de Cains, e que invocam a Deus, o que é pior.
>
> Deus, o Senhor, em seu plano para nós, nos deu um mundo material. Como esta missa material, com o pão material e com o cálice material. Portanto, o mundo material é para todos. Portanto, uma mesa comum com toalhas longas para todos, como esta Eucaristia. Cada um com seu assento. E que para todos chegue à mesa, a toalha e o "necessário".

Isto era o Reino de Deus para Jesus. Depois de sua ressurreição, foi compreendido de diversas formas: o mais além celestial, a Igreja e a mesma pessoa de Jesus, *autobasileia tou Theou*, como Orígenes dizia. Sobre isso existe hoje uma discussão importante,[9] exegética e teológica, na qual

---

[8] La resurrección de Jesús, esperanza para los pueblos crucificados. Aproximación desde la Biblia y la teología contemporánea. *Revista Latinoamericana de Teología* 75 (2008).

[9] Veja-se o número monográfico de *Concilium* 326 (jun. 2008), "Jesus, como o Cristo na nova encruzilhada cultural".

não vamos entrar agora. Porém, acredito que os ecos, de alguma forma, aparecem também em Aparecida. Por um lado, afirma que "o Reino de Deus se faz presente em Jesus" (o que é normalmente aceito, embora essa "presença" seja interpretada de diversas formas). Mais taxativamente diz: "Jesus Cristo é o Reino de Deus que procura demonstrar toda a sua força transformadora em nossa Igreja e em nossas sociedades" (*DAp*, n. 382).

Por outro lado, em minha opinião em suas melhores passagens, desenvolve a ideia de "Reino de Deus", descrevendo como deve ser a forma de viver dos seres humanos: de acordo com as bem-aventuranças... (*DAp*, n. 383), e quais são as tarefas que devem ser realizadas: gestos de misericórdia, organizar estruturas mais justas (*DAp*, n. 385). Isto é seguir Jesus, e isto é o que Deus quer. Sem buscar precisão conceitual, "Reino de Deus" remete, então, a uma maneira nova de ser e agir como seres humanos, construindo um mundo de acordo com o coração de Deus.

Num congresso sobre as três religiões abrâmicas, Ellacuría disse de forma lapidar:

> A mesma coisa que Jesus veio anunciar e realizar, isto é, o Reino de Deus, é o que deve ser o objeto unificador de toda a teologia cristã [...] A maior realização possível do Reino de Deus na história é o que devem continuar os verdadeiros seguidores de Jesus.[10]

É isso que a Igreja deve tornar real, em palavra e em obra, no dia a dia e em situação de missão. E deve fazê-lo como algo fundamental.

É o último e absoluto. E se desdobra em dois: os pobres e Deus, Deus e os pobres. "O Reino pertence *unicamente* aos pobres", escrevia J. Jeremias;[11] e "a glória de Deus é que o pobre viva", dizia Dom Romero.[12] Dom Pedro Casaldáliga o formulou com absoluta clareza a partir daquilo que se quer negar: "Tudo é relativo, menos Deus e a fome".[13] Não se deve

---

[10] *Aporte de la teología de la liberación a las religiones abrahámicas en la superación del individualismo y del positivismo. Revista Latinoamericana de Teología* 10 (2987) 9.

[11] *Teología del Nuevo Testamento*. Salamanca: Sígueme, 1974. v. I, p. 142 – sublinhado do autor.

[12] Discurso de Louvain, fevereiro de 1980.

[13] Carta circular, janeiro de 2008.

separar o que Deus uniu: ele mesmo e os pobres. A conclusão é que na "missão" o Reino de Deus deve ser central. Foi central para Jesus e segue sendo a utopia de imensas maiorias pobres.

Para fazer caminhar a missão segundo o estilo de Jesus, a Igreja deve pôr-se, com clareza, a serviço do Reino, superando a tentação de se pôr no centro. Deve encarnar-se na história, na qual o Reino cresce e decresce; nela deve *propiciar graça e erradicar pecado*. Deve fazê-lo com *solidariedade*, fazendo seus "os gozos e as esperanças, as tristezas e as angústias de todos, sobretudo dos pobres e de quantos sofrem". E deve fazê-lo com *seriedade*: sem levar o Reino a sério, se *trivializa* o pecado e se *volatiliza* a salvação.

E na missão, como Jesus, a Igreja deve ter igualmente muito presente a realidade do antirreino. Deve conviver com ele, combatê-lo e estar disposta a sofrer as consequências. Deve sintonizar com o Deus do Reino, antes de tudo com sua *misericórdia* para com o oprimido. Porém, também com sua *indignação*, coisa mais esquecida: "Ai daqueles que compram o indigente por um par de sandálias", dizia Amós. "Ai de vocês que impõem cargas insuportáveis e matam os profetas", dizia Jesus.

Esse estilo profético é essencial na missão. A doutrina social da Igreja é boa, e também a ética. Porém, não é suficiente. É preciso que haja uma profecia estrondosa. E a razão última para a Igreja é que deve denunciar a *idolatria*. Porém, não como tautologia estéril, mas como aquilo que a idolatria é de verdade: culto a ídolos, realidades muito reais. Assim o disse Dom Romero e o explicou bem em sua quarta carta pastoral de 1979. Ídolos são realidades existentes, históricas, que prometem salvação, exigem uma ortodoxia e um culto, e, como o deus Moloch, exigem vítimas para subsistir. Dom Romero denunciou como ídolos a absolutização do capital e da segurança nacional, como *Puebla* o fez (nn. 493-497, 498-506) – e também a absolutização das organizações populares, boas em si mesmas, mas que se transformam em ídolos quando exigem tudo sem reservas.

No continente, continuam existindo esses ídolos que exigem vítimas. No entanto, há déficit na denúncia eclesial em assunto tão grave. A razão é compreensível: enfrentar os ídolos comporta automaticamente conflitos, e compreensivelmente são evitados. E para fazê-lo, em sã consciência, se ideologiza uma falsa paz e o estar de bem com todos, inclusive, às vezes, com aqueles que propiciam o antirreino. Uma missão segundo o estilo de Jesus deve levar em conta os ídolos, analisá-los bem e combatê-los. E não se enganar. Sem isto, falta algo fundamental do estilo jesuânico.

Construir o Reino e lutar contra o antirreino é a tarefa fundamental, e é o que dá "peso" à missão da Igreja. Sem isso, é levada ao vento com facilidade.

"Passou fazendo o bem"

Aparecida o diz muito bem. Jesus convida todos os que se encontraram com ele a "colocar os seus passos sobre as suas pegadas" (Mensagem final). Isto é, deve-se passar por este mundo como ele passou: fazendo o bem. Em fatos e palavras, em misericórdia e verdade.

É bem sabido que a "misericórdia" – outros, como Metz, preferem usar o termo "compaixão" – é central em Jesus. Pertence ao seu "estilo" mais profundo. Para conseguir seu favor, os pobres, enfermos e marginalizados não tinham senão que dizer: "Senhor, tem misericórdia de nós". Jesus, por sua vez, fala e teoriza sobre ela, sobretudo na parábola do bom samaritano (Lc 10,29-37). Ao fazê-lo, se descreve a si mesmo, e descreve o elemento central da missão da Igreja.

A misericórdia não é só um sentimento, mas uma ação; mais exatamente, uma reação contra o que os assassinos fizeram. Não consiste em cumprir um mandamento, embora Jesus conte a parábola para mostrar em que consiste o grande mandamento do amor ao próximo. Não pertence ao âmbito do religioso (embora se possa e se deva fazer presente nele), pois nem Deus nem a sinagoga – as Igrejas, diríamos hoje – aparecem como necessários para exigir seu cumprimento. E, certamente, não parece que no âmbito do religioso exista uma especial predisposição para o seu exercício, pois sacerdotes e levitas não reagem com misericórdia, mas completamente ao contrário. Reage com misericórdia quem não está bem situado no religioso, um samaritano.

Isso significa que, para Jesus, na misericórdia está a perfeição. Não se pode ir mais além dela. A vítima estendida no caminho toca a fibra mais profunda do humano, *splachnon*, entranhas, coração. E a misericórdia também devolve às vítimas o essencial: vida e dignidade. É importante frisar este essencial. Quando Jesus age com misericórdia, não somente os seres humanos em necessidade recebem ajuda. Não existe mais a divisão em *misericordiosos benfeitores* uns e *receptores de ajuda* outros. Aos curados lhes diz: "Tua fé te curou", isto é, "Tu te curaste". E para a mulher pecadora diz: "Tua fé te salvou".

Segundo o contexto, a misericórdia adota formas concretas. Foi diferente a do Padre Kolbe, substituindo um condenado à morte num campo de concentração; a de Madre Teresa, empenhando-se pelos mais abandonados; e a de Ignacio Ellacuría, apoiando uma negociação que pusesse fim a uma guerra cruel, na qual, certamente, perdeu a vida.

Na América Latina, a misericórdia tomou muitas formas: assistir aos que fogem, ajudar a organização popular, defender os direitos humanos, cada vez mais de mulheres, indígenas, afro-americanos, jovens, até enterrar os mortos, como dizia Dom Romero. O horizonte dessa misericórdia foi a *libertação* e o instrumento fundamental, a *justiça*. Conceitualmente se pode distinguir misericórdia e justiça, mas real e existencialmente não. Essa misericórdia-justiça é, essencialmente, dialética e, por isso, conflituosa: é defender alguns contra aqueles que os vitimam. A misericórdia leva à luta contra o opressor.

A misericórdia e a verdade, na qual não entramos por falta de espaço ganharam, para Jesus, o amor das vítimas e o ódio dos assassinos. Por isso morreu crucificado. E isso continua sendo de grande atualidade – embora as formas de crucifixão variem. Tanto na vida de Jesus como na do Terceiro Mundo, a cruz acrescenta nova luz à misericórdia. Por ocasião do assassinato de um dos seus sacerdotes que o precederam, Dom Romero disse de forma lapidar: "Mata-se aquele que estorva". O estorvo consistia em dizer a verdade, desmascarar e denunciar opressores. Porém, o mais importante é que o estorvo não era em proveito próprio nem por defender a Igreja, mas por "defender pobres e indefesos, ameaçados, oprimidos, torturados, desaparecidos, assassinados". Então, acaba-se na cruz. E a cruz é, assim, consequência de uma misericórdia específica: a que se expressa na luta pela justiça e na defesa das vítimas. E a partir dessa misericórdia, não a partir de qualquer outra, deve-se compreender o fenômeno novo e maciço dos mártires.[14]

"Martírio" é uma realidade histórica e se expressa num conceito histórico. Pode-se discutir *ad infinitum* qual é o *analogatum princeps* e qual o mais relevante em cada época da história. No contexto do Terceiro Mundo, mártir é aquele que dá a vida por causa da justiça para que os pobres tenham vida – e através dele os crentes dão testemunho do Cristo que é Jesus. Os mártires são, então, os consequentemente misericordiosos. Morrem por ajudar as vítimas e defendê-las dos assassinos. Parecem-se com Jesus na vida e na morte. Por isso os chamamos mártires jesuânicos.

Essa misericórdia-defesa dos pobres ilumina também o significado de que Deus é um Deus de misericórdia, mais além das belas palavras dos salmos. *Puebla* também o faz quando fala da opção pelos pobres, numa afirmação teologal solene com duas precisões essenciais. Uma é que a opção de Deus pelos pobres é *gratuita*: "[...] qualquer que seja a situação moral ou pessoal em que se encontrem". E a outra, que é *misericordiosa*, mas não só num sentido genérico, e sim no que acabamos de explicar: "Deus *toma sua defesa* e os ama" (n. 1142). E, embora não se diga explicitamente, *misericórdia* é também enfrentar os assassinos, não para condená-los sem remédio, mas para que não continuem gerando vítimas. Somente se deve acrescentar que no mistério da fé, na cruz do Filho Deus sofre as consequências da misericórdia. Este é o "Deus de misericórdia".

Manter viva a misericórdia, e também o martírio, é essencial na missão da Igreja. Dá-lhe "peso". A primeira coisa é evidente, e deve-se pregar com o exemplo: a missão deve ser um colocar em ação a misericórdia teologal, jesuânica e de martírio, não só ajudando as vítimas, mas defendendo-as

---

[14] Sabe-se, porém é bom recordar para ilustrar o *plus* de significados que o martírio outorga à misericórdia, que Dom Romero e Madre Teresa foram notavelmente misericordiosos – e ambos indicados, no mesmo ano, 1979, para o Prêmio Nobel da Paz. Dom Romero morreu mártir. Madre Teresa não. Foi beatificada.

de seus assassinos. E também a segunda. Na missão, é essencial recordar os mártires. É exercício de agradecimento, virtude essencial cristã e humana. Mas significa também, ainda hoje, deixar-se sacudir e animar, ao mesmo tempo, pelos mártires. Em qualquer caso, aceitar que, devidamente historiado, seu exemplo continua sendo frutífero. E que não se encontrou nada melhor para caminhar com esperança. Acontece em muitos lugares do continente. Certamente na Guatemala e em El Salvador.

Passar assim por este mundo, falando com autoridade sem dogmatismos, ensinando com clareza sem doutrinamento, exigindo radicalmente sem submissão; resistindo até o final, com altos e baixos de medo e de esperança, deve acompanhar a missão. E não se deve esquecer que Jesus, capturado de noite e por traição, acusado com mentiras, insultado e torturado, abandonado, antes de morrer na cruz teve a imensa fineza de se despedir de seus amigos. A Eucaristia pode e deve estar muito presente numa missão segundo o estilo de Jesus.

A "disponibilidade" e a "liberdade" na missão

O evangelizador e missionário Jesus foi "disponível" diante de seu Pai Deus e foi "livre" diante dos seres humanos. Não realizou sua missão como membro de uma sinagoga ou uma Igreja, nem por mandato delas. Evidentemente. Nisso há uma óbvia diferença conosco, que vivemos e missionamos dentro de uma Igreja, a qual é, além disso, estruturalmente hierárquica. Isto, porém, não impede toda semelhança com Jesus. Dentro da Igreja, também quando estamos em missão, temos de continuar sendo disponíveis diante do Deus não manipulável, que é a origem última da missão. E continuamos sendo seres humanos, com uma consciência que deve ser seguida sem apelação possível. E também continuamos sendo cristãos na obediência. Porém, bem entendida. Segundo o sentido primário de *ob-audire*, é disponibilidade para se encontrar com a Palavra de Deus, e, a partir daí, para pô-la em prática – a disponibilidade. E depois, deve-se contar com diversas instâncias eclesiais. Porém, sem perder, por isso, liberdade e consciência, mas agindo a partir da liberdade dos filhos de Deus. E que essa liberdade se deixe notar na missão.

Paulo o exemplifica muito bem. É, ao mesmo tempo, membro da comunidade e crente em liberdade. Disposto a colaborar fraternalmente com Pedro e a agir com liberdade, a ponto de chegar a repreendê-lo.

A liberdade, hoje, não é abundante na Igreja, em situação normal ou de missão. Com mais facilidade que a devida, nos é recordada sua constituição hierárquica. Cresce, então, a prudência e o silêncio, e míngua a liberdade e o arrojo. Porém, quando isso acontece, com dificuldade se pode comunicar na missão que a Igreja é "Povo de Deus", pessoas de igual dignidade. Oxalá Aparecida impulsione "um Povo de Deus em missão". Missionar assim, como povo, já é evangelização.

Digamos algumas breves palavras finais sobre dois temas importantes que não pudemos desenvolver.

a) A Igreja, evidentemente, deve anunciar a "Boa Nova de Jesus Cristo" (*DAp*, nn. 380-381), "tem como missão própria e específica comunicar a vida de Jesus Cristo" (*DAp*, n. 386). Nós apresentamos Jesus, antes de tudo, como modelo de missionário que impele para missionar. Porém, isso, certamente, não anula a tarefa de anunciar Jesus como o Cristo. E em nossa opinião pode até facilitá-la. A Igreja, sendo e fazendo como Jesus, pode apresentá-lo, não só de palavra, mas mistagógica e eficazmente, como o Cristo. E pode fazê-lo com credibilidade. Sem "Jesus", o "Cristo" corre perigo de ser manipulado. O Jesus histórico é a melhor salvaguarda e o melhor caminho para se chegar ao Cristo da fé.

b) O que dissemos pode parecer excessivamente utópico e profético, uma vez que, na missão, deve haver um mínimo de realismo, no que Pedro Trigo costuma insistir ao falar do Cristianismo das maiorias. Pode haver também um excesso de cruz, desequilibrando o mistério pascal de cruz e ressurreição, sem insistir na ressurreição, como o faz, exultante, Dom Pedro Casaldáliga. Contudo, se pecamos por excesso, talvez isso sirva para neutralizar o déficit nessas coisas.

A MISSÃO DA IGREJA: LEMBRAR O REINO, ZELAR PELA VIDA

*PAULO SUESS**

As primeiras palavras de Jesus que nos foram transmitidas no Evangelho mais antigo, que é de Marcos, falam de uma nova realidade revelada como Boa-Notícia: "Completou-se o tempo, e o Reino de Deus está próximo. Convertei-vos e crede na Boa-Nova" (Mc 1,15; cf. *DAp*, n. 382). Através de sinais e palavras, "Jesus, o Bom Pastor, quer comunicar-nos a sua vida e colocar-se a serviço da vida" (*DAp*, n. 353). Ele fez o povo saborear essa realidade, convocou discípulos e discípulas, e os enviou como servos e testemunhas dessa Boa-Nova chamada Reino de Deus ou Reino de vida. O *Documento de Aparecida* destaca sete vezes o Reino de Deus como Reino de vida.[1] A seguir, procuramos, com Aparecida, em quatro passos, caracterizar diferentes aspectos da missão da Igreja como envio para "anunciar o Evangelho do Reino de vida" (*DAp*, nn. 143-148).

Viver a "natureza missionária"

Lembrar que a vida de cada dia faz sentido e zelar pela dignidade dessa vida, que pela sua origem e seu destino faz parte do "Reino de vida" – essa tarefa está enraizada na "natureza missionária" da Igreja e, como tal, é a

---

* Presbítero diocesano, doutor em Teologia fundamental. Trabalhou na Amazônia e, a partir de 1979, exerceu o cargo de secretário-geral do Conselho Indigenista Missionário (CIMI). Em 1987, fundou o Departamento de Pós-Graduação em Missiologia em São Paulo. Foi presidente da Associação Internacional de Missões (IAM). Atualmente, é assessor teológico do CIMI e professor de pós-graduação no Instituto de Estudos Superiores de São Paulo (Itesp).

[1] Cf. *DAp*, nn. 24, 143, 353, 358, 361, 366 – especialmente, cap. IV: A vocação dos discípulos missionários à santidade, 4.3, nn. 143-148.

razão de seu ser (cf. *AG*, n. 2). A "natureza missionária" da Igreja, que é Povo de Deus, messiânico, profético e escatológico (cf. *LG*, nn. 9b; 12a), tem as suas raízes no mistério da Santíssima Trindade. Esse mistério, que une todas as denominações cristãs, pode-se resumir com as palavras de João: "Deus é amor" (1Jo 4,16). O amor não se contenta consigo mesmo; transborda, se comunica, envia o Filho no Espírito Santo em missão para anunciar o Evangelho da vida como boa notícia a toda a humanidade (cf. *AG*, n. 2). Também a estrutura da Igreja-missão é trinitária. Ela é "Povo de Deus", "corpo do Senhor" e "templo do Espírito Santo" (*LG*, n. 17).

Aparecida mostra com poucas pinceladas o Reino de vida articulado com a origem trinitária da missão. O Reino de vida é o "Reino de vida do Pai" (*DAp*, n. 143), que liberta. Já as imagens da criação mostram essa libertação: a criação do mundo do caos, o discernimento entre trevas e luz, a libertação do barro pelo espírito. A libertação é um processo de criação, de discernimento e de assunção de um novo destino.

Não há diferenças substanciais entre "Reino de vida", "Reino de vida do Pai" e "Reino de Deus", "projeto de Jesus" (*DAp*, n. 361). O Reino de vida foi revelado no meio de nós por Jesus Cristo (cf. *DAp*, n. 143), o "Enviado do Pai" (cf. Jo 17,21).[2] "Ele é o Reino de Deus que procura demonstrar toda a sua força transformadora em nossa Igreja e em nossas sociedades" (*DAp*, n. 382). No Verbo encarnado, o Deus criador se contextualiza como Emanuel, como "Deus Conosco", prometido ao longo da história (Is 7,14; Mt 1,23; 28,20). Ele é o mediador da nova aliança (cf. Hb 9,15; 12,24); inaugurou no meio de nós o Reino de vida com palavras e ações que levaram à sua morte redentora (cf. *DAp*, n. 143), "para os que vivem já não vivam para para si mesmos, mas para aquele que por eles morreu e ressuscitou" (2Cor 5,15). Para instaurar o Reino de vida, Jesus pede aos discípulos:

> Proclamem que está chegando o Reino dos céus! (Mt 10,7). Trata-se do Reino da vida. [...] o conteúdo fundamental dessa missão, é a oferta de vida

---

[2] Cf. o belo livrinho de COMBLIN, José. *O enviado do Pai*. Petrópolis: Vozes, 1974.

plena para todos. Por isso, a doutrina, as normas, as orientações éticas e toda a atividade missionária das Igrejas, deve deixar transparecer essa atrativa oferta de vida mais digna [...] (*DAp*, n. 361).

No mistério pascal, na justiça da ressurreição, o anúncio do Reino de vida recebe a sua configuração definitiva. "Pelo mistério pascal, o Pai sela a nova aliança e gera um novo povo, que tem por fundamento seu amor gratuito de Pai que salva" (*DAp*, n. 143). O projeto de Jesus, que "atinge o ser humano por inteiro e desenvolve em plenitude a existência humana" (*DAp*, n. 356), é "instaurar o Reino de seu Pai" (cf. *DAp*, n. 361).

O Reino de vida é acolhido na escuta atenta àquilo que "o Espírito está dizendo às Igrejas" (Ap 2,29; *DAp*, n. 366). O Espírito é dom e do-ador de dons, é dom do Pai e é Deus no gesto do dom.[3] Na "sequência de Pentecostes", o Espírito Santo é invocado não apenas como aquele que "dobra o que é rígido", mas também como "pai dos pobres". Com os pobres, Ele nos associa aos grandes conflitos da humanidade e ao Reino dos Céus (cf. Mt 5,3; Lc 6,20). Nessa proximidade aos pobres, o Espírito se revela como Espírito da Verdade, que introduz os discípulos no caminho da "verdade plena" (cf. Jo 16,13).

Com esse pano de fundo trinitário podemos compreender a abrangên-cia da missão eclesial. Somos responsáveis pela criação e pela "natureza criada que é seu primeiro livro" (*DAp*, n. 24; cf. *DAp*, n. 126). Tudo o que foi criado faz parte da responsabilidade missionária pela vida. So-mos "instrumentos de seu reino de amor e vida, de justiça e paz, pelo qual tantos se sacrificaram" (*DAp*, n. 24). Nas lutas pelo Reino de vida defendemos o projeto de Deus nas causas humanas. Já no antigo Israel a esperança do Reino de Deus estava articulada com a realização do direito e da justiça: "Pego o direito como esquadro e a justiça servirá de prumo" (Is 28,17; cf. *DAp*, n. 42). Jesus rompeu com o formalismo legal. Apontou para a diferença entre "legal" e "justo". Interpretou o zelo de Javé por

---

[3] SANTO AGOSTINHO. *A Trindade*, livro XV, 29.

direito e justiça pelo amor incondicional, que nos faz livres e iguais. Justa é a lei que passou pela peneira do amor daquele que deu e dá a sua vida.

Tudo o que se faz nas lutas pela vida é pouco e urgente por causa do sofrimento dos pobres (*DAp*, nn. 384, 406c, 541, 545). "O amor de Cristo nos impele" (2Cor 5,14) a destruir as estruturas de morte, interromper a lógica dos sistemas e questionar a lentidão das burocracias. A vida não existe em si. Existe, sim, em redes e relações com tudo o que foi criado, e com o Criador. "Em seu Reino de vida, Jesus inclui a todos" (*DAp*, n. 353): ele bebe com os pecadores, se aproxima dos leprosos, alimenta os famintos, dignifica a samaritana, deixa ungir seus pés por uma prostituta, recebe Nicodemos. Convida seus discípulos ao amor pelos inimigos e a optarem pelos mais pobres (cf. *DAp*, n. 353).

Na natureza missionária da Igreja está inscrito um imperativo categórico e militante: zele pela vida dos outros como tu queres que outros zelem por tua vida; derrube fronteiras que fecham, excluem e asfixiam; lute contra os que privatizam os bens da terra e as fontes de vida como se não fossem bens de toda a comunidade humana. Ela não faz isso por conta própria, mas por ordem de Jesus, que "está naqueles que dão testemunho de luta pela justiça, pela paz e pelo bem comum" (*DAp*, n. 256).

Uma comunidade eclesial que lembra por palavras e obras a nova lógica do Reino e zela pela vida, que ela recebeu de Jesus Messias, como dom e tarefa – essa comunidade vive em "estado de missão" (*DAp*, n. 213). Lembrar a presença do Reino não é uma operação mnemotécnica. "Lembrar" é mais amplo do que "anunciar". É práxis memorial através do resgate dos injustiçados de ontem e hoje. O Reino de vida não é o Reino dos vencedores. Palavras e ações, que poucas vezes vão além de gestos simbólicos, apontam para transformações profundas através da reapropriação do planeta Terra e da vida que nele existe, pela comunidade humana.

Na precariedade de linguagens culturais, na fragilidade de imagens e na ambivalência de sinais, as comunidades cristãs lembram a causa maior do projeto de Deus, cujo mistério ultrapassa a configuração histórica, social e institucional de qualquer denominação eclesial. Ao assumir essa postura despojada e diaconal, essas comunidades eclesiais praticam a gratuidade de sua missão, tornam-se vulneráveis, pobres – "casa dos pobres", diz Aparecida (n. 8, cf. n. 524) – e perseguidas.

A Igreja pobre e perseguida lembra o projeto de Deus. A missão dessa Igreja está a serviço do Reino (cf. *DAp*, nn. 33, 190, 223), e a sua esperança é a esperança dos pobres a serviço dos desesperados. Lembrar o Reino de vida significa dizer que o Reino já é dos pobres (cf. Lc 6,20). Segundo os discursos axiais de Jesus – Sinagoga de Nazaré, bem-aventuranças, juízo final –, são eles os sujeitos da missão e os mediadores históricos do Reino de vida universal.

Ver a realidade

Para viver a "natureza missionária" na vida cotidiana e para "anunciar o Evangelho do Reino de vida" (*DAp*, nn. 143-148), a Igreja precisa abrir os olhos para a realidade dos nossos povos. Precisa discernir o "trigo do joio". O *Documento de Aparecida* "faz uso do método 'ver, julgar e agir'" (*DAp*, n. 19), que permite articular, de modo sistemático, a perspectiva cristã de ver a realidade; "a assunção de critérios que provêm da fé e da razão para seu discernimento e valorização com sentido crítico" (ibid.). "A pastoral da Igreja não pode prescindir do contexto histórico" (*DAp*, n. 367). A realidade como "dom de Deus" (cf. *DAp*, nn. 83, 125), porém marcada "por violência e injustiças" (cf. *DAp*, n. 427), nos obriga "a discernir os 'sinais dos tempos', à luz do Espírito Santo, para nos colocar a serviço do Reino" (*DAp*, n. 33, cf. n. 366).

Sem desvendar o mistério do Reino em sua totalidade, Jesus o descreveu através de parábolas que permitem captar a lógica da nova realidade que ele inaugurou. A cura do cego, que aponta para a recuperação da visão, é o sinal mais significativo de Jesus. Nos três Evangelhos sinóticos está como último milagre (Mt 20,29-34; Mc 10,46-52; Lc 18,35-43), num lugar privilegiado. Poucos dias antes de sua morte, Jesus de Nazaré resume sua palavra e ação. Foi enviado para abrir os olhos da humanidade. É um processo provisório e acumulativo. A Igreja compreende "a realidade pertinente e significativa de salvação" (*DAp*, n. 480) somente "a partir da realidade transformadora do Reino de Deus que se faz presente em Jesus" (*DAp*, n. 382). A eclesiologia começa com o Reino de Deus e não com a Igreja, que é seu instrumento.

Ao debruçar-nos sobre a realidade, com seus aspectos natural e sociocultural, percebemos a sua ambivalência e complexidade. "As condições de vida de muitos abandonados, excluídos e ignorados em sua miséria e dor, contradizem" o projeto de Deus e desafiam a humanidade "o maior compromisso a favor da cultura da vida". O Reino de vida nos faz defender a vida do Reino, que "é incompatível com essas situações desumanas. Se pretendemos fechar os olhos diante dessas realidades, não somos defensores da vida do Reino" (*DAp*, n. 358), não vivemos em "estado de missão" e esvaziamos a Palavra de Deus. A Palavra de Deus é informativa e performativa: faz ver e transformar. Faz-nos ver a inseparável relação entre o amor a Deus e o amor ao próximo. O Reino de vida "convida todos a suprimir as graves desigualdades sociais e as enormes diferenças no acesso aos bens" (*DAp*, n. 358). Nessa relação se entrelaçam as dimensões de salvação e libertação, de redenção e emancipação, as dimensões espirituais e materiais, as de transcendência e imanência, como na própria vida de Jesus. O Reino dos céus é Reino de vida; o Reino de Deus é Reino de vida para toda a humanidade. "Tanto a preocupação por desenvolver estruturas mais justas como por transmitir os valores sociais do Evangelho, situam-se neste contexto de serviço fraterno à vida digna" (*DAp*, n. 358). A missão compromete a Igreja com "os reclamos da realidade" (*DAp*, n. 285, cf. n. 491) e com as exigências de um mundo para todos.

Converter a uma nova ética

Nas sandálias da comunidade missionária há sangue e poeira. Não só o sangue dos mártires. Também o sangue da colonização e a poeira do etnocentrismo. Com facilidade, reciclam-se os vícios do passado e dos antepassados. Assistimos hoje ao neocolonialismo do mundo globalizado, que também atinge as Igrejas, um saudosismo pré-conciliar e um novo etnocentrismo, com seus desdobramentos num fundamentalismo doutrinário, cultural e político. O imperativo do "convertei-vos" é o prefixo permanente da missão da Igreja que coloca o Reino de vida no seu centro (cf. *DAp*, nn. 365-372). A conversão, que exige "processos constantes de renovação missionária" e o abandono de "ultrapassadas estruturas que já não favoreçam a transmissão da fé" (*DAp*, n. 365), "desperta a capacidade de submeter tudo ao serviço da instauração do Reino da vida" (*DAp*, n. 366).

Lembrar o Reino de vida para todos aponta para as estruturas da nossa sociedade, uma sociedade acoplada a um sistema econômico movido por lucro e consumo privilegiados à custa dos pobres. O Reino de vida exige uma nova ética, um exercício de se livrar do conformismo e do desnecessário para que todos possam usufruir o necessário; exige uma conversão além da esfera do privado e do individual; visa desestabilizar o sistema vigente e a esfera pública. O Reino de vida só pode ser pensado num horizonte assistêmico de gratuidade, além do pesadelo da sociedade consumista, da sociedade produtora de objetos à custa das pessoas e da sociedade dividida por classes sociais e preconceitos étnicos e morais. Não podemos lutar com as armas dos adversários do Reino. A gratuidade rompe com o desejo mimético de incorporação, identificação e reciprocidade.

O desprendimento, em sua forma individual, pode ser compreendido como conversão, em sua configuração comunitária ou sociopolítica, como ruptura. Essa ruptura é a reversão de uma primeira ruptura com o projeto de Deus. A Bíblia chama essa primeira ruptura de "pecado". Contudo, nunca se produziu uma ruptura definitiva entre Deus e a humanidade. O perdão de Deus se chama "aliança". A Igreja é povo da nova aliança, mas o pecado ameaça até hoje o projeto de vida.

Ruptura como conversão, entretanto, significa reversão dessa primeira ruptura e intervenção em situações que impeçam uma parte significativa da humanidade de viver a sua vida com dignidade por causa do excesso de vida de uma outra parte. Solidariedade significa nesse contexto ascese pessoal e luta sociopolítica. A ética do despojamento de privilégios e da participação de todos na construção de uma vida inteira, livre, integral, está no centro do Reino de vida que a Igreja há de lembrar e defender. A conversão como ruptura emerge da consciência de que reformas ou "remendos novos em odres velhos" não mudam a própria vida nem o curso da história. Contudo, a grande ruptura sistêmica é preparada por pequenos gestos de perdas voluntárias ao nosso alcance, por gestos de gratuidade, solidariedade e perdão que cabem na vida de cada dia.

O *Documento de Aparecida* se mostra, às vezes, mais preocupado com os desafios provenientes de transformações sociais e culturais que acontecem no interior do sistema neoliberal do que com a transformação do próprio sistema que está na origem do desequilíbrio socioeconômico em escala mundial (cf. n. 367). "Nasce, na fidelidade ao Espírito Santo que a conduz [a Igreja]", a consciência, a vontade e a força de promover "uma renovação eclesial que implica reformas espirituais, pastorais e também institucionais" (cf. *DAp*, n. 367). Nos textos eclesiais, o apelo ao Espírito Santo e a Nossa Senhora, muitas vezes, é o indicador de uma aporia. Admitir que não se sabe dar o próximo passo – ou, sabendo, que ele talvez não seja historicamente viável – pode ser um sinal de honestidade ou um sintoma de medo.

Acolher o Reino como dom escatológico

Nas condições históricas da vida experimentamos o Reino de Deus como Reino de vida na dialética do "já" e do "ainda não". O Reino de vida está presente por sinais e imagens, por momentos de antecipação, por coincidência do tempo presente com o futuro em alguns instantes da nossa vida, na graça que se revela na luta e na contemplação. A graça histórica aponta para a plenitude escatológica quando nosso cálice se torna universo.

O Reino de vida, que é vida antes e depois da morte, mostra a sua relevância histórica em duas dimensões de luta: nas lutas contra o sofrimento existencial, na doença, falta de sorte, infelicidade herdada, por exemplo, e nas lutas contra a injustiça, exploração e opressão social ou cultural. Nessas lutas, portanto, distinguimos lutas e progressos científicos – na medicina, por exemplo – , e lutas políticas pela redistribuição dos bens e pelo reconhecimento da alteridade.

Lutas científicas e lutas políticas, propriamente ditas, são questionamentos do mundo e do próprio Deus. Do mundo, assim como é, e de Deus, que permite o sofrimento de justos e injustos. Ciência e política podem contribuir muito para a humanização do mundo, contudo são lutas inconclusivas. A máquina produz alívio laboral, mas não suspende todas as carências do trabalho. A medicina produz muitas curas e alívio de muitas dores, mas não extingue a morte. O reino da liberdade, admite Marx, "só pode desabrochar sobre o reino da necessidade como sua base".[4] As lutas científicas e políticas são lutas pela dignidade de todos os seres humanos, também no sofrimento e na morte, e lutas pela igualdade de oportunidades sociais. São lutas por uma sociedade justa nas contingências da vida. São lutas sem fim. Aí está o sentido da afirmação dos militantes do Reino: "A luta continua". Entre essas lutas e o dom do Reino de vida existe uma relação dialética: a graça não desmobiliza e a mobilização não substitui a graça.

O Reino de vida, em sua plenitude, é um dom escatológico. Aponta para onde "a morte não existirá mais, e não haverá mais luto, nem pranto, nem dor, porque as coisas anteriores passaram" (Ap 21,4). A dimensão escatológica é uma exigência da própria justiça. Em sua encíclica sobre a esperança cristã, Bento XVI cita a *Dialética Negativa* de Adorno, que admite que uma verdadeira justiça requer um mundo onde não só o sofrimento presente seja anulado, mas também a injustiça do passado (cf. *Spe salvi*, n. 42). Não pode haver justiça sem a ressurreição dos mortos. A justiça da ressurreição é um dom escatológico, núcleo central do querigma e da práxis missionária da Igreja. Essa ressurreição é prefigurada, simbolicamente, nas múltiplas ressurreições em que a intervenção pela vida venceu a morte. Para que a plenitude escatológica do Reino da vida seja acreditável, lutamos historicamente por sua realização antecipada por meio de palavras e ações, que são apenas pobres sinais e vitórias

---

[4] MARX, Karl. *O capital*, v. 3. In: *MEW*, v. 25, p. 828.

parciais diante daquilo que Deus preparou para aqueles que o amam (cf. *DAp*, n. 143). A consciência da historicidade das nossas intervenções na construção de um mundo para todos nos mantém abertos a soluções cada vez melhores em favor dos que sofrem e para o Reino de vida como dom definitivo de Deus.

PARTE III

EIXOS TRANSVERSAIS DA MISSÃO

A OPÇÃO PELOS POBRES COMO EXPRESSÃO DA AUTENTICIDADE DA MISSÃO

Ronaldo Muñoz[*]

A opção da V Conferência como alternativa evangélica

A evangélica *opção pelos pobres* é a dimensão mais central e característica da espiritualidade e da prática pessoal, da leitura bíblica e da teologia propriamente latino-americanas. Na medida, graças a Deus!, importante e esperançosa, em que essa experiência e esse espírito estiveram presentes em Aparecida – como caminho de Igreja e como acontecimento protagonizado pelos bispos – encontramos essa opção evangélica solidamente integrada na visão crente da realidade, na inspiração cristológica e nas orientações pastorais e missionárias do *Documento conclusivo* da Conferência. E esperamos que esteja cada vez mais presente no olhar, nas atitudes profundas e nas práticas pastorais e solidárias, que vão "recebendo" e "aterrissando" esse documento na vida real das Igrejas e comunidades do continente.

Não se trata, pois, de um tema ou capítulo entre outros, mas de uma dimensão essencial do caminho eclesial de Aparecida, como do *Documento conclusivo* da V Conferência, como continuação e aprofundamento das

---

[*] Nasceu em Santiago do Chile em 1933. Desde 1964 foi professor de Teologia e assessor de organismos e encontros eclesiais no Chile e na América Latina. Fez doutorado na Alemanha (Regensburg, 1972) e desde então viveu junto a populações operárias na zona sul de Santiago, onde foi vigário paroquial. Faleceu em 15 de dezembro de 2009.

Conferências pós-conciliares anteriores. E isto começando pelo mesmo lema de Aparecida, proposto pelos bispos e confirmado por dois Papas: "Discípulos e missionários de Jesus Cristo, para que nossos povos nele tenham vida".

"Discípulos e missionários", não meros consumidores religiosos, nem alunos passivos, nem orantes em grupos fechados, mas seguidores entusiastas e testemunhas comprometidos da pessoa de Jesus, em seu caminho de vida e comunidade simples e alegre, livre de ambições mesquinhas, em solidariedade de pobres e com os mais pobres, e comprometida com sua causa de libertação, irmandade e "vida abundante" para todos.

Vida e convivência alternativas para a atual sociedade e cultura dominantes, com seu materialismo possessivo, competitivo e excludente. Vida e convivência animadas pelo Espírito de Deus, que vão germinando e crescendo a partir de dentro nas pessoas (a partir "do coração") e a partir de baixo na sociedade (a partir dos pobres e dos excluídos).

Porque essa e não outra é a forma de vida e o projeto de convivência do único Jesus Cristo real: o da história evangélica desse "judeu marginal", arraigado nos pobres de seu povo e afetado entranhadamente por sua opressão e miséria; aquele que se entrega pela cura e libertação dessa multidão abandonada, para congregá-la em irmandade e devolver-lhe sua dignidade e sua esperança; aquele que, por isso, entra em conflito crescente com os legalistas e os ricos, com os sacerdotes do templo e com as autoridades político-militares, mas segue em frente, fiel à sua missão até o extremo da morte de cruz. O mesmo Jesus Cristo que é hoje para nós "o Vivente", identificado com os pobres e excluídos de nosso tempo, e que nos convida a nos comprometermos com esse mesmo seu projeto, nas condições de hoje, "para que nossos povos (empobrecidos e excluídos) nele tenham (essa mesma) vida": integralmente humana, e digna dos filhos e das filhas do único "Deus vivo e verdadeiro", o "Abbá" de Jesus e Pai nosso, aquele que nos repete uma e outra vez "quero misericórdia, não sacrifícios".

O mesmo Jesus Cristo que hoje nossas comunidades de pobres – lendo os Evangelhos "ombro a ombro e com os pés no chão" – vão descobrindo não como Mestre de doutrinas e normas, não como fundador de uma nova seita de iniciados, não como organizador de uma grande instituição de serviços religiosos, mas como servidor e testemunha desse grande projeto que ele chama de "Reino de Deus", a "Vida abundante", ou a "Vontade de meu Pai". Vão descobrindo que, desde o princípio de sua missão pública, o Jesus dos Evangelhos passa a vida procurando mostrar – para a multidão e para o grupo dos discípulos, com suas atitudes, sua prática e sua palavra – a que nos convida este projeto, de começos tão humildes, mas cheio de enorme força transformadora e indizível alegria, para eles e para o mundo.

Parágrafos inspiradores do Documento episcopal

Sobre esse "horizonte evangélico" de Aparecida que acabamos de evocar, releiamos agora alguns parágrafos do *Documento conclusivo* dessa Conferência que nos parecem especialmente inspiradores para o caminho que, como Igrejas de Cristo, estamos percorrendo com nossos povos empobrecidos: agora, depois de Aparecida.[1] Agrupamos tais parágrafos segundo quatro aspectos, como quatro olhares (dos quatro pontos cardeais) para a mesma montanha: (1) Os rostos daqueles que sofrem... a exclusão social; (2) A prática e o projeto de Jesus: o Reino de vida; (3) A evangélica *opção pelos pobres*; e (4) Promoção humana e libertação.[2]

---

[1] Os textos desses parágrafos, assim como sua numeração, foram tomados aqui do *Documento conclusivo* original, tal como foi aprovado pela V Conferência, sem as alterações de conteúdo introduzidas depois, anonimamente, na versão oficial. Os números colocados entre parênteses correspondem ao da versão oficial.

[2] Para estes quatro aspectos, pode-se ler, com proveito: AMERINDIA. *Aparecida;* renacer de una esperanza. Bogotá, 2007. [Ed. bras.: *V Conferência de Aparecida;* renascer de uma esperança. São Paulo: Amerindia/Paulinas, 2008.] Os capítulos respectivos de B. Ferraro, "El discipulado como seguimiento del Jesús histórico"; de G. Gutierrez, "Aparecida: la opción preferencial por el pobre", especialmente as p. 130-139; e de S. Torres, "La pastoral social en Aparecida".

Os rostos daqueles que sofrem a exclusão social [3]

65. (65) (Esta realidade socioeconômica) nos deveria levar a contemplar *os rostos daqueles que sofrem.* Entre eles, estão as comunidades indígenas e afro-americanas que, em muitas ocasiões, não são tratadas com dignidade e igualdade de condições; muitas mulheres são excluídas, em razão de seu sexo, raça ou situação socioeconômica; jovens que recebem uma educação de baixa qualidade e não têm oportunidades de progredir em seus estudos nem de entrar no mercado de trabalho para se desenvolver e constituir uma família; muitos pobres, desempregados, agricultores sem terra, aqueles que procuram sobreviver na economia informal; meninos e meninas submetidos à prostituição infantil, ligada muitas vezes ao turismo sexual; também as crianças vítimas do aborto. Milhões de pessoas e famílias vivem na miséria e inclusive passam fome. Preocupam-nos também os dependentes das drogas, as pessoas com limitações físicas, os portadores de HIV e os doentes de AIDS que sofrem a solidão e se veem excluídos da convivência familiar e social. Não esquecemos também os sequestrados e os que são vítimas da violência, do terrorismo, de conflitos armados e da insegurança na cidade. Também os anciãos que, além de se sentirem excluídos do sistema produtivo, veem-se muitas vezes recusados por sua família como pessoas incômodas e inúteis. Sentimos as dores, enfim, da situação desumana em que vive a grande maioria dos presos, que também necessitam de nossa presença solidária e de nossa ajuda fraterna. Uma globalização sem solidariedade afeta negativamente os setores mais pobres. Já não se trata simplesmente do fenômeno da exploração e opressão, mas de algo novo: *a exclusão social.* Com ela a pertença à sociedade na qual se vive fica afetada na raiz, pois já não está abaixo, na periferia ou sem poder, mas está fora. Os excluídos não são somente "explorados", mas "supérfluos" e "descartáveis".[4]

---

[3] Este subtítulo e os que seguem são do autor deste capítulo.

[4] Este parágrafo deveria ser complementado com a seção "Rostos sofredores que doem em nós" (nn. 426-447; texto oficial: nn. 407-428), onde os bispos se detêm especialmente nestas cinco categorias de pessoas: os que vivem na rua, os enfermos, os dependentes de drogas, os migrantes e os presos.

A prática e o projeto de Jesus: o Reino de vida

367. (353) *Jesus, o bom pastor, quer comunicar-nos sua vida e colocar-se a serviço da vida*. Vemos como ele se aproxima do cego no caminho (cf. Mc 10,46-52), quando dignifica a samaritana (cf. Jo 4,7-26), quando cura os enfermos (cf. Mt 11,2-6), quando alimenta o povo faminto (cf. Mc 6,30-44), quando liberta os endemoniados (cf. Mc 5,1-20). Em seu reino de vida Jesus inclui a todos: come e bebe com os pecadores (cf. Mc 2,16), sem se importar que o tratem como comilão e beberrão (cf. Mt 11,19); toca com as mãos os leprosos (cf. Lc 5,13), deixa que uma prostituta lhe unja os pés (cf. Lc 7,36-50) e, de noite, recebe Nicodemos para convidá-lo a nascer de novo (cf. Jo 3,1-15). Igualmente, convida seus discípulos à reconciliação (cf. Mt 5,24), ao amor pelos inimigos (cf. Mt 5,44) e a optarem pelos mais pobres (cf. Lc 14,15-24).

370. (356) *A vida nova de Jesus Cristo atinge o ser humano por inteiro* e desenvolve em plenitude a existência humana *"em sua dimensão pessoal, familiar, social e cultural"*. Para isso é necessário entrar num processo de mudança que transfigure os vários aspectos da própria vida. [...] A vida em Cristo inclui a alegria de comer juntos, o entusiasmo para progredir, o gosto de trabalhar e aprender, a alegria de servir a quem necessite de nós, o contato com a natureza, o entusiasmo dos projetos comunitários, o prazer de uma sexualidade vivida segundo o Evangelho, [...].

372. (358) *Porém, as condições de vida de muitos abandonados, excluídos e ignorados em sua miséria e dor, contradizem esse projeto do Pai e desafiam os cristãos* a um maior compromisso a favor da cultura da vida. O Reino de vida que Cristo veio trazer é incompatível com essas situações desumanas. Se pretendemos fechar os olhos diante dessas realidades, não somos defensores da vida do Reino e nos situamos no caminho da morte: "Nós sabemos que passamos da morte para a vida porque amamos os irmãos. Aquele que não ama, permanece na morte" (1Jo 3,14). É necessário sublinhar "a inseparável relação entre o amor a Deus e o amor ao próximo" que "convida todos a suprimir as graves desigualdades sociais e as enormes diferenças no acesso aos bens" (Bento

XVI). Tanto a preocupação por desenvolver estruturas mais justas como por transmitir os valores sociais do Evangelho, situam-se neste contexto de serviço fraterno à vida digna.

A evangélica opção pelos pobres

"Implícita na fé cristológica"

406. (392) Nossa fé proclama que "Jesus Cristo é o rosto humano de Deus e o rosto divino do homem". Por isso, "a opção preferencial pelos pobres está implícita na *fé cristológica naquele Deus que se fez pobre por nós, para nos enriquecer com sua pobreza*" (Bento XVI). Essa opção nasce de nossa fé em Jesus Cristo, o Deus feito homem, que se fez nosso irmão (cf. Hb 2,1-12).

407. (393) Sendo que essa opção está implícita na fé cristológica, os cristãos, como discípulos e missionários, são *chamados a contemplar nos rostos sofredores de seus irmãos, o rosto de Cristo que nos chama a servi-lo*: "Os rostos sofredores dos pobres são rostos sofredores de Cristo". Eles desafiam o núcleo do trabalho da Igreja, da pastoral e de nossas atitudes cristãs. Tudo o que tenha relação com Cristo tem relação com os pobres, e tudo o que está relacionado com os pobres clama por Jesus Cristo: "Tudo quanto vocês fizeram a um destes meus irmãos menores, o fizeram a mim" (Mt 25,40).

Fonte de solidariedade e compromisso com a justiça social

408. (394) De nossa fé em Cristo nasce *também a solidariedade como atitude permanente de encontro, irmandade e serviço*. Ela há de se manifestar em opções e gestos visíveis, principalmente na defesa da vida e dos direitos dos mais vulneráveis e excluídos, e no permanente acompanhamento em seus esforços por serem sujeitos de mudança e de transformação de sua situação. [...].

409. (395) O Santo Padre nos recorda que *a Igreja está convocada a ser "advogada da justiça e defensora dos pobres"* (Bento XVI) *diante das "intoleráveis desigualdades sociais e econômicas"*, que "clamam ao céu". Temos muito que oferecer, visto que "não há dúvida de que a Doutrina Social da Igreja é capaz de despertar esperança em meio às situações mais difíceis, porque, se não há esperança para os pobres, não haverá para ninguém, nem sequer para os chamados ricos" (João Paulo II).

410. (396) Comprometemo-nos a trabalhar para que a nossa Igreja latino-americana e caribenha continue sendo, com maior afinco, *companheira de caminho de nossos irmãos mais pobres*, inclusive até ao martírio. Hoje *queremos ratificar e potencializar a opção preferencial pelos pobres feita nas Conferências anteriores.* Que seja preferencial implica que deva atravessar todas as nossas estruturas e prioridades pastorais. A Igreja latino-americana é chamada a ser sacramento de amor, solidariedade e justiça entre nossos povos.

Proximidade e amizade

411. (397) Nesta época, costuma acontecer que defendemos de forma demasiada nossos espaços de privacidade e lazer, e nos deixamos contagiar facilmente pelo consumismo individualista. Por isso, nossa opção pelos pobres corre o risco de ficar em plano teórico ou meramente emotivo, sem verdadeira incidência em nossos comportamentos e em nossas decisões. É necessária uma atitude permanente que se manifeste em opções e gestos concretos, e evite toda atitude paternalista. Solicita-se dedicarmos tempo aos pobres, prestar a eles amável atenção, escutá-los com interesse, acompanhá-los nos momentos mais difíceis, escolhê-los para compartilhar horas, semanas ou anos de nossa vida, e procurando, a partir deles, a transformação de sua situação. Não podemos esquecer que o próprio Jesus propôs isso com seu modo de agir e com suas palavras: "Quando deres um banquete, convida os pobres, os inválidos, os coxos e os cegos" (Lc 14,13).

412. (398) *Só a proximidade que nos faz amigos nos permite apreciar profundamente os valores dos pobres de hoje*, seus legítimos desejos e seu modo próprio de viver a fé. A opção pelos pobres deve conduzir-nos à amizade com os pobres. Dia a dia os pobres se fazem sujeitos da evangelização e da promoção humana integral: educam seus filhos na fé, vivem constante solidariedade entre parentes e vizinhos, procuram constantemente a Deus e dão vida ao peregrinar da Igreja. À luz do Evangelho reconhecemos sua imensa dignidade e seu valor sagrado aos olhos de Cristo, pobre como eles e excluído entre eles. A partir dessa experiência cristã, compartilharemos com eles a defesa de seus direitos.

Pelos pobres, em suas Comunidades Eclesiais de Base

194. (179) Queremos decididamente reafirmar e dar novo impulso à vida e à missão profética e santificadora das CEBs, no seguimento missionário de Jesus. Elas foram uma das grandes manifestações do Espírito na Igreja da América Latina e no Caribe depois do Vaticano II. Têm a Palavra de Deus como fonte de sua espiritualidade, e a orientação de seus pastores como guia que assegura a comunhão eclesial. Demonstram seu compromisso evangelizador e missionário entre os mais simples e afastados, e são expressão visível da opção preferencial pelos pobres. São fonte e semente de variados serviços e ministérios a favor da vida na sociedade e na Igreja.

Promoção humana e libertação

Toda evangelização implica promoção humana e libertação dos pobres

413. (399) Assumindo com nova força essa opção pelos pobres, manifestamos que todo processo evangelizador envolve a promoção humana e a autêntica libertação "sem a qual não é possível uma ordem justa na sociedade" (Bento XVI). Entendemos, além disso, que a verdadeira promoção humana não pode reduzir-se a aspectos particulares: "Deve

ser integral, isto é, promover todos os homens e o homem todo, a partir da vida nova em Cristo que transforma a pessoa de tal maneira que "a faz sujeito de seu próprio desenvolvimento" (Paulo VI). Para a Igreja, o serviço da caridade, assim como o anúncio da palavra e a celebração dos sacramentos, "é expressão irrenunciável da própria essência".

415. (401) As Conferências episcopais e as Igrejas locais têm a missão de promover renovados esforços para fortalecer uma Pastoral Social estruturada, orgânica e integral que, com a assistência e a promoção humana, se faça presente nas novas realidades de exclusão e marginalização em que vivem os grupos mais vulneráveis, onde a vida está mais ameaçada. No centro desse agir está cada pessoa, que é acolhida e servida com cordialidade cristã. Nessa atividade a favor da vida de nossos povos, a Igreja Católica apoia a colaboração mútua com outras comunidades cristãs.

Formar a consciência dos cristãos

420. (406) A Igreja na América Latina e no Caribe sente que tem uma responsabilidade em...

422. (406-b) *Formar na ética cristã que estabelece como desafio a conquista do bem comum, a criação de oportunidades para todos, a luta contra a corrupção, a vigência dos direitos do trabalho e sindicais*; é necessário colocar como prioridade a criação de oportunidades econômicas para setores da população tradicionalmente marginalizados, como as mulheres e os jovens, a partir do reconhecimento de sua dignidade. Por isso, é necessário trabalhar por uma cultura da responsabilidade em todo nível que envolva pessoas, empresas, governos e o próprio sistema internacional.

Esses poucos parágrafos que citamos aqui – como muitos parágrafos e desenvolvimentos do mesmo *Documento* – são textos ricos, pertinentes e inspiradores. São palavras que refletem a experiência, a reflexão e o compromisso de seus autores, e que reúnem também o vigoroso respaldo cristológico do Papa. Daí sua inegável força de interpelação e de esperança.

Neles destaco, em primeiro lugar, sua tradição bíblica e evangélica, por isso mesmo o fato de recuperarem com força o tema da "justiça", frequentemente escamoteado entre nós pela linguagem eclesiástica das últimas décadas. A autêntica caridade cristã, com efeito, como reafirmou o Papa Bento XVI em sua primeira encíclica, inclui não somente a misericórdia que ajuda os necessitados (no Chile diríamos: o "Lar de Cristo" e o "Teletón"), mas também – e especialmente, sob o atual capitalismo mercantil globalizado – o compromisso pela profunda transformação de uma sociedade estruturalmente injusta: uma sociedade "impregnada de materialismo, que produz poucos ricos cada vez mais ricos, à custa de muitos pobres cada vez mais pobres" (João Paulo II, em Puebla).

Por outro lado, atrevo-me a observar que esses mesmos parágrafos refletem ainda – e não podia ser diferente – certa distância, muito real na sociedade latino-americana e em sua Igreja Católica. Uma sociedade não só escandalosamente desigual, mas profundamente segregada, na qual persiste essa dualidade (não só socioeconômica, mas cultural) que Medellín qualificou de "colonialismo interno". Uma Igreja ainda (e temo que mais que nos primeiros tempos de Medellín e de Puebla) com seu clero, seu laicato mais influente, e mesmo suas comunidades religiosas, mais arraigados e identificados com o lado dos ricos: com o estilo de vida e os vínculos quotidianos, com o olhar "de cima" para a sociedade global e até o "medo do povo", que entre nós são característicos dos setores dominantes.

Daí a necessidade urgente – sentida e bem reunida e aprofundada pelos bispos – de que "nós", "os daqui" (a parte da sociedade e da Igreja mais acomodada e rica), nos convertamos realmente para o Evangelho de Jesus e "optemos" – como ele –por "eles", "os de lá", os "marginais" (as maiorias empobrecidas e excluídas). Por isso, no meu modo de ver, a força interpelante e, sobretudo, libertadora de parágrafos como os de nn. 410-412 (texto oficial: nn. 396-398), que nos instam a ser uma Igreja mais "companheira de caminho de nossos irmãos mais pobres", a nos aproximarmos concretamente deles em nosso modo de vida, a dedicar-lhes horas e anos de nosso tempo, aproximando-nos em seus espaços, escutando-os realmente, fazendo-nos seus amigos em reciprocidade, deixando-nos "domesticar" por eles.

Porque somente assim descobriremos – com a inteligência e com o coração – não só suas carências e seus direitos sistematicamente desconhecidos, mas "seus valores", que são mensagem de esperança e fermento de renovação para nós mesmos, para a Igreja e para toda a sociedade: sua alegria de viver, em meio a tantas dificuldades; a riqueza de sua convivência e de suas práticas solidárias; sua fé e sua esperança, que vão se enriquecendo com a leitura bíblica em suas comunidades de base. Com a leitura do Evangelho de Jesus pobre como eles, e que é Boa-Nova para eles, precisamente: "Felizes vós, os pobres, porque vosso é o Reino de Deus! [...] Mas, ai de vós, ricos, [...]" (cf. Lc 6,17-26); e "Eu te louvo, Pai, [...] porque escondeste estas coisas aos sábios e entendidos e as revelaste aos pequeninos" (Mt 11 e Lc 10).

Experiência e compromisso dos mesmos pobres em suas comunidades

Os pobres como "sujeito"

Dada esta dúvida tão visível que temos aqui com o Evangelho de Jesus, nós que integramos a parte mais significativa e autorizada da Igreja Católica, os leigos pobres que participam em suas comunidades de base (e em suas paróquias e capelas renovadas como comunidades), diante de documentos que lhes chegam de seus pastores, se perguntam frequentemente se "opção pelos pobres" é uma palavra que eles mesmos devam ou pelo menos possam fazer sua.

De minha parte, e com todas as minhas limitações, me atrevo a dar uma resposta claramente positiva. Talvez nem sempre em relação à "linguagem" da "opção pelos pobres", mas sim – e frequentemente com mais clareza e consequência que em outros setores sociais – em relação ao que mais importa de seu conteúdo: o olhar crítico para a realidade, os critérios de juízo e as atitudes profundas, as práticas quotidianas e cada vez mais os compromissos coletivos... Em tudo isso, esses irmãos e irmãs pobres vão descobrindo o que o Evangelho e o Espírito de Jesus são para eles: antes de tudo, consolação e cura, libertação de seus medos e complexos, nova consciência de sua dignidade e capacidades, esperança, mas também – como para todos – exigência de conversão profunda e mudanças concretas de conduta, e força para o compromisso solidário, na contracorrente dos "valores" e do "sentido comum" dominantes em nossa sociedade.

Em termos um pouco mais concretos, para esses mesmos pobres essa "opção" vai significando, desde cedo, resistir criticamente ao assédio conquistador e corruptor da propaganda mercantil e da cultura dominante, onipresentes nos espaços públicos e nos meios de massificação (*mass media*), assim como nos sonhos e nas metas das maiorias. Não se deixar enganar nem seduzir por essa propaganda, com a corrida em que nos vão colocando, de invejas e rivalidades, de ansiedade e endividamento, e frequentemente de subemprego escravizante das pessoas e destruidor das famílias.

E mais positivamente, essa opção evangélica significa, para os mesmos pobres, deixar-se comover quotidianamente pelos mais necessitados e abandonados que eles, fazendo-se "próximos" deles para atendê-los... e não ficar fechados nos próprios problemas. E também, na medida em que vai despertando a consciência mais social, "optar", "arriscar", pela solidariedade organizada dos mesmos pobres: em agrupamentos de jovens para trabalhar com crianças, em sindicatos e oficinas de economia solidária, em comitês de moradia e comissões de vizinhos, em equipes de saúde e casas de acolhida para alcoólatras e dependentes de drogas, em programas de formação social e política etc. Assumindo e avaliando que em muitas dessas organizações populares as protagonistas costumam ser as mulheres.

Essas são diversas formas – frequentemente pequenas, como muitas comunidades cristãs, católicas e evangélicas – nas quais os pobres vão reconstruindo o tecido social e aprendendo a se organizar e lutar, juntos, por melhores condições de vida para parcela de povo que os rodeia e, mais a longo prazo, por uma sociedade mais justa e fraterna. Tudo isso implica superar a resignação passiva ou o "salve-se quem puder". Implica optar "contra" o arrivismo individualista que dá as costas para a causa coletiva, e "por" esta "causa dos pobres": a que não é outra senão "a causa mesma de Cristo" (Puebla), a que vai respondendo ao "Reino de vida" do projeto de Jesus (Aparecida).

Por aqui vamos entrando num aspecto que me parece chave e "pedra de toque" na opção evangélica pelos pobres: os dos mesmos pobres como "sujeito". É um aspecto que, nos parágrafos de Aparecida que citamos, aparece duas vezes a propósito da opção pelos pobres (nn. 408 e 411-412; na versão oficial, nn. 394 e 397-398), e uma terceira vez a propósito das Comunidades Eclesiais de Base (n. 194; muito abrandado na versão oficial, n. 179). Um aspecto, porém, que aparece como de passagem, sem maiores explicações nem orientações práticas. Apoia-se seus esforços (dos pobres) por serem sujeitos de mudança e transformação de sua situação"; reconhece-se que "dia após dia se tornam sujeitos da evangelização e da promoção humana (isto é, da missão da Igreja) entre os mesmos pobres"; celebra-se que em suas Comunidades Eclesiais de Base sejam, entre o povo simples, "expressão visível da opção preferencial (da Igreja) pelos pobres". Porém, não parece que são vistos como atores, muito menos protagonistas, na transformação da sociedade global nem na renovação evangélica da Igreja maior. Essas tarefas parecem reservadas às elites sociais que Puebla chama "os construtores da sociedade". E no que diz respeito à Igreja, reservadas à hierarquia e aos movimentos leigos de classe média para cima.

Vozes dos pobres

E agora, para ser consequentes, terminemos este capítulo sobre a opção pelos pobres, dando a palavra aos mesmos pobres. Neste caso – só como um exemplo entre muitos – gente das comunidades do Decanato "Cardeal José M. Caro", da zona sul de Santiago do Chile. Palavra compartilhada e colhida em duas oportunidades diferentes, ambas respondendo a uma convocação ampla de nossos bispos: a primeira, sobre "Nossa realidade" quotidiana e social, em 2005, e com vistas ao bicentenário da independência nacional; a segunda, sobre "Nossa Igreja", em 2006, para a Conferência de Aparecida.

A primeira série, sobre "Nossa realidade", faz uma seleção, muito resumida por uma Comissão decanal *ad hoc*, das conclusões de 64 "Mesas de Esperança", nas quais se reuniram, segundo seus temas preferidos, os aproximadamente trezentos participantes, das CEBs e de outras organizações populares do setor.[5] Ouçamos, porém essas vozes:

Muita pobreza

Em nossas populações (bairros populares) se vê muita pobreza, e há muito mais pobreza escondida. Chocam-nos o desemprego (desocupação) e os salários miseráveis, que não refletem o progresso do país e frequentemente não são suficientes para o pão de cada dia (1).

Muita violência

Em nossa comunidade há muita violência: pelo exemplo e pelas feridas da ditadura, pelo maltrato no trabalho e em casa, pelo roubo e pelos assaltos, pelo tráfico de drogas (2).

A família, prejudicada

Poucas famílias valorizam a comunicação, entre o casal e com os filhos, acima do material; uma vez que a sociedade nos inculca a cada dia que mais valemos quanto mais coisas temos, e descuidamos do afeto e dos valores espirituais (3).

Em nossas famílias, frequentemente ambos os pais devem sair para trabalhar para sustentar a casa. E os filhos, abandonados – durante grande parte do dia – na televisão, nos jogos eletrônicos violentos, ou na rua. Expostos ao

---

[5] As conclusões mais completas estão disponíveis num caderno que circulou em várias comunidades da zona sul de Santiago do Chile, como em outros círculos da cidade, e foram publicadas parcialmente na revista *Mensagem*, de dezembro de 2005. No fim de cada tema identifica-se o número da conclusão em que foi tratado nas "Mesas de Esperança".

ambiente consumista e às "más companhias", ao álcool e à droga, à tentação da delinquência (4).

Em família, comunicar-nos mais

Em cada família urge um esforço redobrado pelo encontro, pela comunicação serena, pela escuta e compreensão mútua, pela expressão de carinho, pelo compartilhar os trabalhos domésticos e a recreação (5).

Cuidar mais das crianças

Nós, pais, temos de dedicar mais tempo e cuidado às nossas crianças e adolescentes. Dar-lhes mais afeto, escutá-los, confiar neles e respeitar seus espaços. Mas também estar mais atentos às companhias com quem se juntam (6).

Educação adequada e de qualidade

Sonhamos com uma educação integral, que responda à realidade de nossas crianças e jovens. Uma educação que valorize o trabalho dos professores e a participação dos pais e da comunidade local (7).

Política e poder

Vemos a classe política mais preocupada com o seu poder e com os interesses dos empresários do que com as necessidades e os direitos do povo (8).

Preocupa-nos o poder que exercem os grupos empresariais, no econômico e no político. Vemo-lo como um abuso, que cria diferenças abissais entre ricos e pobres (9).

As leis trabalhistas

As leis trabalhistas devem ser refeitas, com participação dos trabalhadores. Para dar mais garantias reais a eles, que são a parte mais fraca no sistema econômico atual (10).

Ser mais solidários e organizar-nos

Todos nos comprometemos a ser mais solidários entre nós, a unirmo-nos mais e a nos organizar, como vizinhos e como trabalhadores, adultos e jovens (11).

Alimentar nossos valores espirituais

Comprometemo-nos a cuidar e alimentar nossos valores espirituais e comunitários. Nossa fé num Deus que ama a todos nós e nos quer com mais dignidade e mais vida, com mais liberdade e mais amor, com mais alegria e esperança.

A segunda série, sobre "Nossa Igreja", traz doze pontos, fruto das "Mesas" de 2006. Dessa vez – urgidos pelo processo de Aparecida – conseguimos convocar somente vinte Mesas, das quais participaram sobretudo pessoas mais ativas nas comunidades católicas do Decanato. Essas foram as conclusões, trabalhadas na assembleia decanal final:

1) Que a hierarquia não rejeite toda crítica como "ataque à Igreja", nem toda crítica interna como deslealdade.

2) Que em um continente onde se alarga escandalosamente o abismo entre minorias ricas e maiorias pobres se retome e se atualize a opção da Igreja pelos pobres, acentuando o compromisso pela justiça.

3) Que saibamos reconhecer a distância ou a contradição entre atuais estruturas e práticas "normais" da Igreja Católica e o ensinamento de Jesus e o estilo das comunidades do Novo Testamento, muito mais afins com os valores positivos da cultura democrática e com os melhores sonhos dos jovens.

4) Que caminhemos para uma Igreja mais fraterna e dialogante e menos clerical e dogmática. Reconhecendo a sociedade pluralista e estimulando a variedade de carismas e ministérios que o Espírito suscita em mulheres e homens do Povo de Deus.

5) Que neste mundo cada vez mais urbano, massificado e cruelmente competitivo, se volte a incentivar e atualizar a construção de igrejas como redes (territoriais e ambientais) de comunidades de base. Em que o discipulado compartilhado, o amor fraterno e a missão comum possam ter rostos e nomes.

6) Que, entre os carismas, recuperemos o primado absoluto do amor fraterno: solidário e humilde. E, entre os ministérios, a centralidade do profetismo e a evangelização, sempre em relação com a vida e a cultura das pessoas e dos grupos sociais. Profetismo e evangelização a cujo serviço deveriam estar o pastoreio, a doutrina e os sacramentos.

7) Que os pastores, em todo nível, abandonem toda atitude ou aparência de funcionários, governantes ou empresários, e se façam, antes de tudo, referenciais próximos do discipulado fraterno de Jesus como aparece nos Evangelhos. E especialmente os presbíteros e os bispos, deem seguimento aos apóstolos, como as testemunhas e os missionários que aparecem em todo o Novo Testamento.

8) Que na estrutura da Igreja Católica se abandonem as normas de o Vaticano impor a nomeação dos bispos e excluir as mulheres dos ministérios e das instâncias colegiadas de condução pastoral.

9) Que caminhemos como Igreja Católica para a restauração de "presbitérios locais", de homens e mulheres maduros na fé como na vida familiar e social, propostos pelas respectivas comunidades. Presbitérios que garantam a Eucaristia dominical dessas comunidades, assim como sua animação pastoral e missionária.

10) Que os "agentes pastorais" se preocupem não somente em buscar colaboradores para as equipes e serviços das comunidades, mas, sobretudo, em apoiar a vocação de solidariedade fraterna e o testemunho, de todo cristão e cristã, nos diversos espaços de sua vida quotidiana e social: família e bairro, trabalho e economia, educação e cultura, saúde e meio ambiente, desporto e recreação, organizações sociais e políticas etc.

11) Que nessa vocação comum – como cristãos e como comunidades eclesiais – devamos dar importância especial ao testemunho profético e ao compromisso transformador, diante da crescente desigualdade e segregação de nossa sociedade. E isto em países de maioria católica e onde uma parte significativa dos que concentram o poder (econômico, político e midiático) é formada em colégios católicos e frequenta a missa dominical.

12) Que, diante de crianças e jovens, a Igreja revise em profundidade suas opções em educação, convertendo-se decididamente para os excluídos, os marginalizados ou em grave risco.

Ecologia e missão: um olhar a partir do Documento de Aparecida

Afonso Murad[*]

A Igreja na América Latina e no Caribe avançou muito, nos últimos quarenta anos, quanto ao compromisso social. Não teve a mesma sensibilidade e ousadia para a questão ambiental. Neste sentido, o *Documento de Aparecida* significou um notável avanço para o compromisso dos cristãos com a ecologia. Apresentaremos os principais textos de Aparecida referentes à missão e à ecologia, entremeadas com algumas chaves de leitura e complementos.

Ecologia: distintas visões

Por que a ecologia se transformou numa questão tão importante para a humanidade? Não somente por causa do problema da crise ambiental, mas também devido à descoberta de que a humanidade deve estabelecer uma nova relação com o meio ambiente. E há várias formas de compreender a relação entre o ser humano e o meio ambiente, e a ética dela decorrente. Destacam-se, principalmente, três delas.

---

[*] Irmão marista. Licenciado em Pedagogia. Doutor em Teologia pela Universidade Gregoriana, Roma. Especialista em Gestão pela Fundação Dom Cabral (Belo Horizonte, Brasil). MBA em Tecnologia e Gestão Ambientais pela Universidade de São Paulo. Professor de Teologia sistemática na Faculdade Jesuíta (Belo Horizonte) e no Instituto Teológico dos Religiosos de São Paulo (Itesp). É membro da Equipe de Reflexão Teológica da Conferência dos Religiosos do Brasil (CRB). Criou o projeto de educação ambiental "Amigo da Água" e faz programas educativos para rádio "Amigo da Terra".

A primeira considera o ser humano como superior a todos os seres. Por isso, pode-se usar do meio físico ou abiótico (água, ar, solo, energia do sol) e do meio biológico ou biótico (micro-organismos, plantas e animais) sem limites. Tal concepção está na base do capitalismo clássico, que via a natureza como uma fonte inesgotável de recursos, da qual se retira tudo o que se quer e se devolve a ela os resíduos, de qualquer forma. A natureza perde, assim, todo seu caráter místico e religioso e se transforma em algo meramente instrumental. Não merece respeito nem cuidado. Os outros seres são coisas, ou mais ainda, potenciais mercadorias que podem ser transformadas em objetos de valor.

Neste esquema, a visão individualista sobre o ser humano se projeta sobre o ecossistema. Assim, os seres são considerados fora de seu contexto e de suas relações vitais. Tal postura destruidora sobre o meio ambiente encontra uma justificativa filosófica. Ela diz assim: somente o ser humano tem liberdade, sentimentos, razão, emoção e linguagem. E, com isso, produz cultura. Portanto, somente ele é sujeito da ética. A natureza, porque não tem estas características, não necessita ser respeitada. Ela não é nem sujeito (pois não pensa), nem objeto da ética (pois não tem valor em si mesma).

No outro extremo, embora minoritário no nosso continente, situa-se a corrente do "biocentrismo radical". Ela sustenta que todos os seres têm igual valor ético. Tanto uma planta quanto uma formiga, um pássaro ou o ser humano estão no mesmo nível. Colabora com o biocentrismo a visão de Lovelock, que afirma ser a Terra um superorganismo vivo, denominado "Gaia". E se a humanidade continuar maltratando e ameaçando destruir Gaia, ela poderá expulsá-lo!

É comum ver alguns defensores do biocentrismo radical atuando na defesa da Amazônia. Eles estão preocupados em conservar a floresta, as águas, os animais; enfim, o ciclo da vida. Mas dificilmente incluem as populações que habitam a Amazônia, como os povos indígenas, os ribeirinhos e as populações urbanas. Acusa-se os biocentristas de conceber uma ecologia sem levar em conta os seres humanos, principalmente os pobres.

Hoje, o biocentrismo tem amadurecido muito. Um grupo recente defende que os seres bióticos ou abióticos devem ser valorados não em si mesmos, mas em relação com o ecossistema. Ou seja, como contribuem para a continuidade da vida no planeta. Articula-se melhor a questão ecológica com a questão cultural, humana. A grande contribuição da ética biocêntrica reside em perceber que os outros seres não são coisas, mercadorias, meros objetos da manipulação humana. Eles têm alteridade, são um "outro", diferentes de nós. Por isso merecem ser respeitados. Esta ética também dá suporte para a criação da legislação ambiental. Elabora-se o conceito de "delito" ambiental: quem provoca impacto negativo sobre o ecossistema deve ser punido pela lei. O meio ambiente ganha valor não somente porque a humanidade precisa dele para sobreviver, mas porque é importante em si mesmo. O ser humano não está mais sozinho no centro do universo.

Na América Latina e no Caribe se desenvolveu uma terceira corrente ética. Ela sustenta que as questões ambientais, cada vez mais importantes para a humanidade, devem ser compreendidas em estreita relação com a cultura humana e as questões sociais. Embora "compromisso ecológico" e "compromisso social" tenham seu âmbito próprio e questões específicas, estão cada vez mais ligados. Fala-se, então, de *engajamento socioambiental*. Esta corrente critica a economia de mercado, que simultaneamente destrói as culturas dos "povos de raiz", dilapida o meio ambiente e cria uma multidão crescente de excluídos. Por isso, defende que as pessoas e os grupos que estão engajados na mudança da sociedade necessitam também de nova postura com relação ao meio ambiente. Os defensores da ecologia, de sua parte, devem incluir a luta pelos direitos humanos dos pobres.

Na prática, a conjugação do social com o ambiental acontece em vários movimentos, como as associações de recicladores, os grupos de socioeconomia solidária e algumas pastorais sociais da Igreja. Quando um ambientalista levanta a bandeira de defesa de determinado ecossistema, como a Amazônia, a Mata Atlântica, as savanas, o pantanal, os campos (ou pampas), já leva em conta também as populações humanas que interagem com aquele ambiente.

Vejamos qual corrente de pensamento predomina no *Documento de Aparecida*.

"O cenário ambiental" no Documento de Aparecida

83. A América Latina é o Continente que possui uma das maiores biodiversidades do planeta e uma rica sociodiversidade representada por seus povos e culturas. Estes possuem um grande acervo de conhecimentos tradicionais sobre a utilização dos recursos naturais, assim como sobre o valor medicinal de plantas e outros organismos vivos, muitos dos quais formam a base de sua economia. Tais conhecimentos são atualmente objeto de apropriação intelectual ilícita, sendo patenteados por indústrias farmacêuticas e de biogenética, gerando vulnerabilidade dos agricultores e suas famílias que dependem desses recursos para sua sobrevivência.

84. Nas decisões sobre as riquezas da biodiversidade e da natureza, as populações tradicionais têm sido praticamente excluídas. A natureza foi e continua sendo agredida. A terra foi depredada. As águas estão sendo tratadas como se fossem uma mercadoria negociável pelas empresas, além de terem sido transformadas em um bem disputado pelas grandes potências. Um exemplo muito importante nesta situação é a Amazônia.

86. A crescente agressão ao meio ambiente pode servir de pretexto para propostas de internacionalização da Amazônia, que só servem aos interesses econômicos das corporações internacionais. A sociedade panamazônica é pluriétnica, pluricultural e plurirreligiosa. Nela, cada vez mais, se intensifica a disputa pela ocupação do território. As populações tradicionais da região querem que seus territórios sejam reconhecidos e legalizados.

87. Além disso, constatamos o retrocesso das geleiras em todo o mundo: o degelo do Ártico, cujo impacto já está se vendo na flora e fauna desse ecossistema; também o aquecimento global se faz sentir no estrondoso crepitar dos blocos de gelo ártico que reduzem a cobertura glacial do Continente e que regula o clima do mundo. [...].

473a. A riqueza natural da América Latina e do Caribe experimenta hoje uma exploração irracional que vai deixando um rastro de dilapidação, inclusive de morte por toda a nossa região. Em todo esse processo, tem enorme responsabilidade o atual modelo econômico, que privilegia o desmedido afã pela riqueza, acima da vida das pessoas e dos povos e do respeito racional pela natureza. A devastação de nossas florestas e da biodiversidade mediante uma atitude predatória e egoísta envolve a responsabilidade moral daqueles que a promovem, porque coloca em perigo a vida de milhões de pessoas, em especial do hábitat dos camponeses e indígenas, que são expulsos para as terras improdutivas e para as grandes cidades para viverem amontoados nos cinturões de miséria.

473b. Nossa região tem necessidade de progredir em seu desenvolvimento agroindustrial para valorizar as riquezas de suas terras e suas capacidades humanas a serviço do bem comum. Porém, não podemos deixar de mencionar os problemas que uma industrialização selvagem e descontrolada causa em nossas cidades e no campo, que vai contaminando o ambiente com todo tipo de dejetos orgânicos e químicos. Da mesma forma é preciso alertar a respeito das indústrias extrativas de recursos que, quando não tem procedimentos para controlar e neutralizar seus efeitos danosos sobre o ambiente circundante, produzem a eliminação das florestas, a contaminação da água e transformam as regiões exploradas em imensos desertos.

Aparecida se move no horizonte da corrente ética socioambiental. Em coerência com essa visão, relaciona de forma adequada a biodiversidade dos nossos ecossistemas com a sociodiversidade humana. Denuncia a exclusão das populações tradicionais e a tendência à privatização da água. Considera a Amazônia como realidade complexa, sob pontos de vista diferentes e complementares. Alerta quanto ao aquecimento global. E emite um parecer crítico sobre o atual modelo econômico, como se verá também em outras partes do *Documento*. Não faz uma exaustiva caracterização dos problemas e desafios ambientais da atualidade. Alude brevemente a questões específicas importantes, como o alto poder destruidor das empresas de mineração, a geração dos resíduos sólidos e o processo de "industrialização selvagem" que induz a sérios problemas de ecologia urbana. O *Documento* incorpora o importante conceito de *biodiversidade*. É necessário compreendê-lo bem.

Enquanto ciência, a ecologia é fundamentalmente o estudo sobre como se relacionam todos os moradores da nossa "casa comum": os seres abióticos (ar, água, solo, energia do sol), os seres bióticos (micro-organismos, plantas e animais) e os humanos. Ora, a capacidade de resistência de uma "comunidade de vida" ou ecossistema depende da quantidade e da qualidade de diferentes seres presentes em determinado bioma, interagindo uns com os outros. O bioma amazônico é o mais rico em biodiversidade, pois nele se encontra uma quantidade enorme de espécies de plantas, insetos, fungos e tantos outros seres em relação como em nenhum outro canto do mundo. Ora, quanto maior a biodiversidade de um bioma ou de determinada área física, maiores são as possibilidades de ele se recuperar das agressões que sofre. Quanto menor a biodiversidade, mais frágil. Um rio que tem matas ciliares, diversas plantas aquáticas, insetos, anfíbios e peixes, se recupera mais rapidamente da poluição do que um rio que tem pouca biodiversidade. As monoculturas de soja ou de eucalipto são exemplo de ausência de biodiversidade.

Biodiversidade lembra que as relações entre os seres no ecossistema não são somente de predação (cadeia alimentar) ou competição, mas sobretudo de cooperação. A interdependência é uma das lições da *ecoalfabetização*, tal como propõe F. Capra. Segundo o autor,

> todos os membros de uma comunidade ecológica estão interligados numa vasta e intrincada rede de relações, a teia da vida. Eles derivam suas propriedades essenciais e a própria existência de suas relações com outras coisas. A interdependência – a dependência mútua de todos os processos vitais dos organismos – é típica de todas as relações ecológicas. O comportamento de cada membro vivo do ecossistema depende do comportamento de muitos outros. O sucesso da comunidade toda depende do sucesso de cada um de seus membros, enquanto o sucesso de cada membro depende do sucesso da comunidade como um todo.

Entender a interdependência ecológica significa entender relações (ver meu blog <http://ecologiaefe.blogspot.com>, tema "Alfabetização ecológica").

Ora, da mesma forma como a biodiversidade é importante para a resistência e resiliência de um ecossistema, assim também acontece com sociodiversidade nas comunidades humanas. Uma comunidade sustentável está ciente das múltiplas relações entre seus membros. Nutrir a comunidade significa nutrir essas relações. Aprender a conviver e a respeitar os diferentes grupos humanos (étnicos, culturais, de gênero e geracionais) nos faz mais fortes e sábios. Ao contrário, sociedades intolerantes e excludentes revelam-se, no correr do tempo, frágeis e insustentáveis.

O *Documento de Aparecida* articulou parcialmente biodiversidade com sociodiversidade. Poderia ter mostrado como a primeira inspira a segunda, e vice-versa, em termos de flexibilidade e relacionalidade. F. Capra, num conhecido artigo intitulado *Ecoalfabetização e sustentabilidade*,[1] diz que

nos ecossistemas, o papel da diversidade está estreitamente ligado com a estrutura em rede do sistema. Um ecossistema diversificado será flexível, pois contém muitas espécies com funções ecológicas sobrepostas que podem, parcialmente, substituir umas às outras. Quando uma determinada espécie é destruída por uma perturbação séria, de modo que um elo da rede seja quebrado, uma comunidade diversificada será capaz de sobreviver e de se reorganizar, pois outros elos da rede podem, pelo menos parcialmente, preencher a função da espécie destruída.

Em outras palavras, quanto mais complexa for a rede, quanto mais complexo for o seu padrão de interconexões, mais elástica ela será. Nos ecossistemas, a complexidade da rede é uma consequência da sua biodiversidade e, desse modo, uma comunidade ecológica diversificada é uma comunidade elástica. Nas comunidades humanas, a diversidade étnica, cultural, generacional e de gênero desempenha o mesmo papel. Diversidade significa muitas relações diferentes e muitas abordagens distintas da mesma questão. Uma comunidade diversificada é uma comunidade elástica, capaz de se adaptar a situações mutáveis.

---

[1] Disponível em: <http://ecologiaefe.blogspot.com/search/label/Alfabetiza%C3%A7%C3%A3o%20 ecol%C3%B3gica>.

Segundo Capra, a diversidade só será uma vantagem estratégica se houver uma comunidade realmente vibrante, sustentada por uma teia de relações. Se estiver fragmentada em grupos e em indivíduos isolados, a diversidade poderá tornar-se uma fonte de preconceitos e de atrito. Porém, se houver consciência da interdependência de todos os seus membros, a diversidade enriquecerá todas as relações e, desse modo, potencializará a comunidade como um todo, bem como cada um dos seus membros. Assim, as informações e as ideias fluirão livremente por toda a rede, e a diversidade de interpretações e de estilos de aprendizagem – até mesmo a diversidade de erros – contribuirá para a evolução da humanidade. Essa é uma lição de vida importante para a Igreja e a sociedade.

Diálogo entre ecologia e fé cristã em Aparecida

A nova percepção do lugar dos seres humanos na nossa *casa comum*, proveniente da ecologia, abre novos horizontes para a fé cristã. A primeira mudança se reflete na visão sobre a criação. Na teologia tradicional, o discurso sobre a criação se ocupa em mostrar que Deus é o Criador de tudo e que ele fez todas as coisas a partir do nada. Deus é a causa última da criação, a origem sem origem. Ele criou até o sexto dia, depois descansou! Não existe a noção de historicidade nem de processo, pois a criação já terminou. Além disso, a mensagem positiva da teologia da criação é ofuscada pela ênfase no *pecado original* e em suas consequências para a humanidade. *Tudo era tão bom!* A cultura ocidental moderna serviu-se do texto bíblico da criação para legitimar que o ser humano "dominasse e submetesse todas as coisas" (Gn 1,26-28). Ele é o senhor e rei, o centro do universo.

A teologia em diálogo com o mundo moderno pensa a criação de outra forma. Com a ajuda da hermenêutica bíblica, afirma que os relatos de Gênesis 1–2 são simbólicos. Não competem com as ciências naturais, como a arqueologia e a biologia, pois têm outra finalidade específica. A teoria da evolução não se contrapõe à fé, pois busca explicar o "como", enquanto a fé responde à questão do "porquê". Anuncia o sentido e o direcionamento da criação.

A teologia moderna mostra que toda a realidade material é boa, pois vem das mãos do Criador. De outra parte, acentua que tudo foi criado para o ser humano. Já a Teologia da Libertação enfatiza que Deus criou este mundo para todos. Desta destinação universal dos bens origina-se a exigência da justiça e da inclusão social.

Segundo a ecoteologia, o ser humano é chamado para ser senhor da criação, como Deus o é. Não se trata de um senhorio despótico e dominador. Ser "senhor da criação, à imagem de Deus", consiste em continuar o processo que Deus pôs em marcha, com a evolução do cosmo. Ao homem e à mulher compete administrar e direcionar a criação com respeito e sabedoria. Além disso, relembra que há dois relatos da criação, em Gênesis 1–2. No segundo, se diz que o ser humano é criado do barro da terra e do espírito vivificador de Javé. Tem a mesma origem das outras criaturas, é filho da terra! E Deus lhe confia a bela missão de cuidar e cultivar o jardim (Gn 2,15). Há uma mudança de sentido: da dominação para o cuidado.

A ecoteologia mostra também que a criação é trinitária. Embora se atribua normalmente ao Pai a missão de criar o mundo, a Bíblia nos recorda que Deus cria o mundo pela sua palavra (Jo 1,1; Hb 1,2). Se a comunidade da vida, a nossa casa comum, é criada pelo Filho, que é o *logos* de Deus, então ela tem inteligibilidade e razão, sentido e direção. O mundo não é um mero palco onde acontece a história da perdição e da salvação, reservada exclusivamente aos seres humanos. Afirmar que em Cristo todos os seres foram criados e nele serão recapitulados (Ef 1,10) significa aceitar que eles participam também da salvação e da consumação, de uma forma diferente de nós, os humanos.

O grande teólogo contemporâneo J. Moltmann desenvolveu, em sua clássica obra *Deus na criação* a dimensão trinitária da criação. Ele destaca a participação do Espírito neste processo. Segundo Moltmann, o Espírito leva a termo a atuação do Pai e do Filho. O Deus Uno e Trino inspira sua criação sem interrupção alguma. Tudo quanto é, existe e vive sob o permanente afluxo das energias e possibilidades do Espírito cósmico. O Criador mesmo está presente em sua criação mediante as energias e possibilidades do Espírito. Entra nela e é, ao mesmo tempo, imanente a ela. O Salmo 104(103),29s ("[...] Mandas teu espírito, são criados, e assim renovas a face da terra. [...]") fundamenta a criação no Espírito. As criaturas são criadas com o afluxo permanente do Espírito divino, existem no Espírito e são renovadas mediante ele. Se o Espírito Santo é derramado sobre toda criatura, então a fonte da vida está presente em tudo o que é e vive. Todos os seres manifestam a presença da divina fonte da vida. Ora, o Espírito cria a comunhão de todas as criaturas com Deus e entre elas mesmas. Então, a existência, a vida e o tecido das relações recíprocas subsistem no Espírito: "nele vivemos, nos movemos e existimos" (At 17,28).

Moltmann retoma o conceito de "interdependência", vindo da ecologia, e lhe dá uma conotação teológica. Nos ecossistemas, o todo é mais do que a soma das partes e os seres se relacionam entre si de muitas formas. Ora, é o Espírito Santo que age nas múltiplas inter-relações de todos os componentes da criação. O característico da criação no Espírito é, pois, a cooperação. As conexões manifestam a presença do Espírito na medida em que permitem conhecer a harmonia global. Assim atua o Espírito de Deus, introduzindo-se no mundo sem confundir-se com ele. Este mundo está aberto ao futuro do Reino da glória, que renovará, unirá e consumará a terra e o céu. O Espírito que cria também conserva, renova e leva à consumação.[2]

A visão ecológica da fé cristã não se ocupa somente da questão prática de como cuidar de nossa casa comum. Ela inclui também uma forma própria de cultivar a relação com o Deus da Vida, a *espiritualidade*. Em continuidade com a Teologia da Libertação, a espiritualidade ecológica estimula a experiência de Deus encarnada nas realidades históricas, com perfil comunitário e estrutural. Considera matéria e espírito de forma integrada. Aprende da Teologia da Libertação a escutar o apelo de Deus a partir do *grito dos pobres*. E a complementa, apurando a sensibilidade para captar os sinais de Deus no *grito da Terra*. Desenvolve a prática de

---

[2]   MOLTMANN, Jürgen. *Dios en la creación*. Salamanca: Sígueme, 1997. p. 22-26.

louvar a Deus em todas as suas criaturas, proclamando que o mesmo Deus Criador é o libertador, como aparece nos Salmos 135-136. Busca articular o olhar profético com a perspectiva sapiencial. Da teologia latino-americana recebe a consciência inquieta e a indignação diante das injustiças. Com ela cultiva o encantamento, a ação de graças a Deus que chama à vida todos os seres. A espiritualidade ecológica nos presenteia este olhar encantado sobre a vida, o êxtase diante da beleza da criação, esta casa comum que Deus nos concede. Um dos elementos originais da ecoteologia latino-americana está justamente na conjugação da indignação com o encantamento, da denúncia profética com a sabedoria que aprende da natureza, do "olhar com muitos olhares", que simultaneamente inclui o ambiental e o social, a pessoa e as suas relações.

Vejamos o que o *Documento de Aparecida* captou e legitimou deste diálogo profícuo da fé cristã com a ecologia em nosso continente.

125. Junto com os povos originários da América, louvamos ao Senhor que criou o universo como espaço para a vida e a convivência de todos os seus filhos e filhas e no-los deixou como sinal de sua bondade e de sua beleza. A criação também é manifestação do amor providente de Deus; foi-nos entregue para que cuidemos dela e a transformemos em fonte de vida digna para todos. Ainda que hoje se tenha generalizado maior valorização da natureza, percebemos claramente de quantas maneiras o homem ameaça e inclusive destrói seu "habitát". "Nossa irmã a mãe terra" é nossa casa comum e o lugar da aliança de Deus com os seres humanos e com toda a criação. Desatender as mútuas relações e o equilíbrio que o próprio Deus estabeleceu entre as realidades criadas, é uma ofensa ao Criador, um atentado contra a biodiversidade e, definitivamente, contra a vida. O discípulo missionário, a quem Deus confiou a criação, deve contemplá-la, cuidar dela e utilizá-la, respeitando sempre a ordem dada pelo Criador.

126. A melhor forma de respeitar a natureza é promover uma ecologia humana aberta à transcendência que, respeitando a pessoa e a família, os ambientes e as cidades, segue a indicação paulina de recapitular as coisas em Cristo e de louvar com ele ao Pai (cf. 1 Cor 3,21-23). O Senhor entregou o mundo para todos, para os das gerações presentes e futuras. O destino universal dos bens exige a solidariedade com as gerações presentes e as futuras. Visto que os recursos são cada vez mais limitados, seu uso deve estar regulado

segundo um princípio de justiça distributiva, respeitando o desenvolvimento sustentável.

470. Como discípulos de Jesus, sentimo-nos convidados a dar graças pelo dom da criação, reflexo da sabedoria e da beleza do *Lógos* criador. No desígnio maravilhoso de Deus, o homem e a mulher são convocados a viver em comunhão com ele, em comunhão entre si e com toda a criação. O Deus da vida confiou ao ser humano sua obra criadora para que "a cultivasse e a guardasse" (Gn 2,15). Jesus conhecia bem a preocupação do Pai pelas criaturas que ele alimenta (cf. Lc 12,24) e embeleza (cf. Lc 12,27). E enquanto andava pelos caminhos de sua terra, não só se detinha para contemplar a formosura da natureza, mas também convidava seus discípulos a reconhecer a mensagem escondida nas coisas (cf. Lc 12,24-27; Jo 4,35). As criaturas do Pai dão glória "com sua existência mesma", e por isso o ser humano deve fazer uso delas com cuidado e delicadeza.

471. A América Latina e o Caribe estão se conscientizando da natureza como uma herança gratuita que recebemos para proteger, como espaço precioso da convivência humana e como responsabilidade cuidadosa do senhorio do homem para o bem de todos. Essa herança muitas vezes se manifesta frágil e indefesa diante dos poderes econômicos e tecnológicos. Por isso, como profetas da vida, queremos insistir que, nas intervenções sobre os recursos naturais, não predominem os interesses de grupos econômicos que arrasam irracionalmente as fontes de vida, em prejuízo de nações inteiras e da própria humanidade. As gerações que nos sucederão têm direito a receber um mundo habitável e não um planeta com ar contaminado. [...]

De forma breve, o *Documento de Aparecida* contempla os temas centrais da ecoteologia contemporânea. Explicita uma teologia da criação que contempla todos os seres e supera os equívocos do antropocentrismo. Na relação do ser humano com o ecossistema, articula corretamente a proposta de Gênesis 1 (senhorio) com Gênesis 2 (interdependência e cuidado com o jardim). Utiliza a bela expressão "profetas da vida" ao fazer uma denúncia sobre as questões estruturais e os interesses econômicos que subjazem à questão ambiental. Transparece uma postura de louvor, de encantamento e também de indignação. Retoma o tema-chave da biodiversidade. Vai além de uma posição idealista e conservacionista, que confunde ecologia com manutenção de áreas de preservação ambiental. Neste sentido, fala de "ecologia humana" e "mundo habitável".

Há algumas ausências no que se refere à Trindade e ao Espírito Santo, em perspectiva ecológica. Aparecida poderia chegar à afirmação de que o amor trinitário que circula entre o Pai, o Filho e o Espírito (pericorese) é o fundamento teológico da biodiversidade e da sociodiversidade. Faltou também a conexão entre *interdependência* e *Espírito Santo,* como fez Moltmann. No momento em que o Pentecostalismo cresce tanto na América Latina como no Caribe, é preciso uma pneumatologia que ajude a superar a dicotomia entre matéria e espírito e que perceba a atuação do Espírito Santo não somente no coração dos fiéis, mas também no coração da evolução do cosmo e da ambígua história humana.

No *Documento* existem umas imprecisões. Destacaremos aqui duas: os conceitos de *natureza* e de *desenvolvimento sustentável.* Muitos dos que atuam no movimento ecológico têm evitado o termo "natureza" por acharem que não contempla suficientemente a interdependência e as relações dos seres no ecossistema. Soa como algo estático, fixo, abstrato e sem relação conosco. Por causa da ação antrópica generalizada e dos impactos ambientais sistêmicos, alterando em todo o planeta o clima, o regime das chuvas, as correntes marítimas e de ar, não mais existe uma "natureza" intocada e independente do ser humano.

Para levar em conta o meio físico (no qual se incluem o ar, o solo, a água e a energia do sol), o meio biótico (no qual interagem os micro-organismos, as plantas e os animais) e o meio cultural humano, utilizam-se hoje outros termos. Entre eles, destacam-se: *nossa casa comum* (também presente em Aparecida), *bioesfera, comunidade da vida, ecossistema* e *ambiente vital.* Os seres humanos fazem parte do ambiente e estão em constante relação com ele. Na pastoral, deve-se buscar os termos mais adequados e que sejam de fácil compreensão.

O *Documento de Aparecida* usa timidamente o termo *desenvolvimento sustentável,* sem explicá-lo. Há uma batalha em torno dessa questão. Para alguns pensadores contemporâneos, é impossível promover um desenvolvimento sustentável, pois o próprio conceito de *desenvolvimento* é questionável. Este pressupõe uma espiral sempre crescente de produção, transporte, consumo e descarte de bens, relacionada com uma absurda demanda energética. Leva à adoção do estilo de vida ocidental, com seus valores típicos e um ritmo cotidiano acelerado, regido pelo tempo das tarefas. Ora, é preciso repensar o modelo que está na base da economia de mercado, que não somente degrada o ambiente, mas também gera exclusão de povos e de grupos sociais. É necessário ainda considerar que outros povos podem ser igualmente desenvolvidos sem que tenham de se sujeitar ao padrão de vida ocidental moderno, seus hábitos e formas de elaborar significados.

O tema "desenvolvimento sustentável" foi apropriado pelos grandes promotores do mercado global, em benefício próprio, de forma a agregar valor a seus produtos e serviços. Empresas internacionais, que têm aniquilado o solo, poluído as nascentes e desalojado povos tradicionais, usam o mote do "desenvolvimento sustentável", justificando-se por detrás de ações mitigadoras ou compensatórias. No primeiro caso, diminuem o impacto ambiental negativo. No segundo, investem em outras iniciativas, para compensar parte do dano irreparável.

Apesar de tantas interpretações distintas e de tentativas de manipulação do conceito, caminha-se hoje para certo consenso em torno da adoção do tema "sustentabilidade", em substituição a "desenvolvimento sustentável". A sustentabilidade inclui necessariamente três elementos: viabilidade econômica (autossustentação), equidade social e equilíbrio do ecossistema. Ou seja, é simultaneamente econômica, social e ambiental. É claro que uma empresa privilegiará o aspecto econômico, enquanto as pastorais populares enfatizarão os aspectos sociais e as ONGs que atuam na ecologia, o aspecto ambiental. No entanto, os três aspectos são necessários para a continuidade da vida no nosso planeta.

A vertente prática da ecologia em Aparecida

O *Documento de Aparecida* faz algumas propostas, para que a Igreja se engaje na questão socioambiental. Vejamos:

472. A Igreja agradece a todos os que se ocupam com a defesa da vida e do ambiente. É necessário dar especial importância à mais grave destruição em curso da ecologia humana. A Igreja está próxima aos homens do campo que, com amor generoso, trabalham duramente a terra para tirar, à vezes em condições extremamente difíceis, o sustento para suas famílias e levar os frutos da terra a todos. Valoriza especialmente os indígenas por seu respeito à natureza e pelo amor à mãe terra como fonte de alimento, casa comum e altar da partilha humana.

474. Diante desta situação, oferecemos algumas propostas e orientações:

a) Evangelizar nossos povos para que descubram o dom da criação, sabendo contemplá-la e cuidar dela como casa de todos os seres vivos e matriz da vida do planeta, a fim de exercerem responsavelmente o senhorio humano sobre a terra e sobre os recursos, para que possam render todos os seus frutos em uma destinação universal, educando para um estilo de vida de sobriedade e austeridade solidárias.

b) Aprofundar a presença pastoral nas populações mais frágeis e ameaçadas pelo desenvolvimento predatório, e apoiá-las em seus esforços para conseguir equitativa distribuição da terra, da água e dos espaços urbanos.

c) Procurar um modelo de desenvolvimento alternativo, integral e solidário, baseado em uma ética que inclua a responsabilidade por uma autêntica ecologia natural e humana, que se fundamente no evangelho da justiça, da solidariedade e do destino universal dos bens, e que supere a lógica utilitarista e individualista, que não submete os poderes econômicos e tecnológicos a critérios éticos. Portanto, estimular nossos homens do campo a se organizarem de tal maneira que possam conseguir sua justa reivindicação.

d) Empenhar nossos esforços na implantação de políticas públicas e participações cidadãs que garantam a proteção, conservação e restauração da natureza.

e) Determinar medidas de monitoramento e controle social sobre a aplicação dos padrões ambientais internacionais nos países.

475. Criar nas Américas consciência sobre a importância da Amazônia para toda a humanidade. Estabelecer entre as Igrejas locais de diversos países sul-americanos, que estão na bacia amazônica, uma pastoral de conjunto com prioridades diferenciadas para criar um modelo de desenvolvimento que privilegie os pobres e sirva ao bem comum. Apoiar, com os recursos humanos e financeiros necessários, a Igreja que vive na Amazônia, para que continue proclamando o evangelho da vida e desenvolva seu trabalho pastoral na

formação de leigos e sacerdotes através de seminários, cursos, intercâmbios, visitas às comunidades e material educativo.

É importante que a Igreja reconheça a atuação e agradeça publicamente àqueles(as) que se empenham na defesa da vida e do ambiente, como faz em Aparecida. Aliás, esta deve ser a atitude constante de quem busca o diálogo na promoção da vida: identificar seus parceiros e colaboradores nesta causa comum. No entanto, o *Documento* não nomeia os potenciais interlocutores da Igreja em vista da ação eficaz. Recorda somente os "homens do campo" (lavradores) e os indígenas, que são esquecidos e ignorados na sociedade urbana moderna. Se efetivamente a Igreja quer fazer algo que tenha resultado, deve implementar processos no seu âmbito de atuação, aumentar as parcerias e pressionar o poder público. E algumas dessas ações estão contempladas no *Documento*. Para a comunidade eclesial realizar aquilo que Aparecida indica, deve conhecer seus potenciais parceiros no movimento ecológico. Além disso, utilizar com eles os instrumentais da educação ambiental e da gestão ambiental.

Em todas as partes de mundo, há pessoas que cuidam do meio ambiente e estão comprometidas com a causa do nosso planeta. Recordemos os componentes deste amplo leque, sobretudo em nosso continente. Na América Latina e no Caribe ganham destaque, em primeiro lugar, os povos tradicionais (indígenas, quilombolas, ribeirinhos, camponeses), que estabelecem uma relação próxima com a Terra, considerando-a sagrada e chamado-a carinhosamente de "mãe". É uma consciência ecológica intuitiva, enraizada em valores de culturas antigas e conectada com uma visão religiosa do mundo. Tais grupos têm sofrido enorme desgaste e diminuição numérica por causa da crescente invasão do mundo urbano globalizado e consumista. Não se sabe como e até quando sua visão ecológica irá resistir à sedução da sociedade moderna. Hoje eles são uma importante referência simbólica para a causa socioambiental.

Nos últimos anos, eclodiram movimentos urbanos de pobres, que são simultaneamente sociais e ambientais. Bem conhecidas são as associações de recicladores de resíduos sólidos (o que se chama popularmente de "lixo"). Ganham corpo ainda as iniciativas de Socioeconomia Solidária que incorporam na sua prática diversas atitudes ecológicas, como a agricultura orgânica, redução e reaproveitamento de resíduos, adoção de matéria-prima natural, uso de tecnologias alternativas, uso sábio de energia e de água. Eles são importantes interlocutores da Igreja e também se constituem em vários grupos na pastoral popular.

Em muitos países do nosso continente, surgem grupos de pastoral comprometidos com a questão ecológica. Empenham-se na defesa dos rios, lutam para manter a água como bem público, questionam o agronegócio e a exploração das mineradoras, conscientizam a população, difundem o uso de ervas e da medicina popular, atuam na segurança alimentar etc. Nesses setores populares e eclesiais, as iniciativas ecológicas têm uma nítida conotação social e política. Por isso se cunhou a expressão "socioambiental", para expressar que é uma causa única. Trata-se de lutar por um novo modelo de sociedade, que respeite o ambiente e inclua os pobres, as mulheres e as diferentes etnias e culturas.

Há ainda outros interlocutores. Na classe média, existem pessoas e grupos comprometidos com a questão ambiental. Por questões ideológicas, às vezes esta luta pela defesa do ecossistema não está relacionada com uma consciência social. Dos setores médios da sociedade surge também um significativo contingente de voluntários que atuam em ONGs voltadas para a questão ambiental, algumas delas com nítida ação local e outras de abrangência regional, nacional e até internacional.

No meio educacional, cada vez mais destacam-se pessoas e organizações que se empenham pela sustentabilidade. Difundem uma nova visão, na qual o ser humano é compreendido em relação com os outros seres. Professores(as) em escolas públicas e privadas despertam a consciência ambiental em seus alunos. Mobilizam e conscientizam crianças e adolescentes para o consumo consciente, o cuidado com o seu entorno e com o planeta. De igual forma, existem grupos organizados em universidades, reunindo pessoas de diferentes áreas do saber, que atuam na educação ambiental, bem como na descoberta de tecnologias alternativas. Na mídia (rádio, TV, jornais, internet), alguns profissionais desempenham importante missão de denunciar a destruição do ambiente e apresentar experiências bem-sucedidas, que são referência na busca de novas soluções.

Há um movimento de empresários que incorporam a questão ambiental. Eles defendem o chamado "desenvolvimento sustentável", promovem iniciativa de educação ambiental e o "marketing verde". As motivações são diversas. Alguns grupos defendem a economia de mercado, ao mesmo tempo que buscam efetivamente reduzir o impacto ambiental das atividades empresariais. Usam o aparato tecnológico disponível, adotam procedimentos para diminuir a poluição, promover um consumo inteligente da água e da energia, gerir os resíduos, reduzir a emissão de gases do efeito estufa (como CO_2 e metano) etc. Em suma, adotam a "ecoeficiência". Eles têm uma contribuição a dar para a Igreja e a sociedade.

E não se pode esquecer, nesse empenho coletivo, de uma minoria de políticos, técnicos e pesquisadores que aderiram à causa ambiental e atuam no âmbito do poder público. Escrevem leis, participam de debates públicos, implantam a gestão ambiental e a educação ambiental, criam mecanismos de controle e punição, implantam sistemas de melhoria da qualidade da vida, incluindo o amplo acesso à água tratada e ao saneamento básico. Ou seja, empenham-se para que haja políticas públicas referentes ao ambiente. E tais iniciativas somente têm bom resultado quando há envolvimento e participação da população. Tal segmento, por causa do apoio ou da pressão de grupos e ONGs ambientalistas, leva adiante o compromisso de tecer uma "governança planetária", no que diz respeito à ecologia. Nesse sentido, ganham crescente respeitabilidade os *encontros internacionais* que estabelecem compromissos e metas a ser cumpridas por todos os países envolvidos. Graças a um desses encontros, por exemplo, estabeleceu-se uma norma mundial que levou a banir a produção do CFC, um gás que estava provocando o desaparecimento da camada de ozônio da Terra.

No sentido ético e social, a ecologia consiste em um amplo e diversificado *movimento*, do qual fazem parte cidadãos comuns, ambientalistas, ONGs, grupos religiosos, pesquisadores, cientistas, empreendedores, educadores, voluntários de todo tipo. Alimentam o compromisso de fazer algo para o bem do nosso planeta. De formas distintas, com intensidade e profundidade diferentes, todos contribuem para diminuir o efeito negativo da ação humana sobre o ambiente e fazem ver às pessoas que ecologia exige novas atitudes e novas estruturas. Como tal, o movimento ecológico não tem hierarquia nem mecanismos de controle ideológico. Organiza-se sobretudo como *rede* em torno de causas comuns, de diferentes amplitudes. Desde a ação local até os protocolos intergovernamentais de abrangência mundial. Neste campo deve atuar a Igreja, preparando lideranças cristãs que aí atuam, acompanhando as já existentes, aprendendo e ensinando, como luz e fermento. Um excelente campo para ser discípulos e missionários de Jesus!

Hoje valoriza-se muito a "educação ambiental". Ela consiste numa série de processos que visam a criar nova mentalidade e posturas na relação do ser humano com a nossa casa comum. Não é uma coisa elementar, como "jogar lixo no lixo", ou "cuidar de uma plantinha". Visa algo bem mais amplo: a reeducação da humanidade, a mudança da percepção do mundo e dos valores que a orientam. Até agora, nós fomos educados numa mentalidade de que podíamos nos servir das plantas, dos animais, da água, do ar e do solo, como se fossem "coisas". Imaginava-se que a terra era algo ao nosso dispor. O ser humano retiraria dela os seus recursos, transformaria em produtos úteis para seu consumo e jogaria de volta o que não prestasse mais. O mundo parecia um grande "saco sem fundo". O progresso, algo ilimitado! Mas a realidade não é assim.

A educação ambiental visa a ajudar o ser humano a tomar consciência do que significa estar no mundo, interagindo com todos os outros seres. Ela transmite informações sobre o meio ambiente, apura a sensibilidade, faz refletir sobre o sentido da atuação humana no ecossistema, suscita ações individuais e coletivas, conferindo poder à comunidade local como protagonista de mudança. Tem, portanto, uma vertente prática. O seu resultado é medido pela quantidade e qualidades das ações pessoais e coletivas.

A humanidade somente poderá reverter o quadro de destruição do ecossistema e garantir a continuidade da vida no nosso planeta se houver atuação simultânea de vários atores sociais, em diferentes frentes. A crise ambiental é sobretudo uma crise de valores, pois diz respeito à forma como o ser humano considera o entorno e orienta sua ação cotidiana. Por isso exige-se atitudes pessoais novas, que incluem o consumo consciente, a simplicidade voluntária, o cuidado com o ambiente e uma consciência que vai além dos interesses do indivíduo. Nesse sentido, é fundamental promover a educação ambiental em vários espaços: nas escolas, na universidade, nos grupos sociais e religiosos. De sua parte, a Igreja deve colaborar nas iniciativas existentes de educação ambiental, bem como inserir a educação ambiental em todos os seus processos de formação. Desde a catequese de crianças até a formação de teólogos(as), religiosos(as) e presbíteros.

Os movimentos cidadãos têm a importante missão de denunciar os problemas ambientais e os seus promotores, animar a população e suscitar esperança. Se eles encontram apoio e visibilidade na mídia, multiplicam enormemente a abrangência de sua atuação. Na mesma direção, todas as iniciativas de gestão e tecnologia ambientais são fundamentais para gestar um novo modelo de produção, distribuição, consumo e descarte dos bens. Por fim, leis ambientais, efetivamente cumpridas, apoiadas em políticas públicas com participação da população. Portanto, há simultaneidade e complementaridade de educação ambiental, gestão e tecnologia ambientais, política socioambiental e ecocomunicação.

As instituições da Igreja, tais como paróquias, escolas, obras sociais, hospitais, rádios, TVs, jornais e revistas, têm um longo caminho a fazer, no sentido de despertar para a consciência socioambiental. Os gestos falam mais do que as palavras. Essas instituições necessitam adotar urgentemente uma política ambiental, traduzi-la em um sistema de gestão ambiental em vista da sustentabilidade, e difundi-la, para que contagie mais pessoas. É preciso ir rápido, para recuperar o atraso.

Nesse contexto amplo de muitos interlocutores e parceiros, a Igreja (e suas pastorais) estabelecerá crescentes parcerias, para tornar concreto o sonho de uma sociedade justa, solidária e sustentável. O *Documento da Aparecida* estimula tal processo de diálogo e serviço da fé cristã em relação à ecologia. Agora, depende de nós.

Bibliografia

MOLTMANN, J. *Dios en la creacíon.* Salamanca: Sigueme, 1987.

JUNGES, J. R. *Ética ambiental.* São Leopoldo: Unisinos, 2004.

SOTER (org.). *Sustentabilidade da vida e espiritualidade.* São Paulo: Paulinas, 2007.

BOFF, L. *Ecologia: grito da Terra, grito dos pobres.* Rio de Janeiro: Sextante, 2004.

CAPRA, F.; STONE, M. K.; BARLOW, Z. (orgs.). *Alfabetização ecológica.* São Paulo: Cutrix, 2006.

Dívida ecológica e evangelização

Leonardo Boff[*]

Entre as muitas dívidas que a nossa sociedade e as Igrejas possuem é a dívida ecológica, uma das mais pesadas por causa das consequências futuras que comporta. A ecologia é mais que uma técnica de gerenciamento de recursos escassos. É antes uma arte e um novo padrão de relacionamento para com a natureza, fazendo com que atendamos de forma suficiente às nossas demandas, sem sacrificar o sistema Terra, em consideração também às gerações futuras.

No sistema Terra se encontram todos os ecossistemas com seus devidos representantes. Mais que se ocupar com cada um deles, tomados isoladamente, a ecologia se preocupa com as relações existentes entre eles e todos com o seu respectivo meio ambiente, visando manter seu equilíbrio dinâmico, sua preservação, sua regeneração e capacidade de evolução.

As dívidas que temos incidem sobre as quatro vertentes principais da preocupação ecológica.

Temos uma *dívida ecológico-ambiental* formada pela insuficiente qualidade de vida de nossa sociedade. Liquidamos cerca de 2/3 das florestas e a cada dia se abatem cem campos de futebol da floresta amazônica, quimicalizamos grande parte dos alimentos, 53% da população não tem saneamento básico, desperdiçamos quase metade da água doce que usamos e a atmosfera de nossas metrópoles é pesadamente contaminada. Já entramos no aquecimento global, que irá trazer grandes danos à biodiversidade e poderá produzir, a partir dos anos 2030, entre 150 e 200 milhões de emigrados climáticos. O consumo humano já exige um terço

---

[*] Teólogo, filósofo, escritor, professor e ecologista. É um dos fundadores da Teologia da Libertação, junto com Gustavo Gutiérrez.

a mais da Terra, o que torna problemática a sustentabilidade global. Só saldaremos esta dívida com a moeda do respeito e do cuidado para com a natureza.

Temos uma *dívida ecológico-social* formada pela injustiça social e ecológica. Estamos cansados de meio ambiente. Queremos o ambiente inteiro. Quer dizer, queremos o ser humano inserido nele, criando relações com a natureza e com os demais seres humanos, de forma que possa comer com decência, trabalhar para viver com qualidade, morar sem risco. Muitos administradores embelezam as cidades com praças, monumentos e parques, mas mantêm um péssimo sistema de segurança, abandonam os hospitais, descuidam do ensino de qualidade e não montam uma estrutura adequada de água e esgoto. A injustiça ecológica se soma à injustiça social. Cerca de 860 milhões de pessoas passam fome crônica e mais de um bilhão possui água insuficiente ou maltratada. Ainda hoje morrem cerca de quinze milhões de crianças até 7 anos por doenças totalmente tratáveis. Só pagaremos esta dívida se dermos centralidade não ao mercado, mas ao ser humano; não à competição, mas à colaboração.

Temos uma dívida *ecológico-mental* formada pelos preconceitos, visões de mundo errôneas, tradições que discriminam e não cuidam do capital natural. Especialmente grave é o excessivo antropocentrismo que penetrou em quase todas as culturas. Antropocentrismo é aquela atitude que coloca o ser humano no centro de tudo e que imagina que as coisas só têm razão de ser na medida em que se ordenam a ele, que pode dispor delas ao seu bel-prazer. Vê a Terra como algo inerte, *res extensa* sem espírito. Por isso pode ser explorada sem piedade. Hoje sabemos o que nossos povos originários testemunham: a Terra é um superorganismo vivo, Pacha Mama e Gaia. Nós somos filhos e filhas da Terra que entramos em cena quando 99,98% da história do universo e da Terra estava concluída. O ser humano é um elo da corrente da vida, embora singular, mas um entre outros com a responsabilidade ética de cuidar do e preservar o jardim do Éden. Há uma dívida a ser paga pelo sistema escolar, que não soube educar para a alteridade de raças, culturas e religiões. Nem ensinou a perceber a parte no Todo e o Todo na parte, assegurando uma visão holística. Dívida a ser paga também pelas Igrejas, que não souberam criar a consciência da reverência, da solidariedade cósmica e da responsabilidade pelo futuro comum. Pregaram um Deus desligado da criação e não como o Sopro que tudo vivifica e o Elo secreto que tudo liga e *re*-liga.

Temos uma dívida *ecológico-integral* formada pela fragmentação de nossos saberes. Cortamos a túnica inconsútil da realidade em mil pedacinhos e os estudamos esquecendo que eram partes do Todo. Desaprendemos a *re*-ligar todas as coisas e a ver o universo num grão de areia.

Somos fruto de um longo processo de evolução que já tem 13,7 bilhões de anos. Tudo está ligado a tudo, formando a grande rede de relações de energia, matéria, informação, constituindo o universo, do qual nós somos parte. Podemos reconhecer por detrás de todos os seres a Energia criadora de tudo, que liga e *re*-liga todas as coisas, fazendo que sejam um cosmo e não um caos. Essa Energia é o Espírito Criador, é Deus, que, sendo relação de pessoas, faz com que tudo na criação seja também constituído de relações includentes.

Só pagaremos esta dívida se aprendermos a ver o Todo em cada parte e em cada parte o Todo e a nos reencantar com ele. E quem sustenta e confere harmonia e ordem a este Todo é o Deus Criador, com quem o ser humano pode entreter um diálogo de amor e de veneração.

Ao pagar esta dívida, ganharemos em troca o sentimento de pertença a uma *realidade* maior. Percebemos que o universo e cada um de nós está ancorado no coração de Deus.

Não se fará uma evangelização que atenda aos desafios contemporâneos se não incluírmos o discurso ecológico. A humanidade agora está consciente de que desta vez não haverá uma Arca de Noé que salva alguns e deixa perecer os demais. As Igrejas, com o seu rico capital simbólico, sacramental e doutrinário, podem ajudar a salvar a vida humana e garantir a vitalidade da Terra.

DEUS NOS CRIOU, HOMEM E MULHER

BÁRBARA BUCKER[*]

Título breve, porém cheio de sentido. Afirma o ato criador de Deus sobre o ser humano, que só existe na referência mútua de gêneros. Esquecê-lo leva à "inumanidade", quando um gênero (uma raça, uma cultura, uma religião) domina e oprime outro. O Gênesis explica os profundos mistérios da vida humana remetendo aos "inícios". Assim fez Jesus para restituir o mandato de Deus sobre o Matrimônio, quando o machismo introduziu um pretenso direito do homem de despedir sua mulher unilateralmente.

Tomamos a "volta aos inícios" do Gênesis para toda a humanidade, para entender a mulher como imagem e semelhança de Deus. E regressamos aos "começos da Igreja como comunidade de discípulos e discípulas, de missionários e missionárias", na linha de Aparecida.

No *início da vida,* o texto bíblico diz que o humano é "imagem e semelhança" do Criador, dom gratuito a cada pessoa, mas também tarefa responsável que opta por se humanizar ou se desumanizar em seu modo de viver. A imagem e semelhança se manifestam em dois aspectos: dominar a terra e viver o mútuo amor de homem e de mulher como fonte de toda vida humana. O *domínio* é poder de pessoas para transformar as coisas. A vida deve estar fundada no respeito e no amor: nasce pela cooperação profunda e íntima de homem e mulher. Cresce no meio do amor dela e dele, e conduz ao amor para um novo ciclo vital.

A desumanização existe quando algumas pessoas usam e abusam de outras como se estas fossem somente meios. E isso aconteceu com a mulher. A "coisificação" do gênero degrada a pessoa abusada e a que abusa, pois ambas perdem o sentido da dignidade humana.

---

[*] Doutora em Teologia pela Pontifícia Universidade Católica do Rio de Janeiro, Brasil.

Se segundo o Gênesis somos, os dois gêneros, imagem e semelhança de Deus, são os dois que devem falar de Deus a partir de suas próprias perspectivas (isto significa *Teo*-logia, o *logos* é a palavra pensada). Durante séculos, a teologia foi monopólio do homem. Enquanto não existir e não se consolidar uma teologia feminista (há passagens significativas a partir de iniciativas audazes, como EFETA [<www.efeta.org>], levada adiante por uma de minhas irmãs, Mercedes Navarro Puerto), privamos a humanidade da vivência de imagem e semelhança de Deus que é própria da mulher. A Igreja deveria ter sido a promotora da teologia feminista. Foi o contrário. Excluiu a mulher dos centros de estudos teológicos. Hoje as coisas mudaram, mas não precisamente pela iniciativa de "cima", e sim pela constância e empenho das mulheres que assumiram a teologia como serviço ao Povo de Deus. Foi um gesto "profético".

Hoje somos convidadas a *voltar aos inícios da Igreja*. Aparecida significa isto. A Igreja, como toda comunidade humana, precisa de leis, organização, distribuição de poderes e tarefas. Este "aspecto humano" da Igreja (que chamamos "instituição") não pode ocultar a "realidade divina" do mistério. A Igreja é instituição para o serviço do mistério. Não existe para si mesma, mas para servir a vida das imagens de Deus convocadas pela fé em Jesus Cristo.

Aparecida nos diz que a Igreja, antes de ser instituição, é comunidade de irmãos e irmãs na fé. E as mulheres tiveram um protagonismo especial. Não eram "pessoal auxiliar" para os discípulos enviados em missão: elas escutavam o Mestre junto com os discípulos. Não há discipulado sem presença do Mestre. Se hoje queremos voltar a ser discípulos e missionários, temos de viver em contato direto, próximos pela presença de Jesus Cristo. Porém essa experiência – belamente descrita em Aparecida – parece que foi privilégio só da primeira geração. Aparecida nos esclarece o problema: distinguir o discipulado "pré-pascal" (único e irrepetível) e o "pós-pascal" (repetível até o fim dos séculos em quatro presenças: Palavra, Igreja, Eucaristia e Pobres). Neste artigo, procura-se examinar, nessas quatro presenças, os modos especificamente femininos que nunca podem faltar sem anular o projeto de Deus sobre a Igreja.

A *Palavra* é presença de Cristo. Ele, porém, não escreveu nenhuma página. Toda a Escritura foi escrita por seres humanos. A Igreja nos dá a certeza de que tanto os profetas como os evangelistas e apóstolos do Novo Testamento foram "inspirados" pelo Espírito de Deus. Em toda a Sagrada Escritura, o Evangelho é o centro, é a revelação de Deus em seu Filho. É lá onde devemos buscar os critérios evangélicos sobre o feminino para as duas comunidades, pré-pascais e pós-pascais.

A atitude de Jesus diante da mulher chamou a atenção de seus próprios discípulos. Defende duas mulheres pecadoras (Lc 7; Jo 8), elogiando a capacidade de amar pela gratuidade diante do perdão maior e salvando a outra porque ninguém está limpo para atirar a primeira pedra. A samaritana vive, num tempo muito breve, a dupla experiência do discipulado e da missão, anunciando aos seus compatriotas a Boa-Nova de Jesus.

Jesus teve atenções especiais para com suas discípulas, como Marta e Maria. A primeira se dedica a trabalhos "domésticos" próprios da mulher, mas Maria está totalmente imersa no "discipulado" e Jesus a elogia, diz que é a melhor opção e que não lhe será tirada, porque esta sua opção lhe pertence como mulher.

São também discípulas as mulheres que dão testemunho da ressurreição. Os apóstolos são "testemunhas oficiais", mas não os primeiros cronologicamente. O Espírito tem seus ritmos próprios.

Paulo – mal compreendido, como se fosse o responsável pelo antifeminismo quando reproduzia os costumes do culto judaico –, recorreu às mulheres para dar vida às comunidades, e descreve seu sofrimento de apóstolo como a "dor de parto".

Acolhendo o amor de Jesus para com as mulheres, estas descobrem sua vocação específica para o outro encontro com Cristo na Igreja.

A *Igreja* é a comunidade que recebe a Palavra e à qual temos acesso pelo Batismo. Diversamente da circuncisão judaica, o Batismo cristão é universal, de homens e de mulheres. O feminino pertence intimamente ao ser eclesial, porque uma mulher é a Mãe daquele que professamos como Filho de Deus. A Igreja não pode ser compreendida sem ela. Mas existe algo mais: se o feminino aparece na relação de filiação de Jesus, como Filho de sua Mãe, aparece também simbolicamente no caráter conjugal de Esposo diante de sua Esposa. O feminino é modelo de todo o ser da Igreja diante de Jesus Cristo. Se na Igreja o elemento da lei e da instituição é necessário, muito mais necessário é o caráter do amor que deve qualificar essa lei e essa vida institucional. E, para isso, o feminino é perspectiva adequada.

Para ilustrar o problema coloco este fato real: uma advogada que trabalha numa cúria episcopal, insistindo que a lei deve ser interpretada a partir do amor, recebeu como resposta (de um homem, certamente): "Se aplicar a lei, automaticamente expressará o amor". A aplicação da lei sem o discernimento do concreto não é automática em um direito praticado racionalmente. Jesus conheceu os legalismos farisaicamente interpretados e a Igreja não está isenta de poder exercer mal o dom recebido do Espírito. A Igreja, mistério de graça da parte de Deus, pode continuar sendo pecadora em seus membros. O feminino da Igreja, mãe de filhos na fé e esposa de Cristo, é acentuar que a lei do amor somente é relação autêntica com Cristo quando integra os dois elementos como exercício de uma liberdade madura.

O amor à Igreja, onde Cristo está presente e nos interpela como Mestre, é um aspecto essencial do discipulado e da missão, vividos a partir do feminino. É difícil amar a Igreja quando ela não se mostra tão perfeita como a queríamos, quando o exercício da autoridade parece seguir critérios do mundo distantes dos do Evangelho. No entanto, sem amor à Igreja nosso amor a Jesus separa em seu coração o que está dentro dele, porque também ama a Igreja *apesar de* seus pecados. O amor autêntico de filhos e filhas da Igreja é trabalhar com todo o coração e vida para que os valores da Igreja se aproximem e se integrem com os valores do Evangelho. No coração de cada batizado(a) se vive o drama doloroso das imperfeições da Igreja que a afastam de Jesus Cristo, e também nesse coração está o caminho de uni-las pela verdade e pela caridade. Aí o Espírito trabalhará.

A *Eucaristia* é um lugar privilegiado de presença do Mestre. Podemos repetir a frase de Marta a Maria: "O Mestre está aqui e te chama". O

Batismo e a Eucaristia têm uma unidade intrínseca na vivência da presença de Cristo, entendida a partir do seu sacerdócio. Pelo Batismo, o Espírito nos configura com Cristo, com todo ele, como rei, sacerdote e profeta.

A Carta aos Hebreus quer marcar, de uma vez por todas, a diferença radical do sacerdócio no Antigo Testamento e no Novo Testamento. Em Cristo se dá o único sacrifício, o único sacerdócio, do qual participam batizados e batizadas. O sacrifício único é imolado na Sexta-feira Santa, mas é significado já na Quinta-feira Santa. É preciso vincular o ministério presbiteral que realiza o sinal eucarístico pelo poder do Espírito com o sacrifício único da morte na cruz. Os sacramentos do Batismo e da Ordem Sagrada se centram no mistério da vida, morte e ressurreição de Jesus Cristo, com sua Páscoa, embora com diferenças segundo as vocações e dons de Deus. Já existe uma participação feminina do sacerdócio de Cristo que a coloca muito perto do Mistério Pascal.

Não entramos aqui na debatida questão sobre o sacerdócio da mulher. Em primeiro lugar, porque esse dom já lhe foi outorgado pelo Batismo e a deixa aberta para infinitas possibilidades de seu ser feminino que não se identificam somente com o exercício do ministério presbiteral. Em segundo lugar, porque a responsabilidade de viver a participação no único sacerdócio de Cristo engloba também tudo o que possa ter de discriminação. O que é absolutamente essencial para seguir o Mestre no discipulado e anunciá-lo na missão é configurar nossa vida e nossa morte com a Páscoa de Jesus. A configuração perfeita já aconteceu numa mulher, Maria, a Mãe de Jesus. Dela o Mestre recebeu seu existir humano, com ela conviveu sua vida oculta e muitos dos momentos de seu ministério profético. Ela esteve presente dolorosamente em toda a sua Paixão e ela acolhe o testamento de seu Filho na cruz, de ser a Mãe de todos os discípulos e missionários.

Existe aqui um campo imenso de oração e reflexão sobre a relação íntima do sinal da Quinta-feira Santa e do significado da Sexta-feira Santa, entre o sacramento da doação total do corpo e do sangue e o acontecimento da morte, entre cenáculo e Calvário. O sinal eucarístico dá seu fruto na páscoa de cada cristão que morre e, a cada dia, ressuscita pela fé. E esta reflexão as mulheres devem fazer em companhia de Maria. para se entregar ao serviço da Igreja pós-pascal, da qual Aparecida é um momento privilegiado.

O *pobre é* o quarto lugar do encontro com o Mestre. As três presenças anteriores só têm sentido a partir da fé, isto é, seu âmbito é o dos discípulos. A quarta presença, ao contrário, tem o caráter de "missão" para com aqueles que ainda não são crentes. Em termos de amor, há uma "invisibilidade" do amor a Deus e uma "visibilidade" do amor ao próximo. Quem diz que ama a Deus (em alguma coisa que não é verificável pelos sentidos) e não ama o próximo (em alguma coisa que é verificável) é um mentiroso, diz São João. Não tem valor o visível das "observâncias externas" da religião, se está ausente de nossa vida o amor ao próximo, concreto, visível.

A "presença" do pobre visível interpela com mais força a mulher porque lhe evoca o processo da gestação da vida como processo de viver a vida de outro ser "dentro de seu próprio ser". Ela sabe que o cuidar de si mesma é cuidar do fruto de suas entranhas. Por isso as instituições evocam o "útero social" no meio do qual as pessoas vivem e crescem. Porém, por outro lado, o instinto de maternidade exacerbado para com os próprios filhos pode levá-la a um "egoísmo familiar" que a isola da grande família humana. As comunidades e as sociedades oferecem proteção aos membros que as formam, porém podem fechar-se em si mesmas, excluindo os que são estranhos às suas organizações. A humanidade criada por Deus é extensa na soma de todos, mas em cada pessoa há uma dignidade idêntica à dos demais. Nosso amor não pode abarcar todas as pessoas, mas nas poucas que realmente podemos amar deve se manifestar um amor exclusivo. Como "membros" de sociedades, religiões, raças, nos dividimos, mas todos somos iguais como portadores de dignidade humana. A palavra que encarna essa igualdade é a palavra "próximo". Amá-lo em sua necessidade, e também em sua dignidade de pessoa, leva a superar todas as divisões criadas pelas tradições humanas.

A mulher que vive sua identidade feminina busca seus caminhos na sociedade moderna. Não podemos suprimir seu papel tradicional vinculado à maternidade e seu papel na família. A mulher continuará sendo a pessoa mais sensível aos valores do afeto, à proteção da vida. Mas também ganhará novas perspectivas por sua crescente participação em funções públicas da economia e da política, contanto que seja criadora em sua identidade e não mero reflexo de atitudes masculinas. Ela buscará a maneira de expressar os valores cristãos do saber, do ter e do poder por meio da simplicidade e da clareza de seu pensamento, da solidariedade de seu ter e a justiça do exercício do poder. Por essa opção axiológica crente, opor-se-á aos valores deste mundo, de um saber orgulhoso, de um ter egoísta e de um poder corrupto e injusto.

O Gênesis nos fala do começo da humanidade, Mateus 25,31-45 nos fala de seu fim. Nos dois se fala da humanidade inteira, mas em Mateus há um elemento significativo: o "saber" que nos pobres se encontra Cristo. No entanto, tal "saber" não divide, no juízo, a humanidade em "crentes" e "não crentes", mas a prática das ações para com o próximo pobre, em "praticantes e não praticantes". Haverá crentes sem prática e praticantes sem fé. Qual é o papel do "saber"? Fazer que a prática na história seja mais conscientemente vivida, porque a fé não nos "desvia" da solidariedade com o pobre, mas nos aproxima mais dele.

João Paulo II, em *Novo Millenio Ineunte*, n. 49, formulou assim esta verdade:

> Esta página [Mt 25,35-36] não é um mero convite à caridade, mas uma página de cristologia que projeta um feixe de luz sobre o mistério de Cristo. Nesta página, não menos do que o faz com a vertente da ortodoxia, a Igreja mede a sua fidelidade de Esposa de Cristo.

O Papa alude ao conhecimento de Cristo. "É uma página de cristologia". Mas o que diz vai mais além: "comprovar a fidelidade como Esposa" não somente no âmbito da ortodoxia, mas também no outro âmbito contraposto como "ortopráxis". E essa prática da caridade vincula o Esposo a quem a Esposa busca e o encontra nos pobres...

> O cristão, que se debruça sobre este cenário, deve aprender a fazer o seu ato de fé em Cristo, decifrando o apelo que ele lança a partir deste mundo da

pobreza. Trata-se de dar continuidade a uma tradição de caridade, que já teve inumeráveis manifestações nos dois milênios passados, mas que hoje requer, talvez, ainda maior capacidade inventiva. É hora de uma nova "fantasia da caridade", que se manifeste não só nem sobretudo na eficácia dos socorros prestados, mas na capacidade de pensar e ser solidário com quem sofre, de tal modo que o gesto de ajuda seja sentido, não como esmola humilhante, mas como partilha fraterna. Por isso, devemos procurar que os pobres se sintam, em cada comunidade cristã, como "em sua casa" (*Novo Millenio Ineunte*, n. 50).

João Paulo II pergunta:

> Não seria, este estilo, a maior e mais eficaz apresentação da Boa-Nova do Reino? Sem esta forma de evangelização, realizada através da caridade e do testemunho da pobreza cristã, o anúncio do Evangelho – e este anúncio é a primeira caridade – corre o risco de não ser compreendido [...] A caridade das *obras* garante uma força inequivocável à caridade das *palavras* (*Novo Millenio Ineunte*, n. 50).

Se as presenças na Palavra, na Igreja e na Eucaristia se tornam compreensíveis a partir da fé que já se tem, a quarta presença é a verdadeiramente missionária, a que deve ser comunicada aos que estão fora da Igreja. O sentido final da existência de cada ser humano será dado pelo encontro com Cristo nos pobres, tenha existido ou não um conhecimento anterior de tal presença. Porém, não é certo que, para os que "sabem", este saber constitui o maior e mais forte compromisso com a humanidade que nos interpela a partir da pobreza?

UMA MISSÃO DESCOLONIZADORA DE NOSSAS MENTES EM RELAÇÃO AOS INDÍGENAS

ELEAZAR LÓPEZ HERNÁNDEZ[*]

Introdução

Em Aparecida 2007, os pastores da Igreja latino-americana nos convidam a descolonizar nossas mentes em relação aos indígenas. E confessam que a história da evangelização na América Latina registra uma dívida da Igreja em relação aos povos originários, pois, em lugar de reconhecer suas culturas e religiões, como lugar onde deveríamos identificar e acolher as "Sementes do Verbo", estas foram satanizadas e atacadas pelos missionários. Hoje, a teologia índia vai abrindo caminho como expressão do esforço de um setor da Igreja por realizar uma evangelização em chave intercultural e inter-religiosa e, sobretudo, em busca da pluriculturalidade eclesial. Os indígenas, diz Aparecida, "esperam ser levados em conta na catolicidade". Por isso, na América Latina e no Caribe, o Cristianismo precisa assumir também o rosto indígena, segundo sua cultura e de acordo

---

[*] Teólogo, filósofo e humanista, foi ordenado sacerdote em 8 de setembro de 1974. Pertence ao povo zapoteca do istmo de Tehuantepec, México. Membro fundador do Movimento de Sacerdotes Indígenas do México. Participa na Pastoral Indígena do México e da América Latina desde 1970. É membro da equipe coordenadora da Articulação Ecumênica Latino-Americana de Pastoral Indígena (AELAPI). Faz parte da equipe coordenadora do Centro Nacional de Ajuda às Missões Indígenas (Cenami). Colaborou no surgimento da Teologia Índia no âmbito latino-americano. É membro da Associação Ecumênica de Teólogos do Terceiro Mundo (ASETT), membro fundador da Associação Ecumênica de Missiólogos da América Latina, vice-presidente da Associação Internacional de Missiólogos Católicos (IACM), membro da Amerindia, assessor da presidência da Confederação Latino-Americana e Caribenha de Religiosos e Religiosas (CLAR).

com a matriz de sua experiência religiosa, obra do Espírito, que faz convergir tudo para Cristo. Os indígenas têm muito que dizer aos cristãos, sobretudo em relação ao humano e ao cuidado da vida e do mundo; mas também em relação a Deus mesmo, uma vez que esses povos, em seu longo processo de vida, se sentiram animados pela presença multiforme de Deus, que foi razão de ser de seus esforços e lutas.

Sobre essa descolonização das mentes e a serviço da "Missão continental", compartilho aqui algumas colocações da teologia índia para que nos ajudem a todas e todos a olhar com novos olhos a contribuição teologal das irmãs e irmãos que são da Igreja e procedem das comunidades indígenas deste continente, sabendo que professamos na Igreja a mesma fé em Nosso Senhor Jesus Cristo. Mas, reconhecendo também o que já afirmava o Papa João Paulo II em 1981:

> É de fato conforme à tradição constante da Igreja recolher das culturas dos povos tudo aquilo que é em grau de exprimir melhor as inexauríveis riquezas de Cristo. Só com o concurso de todas as culturas, tais riquezas poderão manifestar-se sempre mais claramente e a Igreja poderá caminhar para um conhecimento cada dia mais completo e aprofundado da verdade, que já lhe foi inteiramente oferecida pelo seu Senhor. [...]
>
> É mediante a "inculturação" que se caminha para a reconstituição plena da aliança com a Sabedoria de Deus, que é o próprio Cristo. A Igreja inteira será enriquecida também por aquelas culturas que, embora carentes de tecnologia, são ricas em sabedoria humana e vivificadas por profundos valores morais [...] (*Familiaris Consortio*, n. 10).

O Papa Bento XVI, ao inaugurar Aparecida em 2007, afirmou que

> a sabedoria dos povos originários os levou felizmente a formar uma síntese entre suas culturas e a fé cristã que os missionários lhes ofereciam. Daí nasceu a rica e profunda religiosidade popular, na qual aparece a alma dos povos latino-americanos [...] Tudo isso forma o grande mosaico da religiosidade popular, que é o precioso tesouro da Igreja Católica na América Latina, e que ela deve proteger, promover e, no que for necessário, também purificar.

Ser da teologia índia[1]

Toda teologia, índia ou não índia, cristã ou não cristã, assume como tarefa primordial falar da experiência que as pessoas e as comunidades crentes têm de *Deus*. Assim, *"damos razão à esperança"* transcendente que anima nossa vida em meio aos movimentos do tempo e do espaço em que nos movemos. A teologia não nasce do conhecimento frio e abstrato de Deus como uma realidade objetivada, que se acha diante de nós, mas de um contato pessoal e próximo com aquele que nos enche e nos envolve com seu ser e com seu agir. Falar de teologia como ciência não é indicar (como pretendem outras ciências) que ela resulta de uma medição rigorosamente asséptica das qualidades de Deus, objeto olhado em si mesmo – o que, além disso, é impossível por nossas limitações humanas diante da grandeza de Deus, objeto de conhecimento desta ciência chamada teologia –, mas que é fruto de um abraço vivificante do amor divino para conosco. É resultado de ter experimentado e saboreado a ternura e a misericórdia do Criador e Formador de todos, do Salvador do mundo. Não se pode *falar de* Deus se antes não se *falou com* Deus descoberto na vida, se não se caminhou com Deus em seu projeto do Reino e da vida em plenitude.

A teologia, por ser palavra que tenta explicar o encontro entre a imensidão divina e a finitude humana, é sempre uma aproximação limitada, por causa de nós, *daquele em quem vivemos, nos movemos e existimos;*[2] daquele que está à esquerda e à direita, atrás e na frente, abaixo e acima de nós; *daquele que está perto e junto*, e que habita em nosso coração; desse ser que é primeiro e que o ultrapassa totalmente. Por isso, temos de reconhecer que é uma tarefa quase impossível comunicar aos demais o mistério de Deus que desfrutamos. Uma vez que toda teologia fica aprisionada no empenho de querer encaixotar uma realidade que não cabe em nenhuma das categorias do conhecimento humano, surge a necessidade de ir mais além da linguagem discursiva, que se preocupa em elaborar *ideias*

---

[1] Retomo aqui grande parte do que escrevi em meu artigo "Teologia índia na Igreja, um balanço depois de Aparecida" (dez. 2007).

[2] Cf. At 17,28.

claras e distintas que somente se aplicam às coisas físicas, para se lançar a navegar pela linguagem simbólica e pela analogia no sentido de se dar a entender aplicando a Deus as melhores metáforas da experiência humana.

Na lógica cristã reconhecemos como ponto de partida que Deus, sendo absolutamente transcendente, se comunica e nos salva saindo ao encontro de nossas limitações e utilizando as mediações que estão ao nosso alcance, a ponto de enviar seu Filho, que se insere totalmente em nossa realidade humana e aparece inteiramente semelhante a nós, menos no pecado. A teologia cristã supõe necessariamente um dom sobrenatural que sana nossas deficiências naturais para compreender a revelação plena de Deus em Jesus Cristo.

Levando isso em consideração, o que chamamos *teologia índia* é a vivência, a celebração e a comunicação da experiência de Deus que acompanhou nossos antepassados em seu longo processo de nomadismo, de sedentarização e de altas civilizações e culturas; é a sabedoria sobre Deus que ajudou nossos avós a manter a resistência e a identidade própria no contexto da conquista e da colonização europeias; e é também a perspectiva religiosa que orienta e dá sentido transcendente à nossa luta atual para conquistarmos o lugar que nós merecemos na sociedade e na Igreja. Com a teologia índia, nossos povos receberam a contribuição da Igreja missionária que, há mais de quinhentos anos, chegou por aqui trazendo, em meio a luzes e sombras, seu testemunho de ser depositária da presença e da ação salvífica de Nosso Senhor Jesus Cristo.

Como consequência, a teologia índia não é de agora, mas já leva um longo caminhar de séculos e milênios, e é tão nova e atual para as comunidades indígenas porque continua respondendo a suas necessidades de hoje. Não é fruto de conjunturas sociais ou eclesiais porque nasce e lança raízes no mesmo terreno da existência indígena, mas se ajusta às conjunturas do momento, assumindo as provocações e desafios que delas resultam. Não surge da instituição eclesiástica, porque é anterior a ela e é teologia popular, mas se move e se acondiciona dentro dos espaços eclesiais, onde lhe permitem se reproduzir. Não é de livros porque se apoia na tradição oral das sábias e dos sábios dos povos, mas está aprendendo a se expressar também na escrita e na lógica dos livros. Germina e floresce nas colinas, mas também podemos levá-la às ágoras e praças das cidades. A teologia índia é singular porque os povos deste continente se irmanaram na unidade de sua herança milenar, na unidade da dor provocada pelos quinhentos anos, e na unidade de suas lutas atuais pela libertação. Porém, a teologia índia continua sendo plural, pois adquire muitos rostos concretos segundo o contexto econômico, social, cultural e religioso de cada comunidade e de cada momento.

A teologia índia, embora sempre tenha existido, nem sempre foi considerada em seu justo valor, às vezes nem sequer pelos mesmos índios. Em 1990,[3] ela surge na Igreja sacudindo as poeiras do caminho ou dos rincões da casa onde se havia relegado e, a partir de então, fez um rápido percurso que a levou a ser tema de interesse crescente em assembleias, congressos, simpósios, conferências episcopais e eclesiais. Já em Santo Domingo (1992) se falou dela indiretamente, pois a Igreja se comprometeu com os povos indígenas a "acompanhar sua reflexão teológica, respeitando suas formas culturais que os ajudam a *dar razão à sua fé e esperança*".[4]

Porém, agora, em Aparecida (maio de 2007), foi analisada abertamente e, embora não se tenha conseguido colocar o termo "teologia índia" no Documento oficial, por razões que não são de fundo, mas de forma, ela foi matéria explícita de muitos debates. De modo que estamos num novo momento para a teologia índia; momento carregado de promessas e esperanças, mas também marcado ainda por temores e incertezas, que vale a pena analisar para vislumbrar o futuro esperado para esta teologia dentro e fora da Igreja.

---

[3] Nesta data iniciaram-se os encontros latino-americanos e continentais de teologia índia. Começaram no México (1990); depois, no Panamá (1993); em seguida, em Cochabamba, na Bolívia (1997); posteriormente, em Ycuazatí, no Paraguai (2002) e, mais tarde, em Manaus, no Brasil (2006).

[4] *Documento de Santo Domingo*, n. 248.

Por que a "teologia índia"?[5]

Para os indígenas cristãos, que somos, além disso, ministros oficiais da Igreja, a conceitualização cristã da "teologia" nos serviu para falar do mundo mítico-simbólico de nossos povos e de suas crenças e práticas religiosas. Diante das instâncias eclesiásticas magisteriais da Igreja, que nos solicitaram informação, afirmamos que

> a teologia índia é o conjunto das experiências e de conhecimentos religiosos que os povos índios possuem e com os quais explicam, desde milênios até hoje, sua experiência de fé, dentro do contexto de sua visão global do mundo e da visão que os outros têm desses povos. A teologia índia é, portanto, um acervo de práticas religiosas e de sabedoria teológica popular, de que os membros dos povos índios lançam mão para explicar os mistérios novos e antigos da vida. Por isso, não se trata de algo novo nem de um produto propriamente eclesial, mas de uma realidade muito antiga que sobreviveu aos embates da história.[6]

Certamente, o que alguns chamam "teologias índias" não se ajusta aos parâmetros do que a Igreja denomina "teologia", pois não é propriamente "o empenho em demonstrar a racionalidade da fé para aqueles que lhe pedem conta dela". Também não se trata do esforço "para esclarecer o ensino da revelação diante das instâncias da razão [...] [com] uma forma orgânica sistemática".[7]

As chamadas "teologias índias" carecem de várias das características que marcam as teologias clássicas da Igreja. As "teologias índias" não se baseiam em grandes teses filosóficas, não contam com sistematizações brilhantes, livros bem-sucedidos, nem relatores célebres. Não têm também pretensão de universalidade nem de provar nada a ninguém diante das instâncias da razão. São simplesmente a palavra indígena sobre Deus, sobre o mundo, sobre nós mesmos na perspectiva de nossa fé em Deus,

---

[5] A reflexão que segue foi feita no encontro preparatório do Segundo Simpósio do Celam sobre Teologia Índia, realizado em Oaxaca, no México, no mês de abril de 2002.

[6] Carta dirigida, por mediação da Nunciatura Apostólica do México, à Congregação para a Doutrina da Fé, 1992, 7.

[7] Cf. Instrução da Congregação para a Doutrina da Fé sobre a vocação do teólogo 1.5.21.

tal como o entendem e vivem nossos povos, que aceitam por princípio que Deus sempre é um mistério impossível de ser compreendido totalmente. Por isso, não usam uma linguagem discursiva ou filosófica para pretender fechar Deus dentro de categorias humanas, mas o mítico-simbólico, que desfruta Deus sem fechá-lo, o qual torna mais difícil que nossa palavra possa ser enquadrada na perspectiva estritamente científica ou nos parâmetros usados pela academia eclesiástica.

Com as "teologias índias" o que de fato tentamos é resgatar e mostrar o saber e o sabor de Deus presente entre os pobres, mostrar com que pratos e colheres nosso povo come as coisas divinas, com que xícaras ou recipientes bebemos as coisas do Espírito. Para nós, as "teologias índias" são como a gramática com a qual os índios organizam seu saber sobre Deus. Pode ser que essa gramática, como acontece frequentemente em nossas línguas, não esteja escrita nem sequer seja explícita, mas funciona, e muito rigorosamente, quando narra os mitos, quando celebra os ritos e quando age diante de qualquer acontecimento da vida. Neste sentido, as "teologias índias" são como um convite de festa em que compartilhamos as flores e os frutos de nosso estar e agir com Deus.

Tudo isso é o que faz diferente as chamadas "teologias índias". Tal identidade/alteridade da nossa palavra sobre Deus é a que pretendemos que seja vista, seja ouvida, seja entendida, seja aceita em sua exata dimensão dentro da sociedade e da Igreja, sem que isso rompa a harmonia e a solidariedade com as demais irmãs e irmãos do universo.

Como surgiu a utilização do termo "teologia índia"

Facilmente se pensa que foram os índios os primeiros a usar a categoria "teologia" aplicada ao mundo religioso de nossos povos. Isto não corresponde à verdade dos fatos. Na maioria de nossas línguas não existe esta palavra ou seu equivalente preciso. Foi na primeira evangelização que proeminentes missionários, como Bernardino de Sahagún, principal acompanhante do famoso Seminário Indígena de Tlatelolco,[8] e frei Bartolomeu de Las Casas,[9] primeiro bispo efetivo de Chiapas, utilizaram o termo teologia aplicado à sabedoria indígena. Las Casas a chamou assim, em latim, *theologia indorum*, a teologia dos índios, a que os indígenas produzem. O principal editor dessa teologia índia foi um frade que viajou com Las Casas em 1545, Padre Domingos de Vico, que escreveu três tomos em kakchikel na Verapaz (então parte da Diocese de Chiapas).

Esta "antiga palavra", como dizem hoje os crentes indígenas de Chiapas, tinha, segundo os princípios do *Único modo de atrair para a verdadeira religião*,[10] o objetivo de respeitar e fomentar "a inclinação natural" dos povos em buscar a verdade e a transcendência. O primeiro bispo de Chiapas se adiantava, assim, ao documento conciliar *Ad Gentes*, sobre a obra missionária, que vê nas tradições pré-cristãs dos povos "as sementes da Palavra de Deus".[11] Las Casas intuía que a antiga sabedoria maia poderia servir como uma espécie de Antigo Testamento próprio. Assim como há uma Igreja e uma patrística latina, outra oriental, outra grega, ou síria e arameia, com reflexão teológica própria, sem romper a unidade, assim as "teologias índias" não desejam uma cópia colonial da Igreja, mas que surja uma Igreja maia, uma náhuatl, ou quíchua, sem deixar de ser una.

Nos últimos quarenta anos, o Departamento das Missões do Celam, numa série de encontros, seminários e simpósios de Pastoral Indígena, por todo o continente, foi preparando o caminho para o surgimento atual das chamadas "teologias índias" dentro da colocação maior do surgimento das "Igrejas particulares indígenas". Assim o propuseram os bispos da Pastoral Indígena quando se reuniram em Bogotá, em 1985:

---

[8] Em seu livro *Historia general de las cosas de la Nueva España*, livro VI, capítulo 1, fala da "Teologia da gente mexicana".

[9] Baseio-me aqui nas conclusões dos pesquisadores Andrés Aubry e Angélica Inda, que foram difundidas pelos meios de comunicação por ocasião da quarta visita do Papa ao México, em 1999.

[10] Obra escolástica de Frei Bartolomeu, escrita e argumentada em latim, que ultimamente foi amplamente difundida.

[11] *AG*, n. 11.

A Igreja deve colaborar para o nascimento das Igrejas particulares indígenas com hierarquia e organização autóctones, com teologia, liturgia e expressões eclesiais adequadas a uma vivência cultural própria da fé, em comunhão com outras Igrejas particulares, sobretudo e fundamentalmente com Pedro.[12]

O mesmo Santo Padre João Paulo II incentivou esta apropriação indígena do Evangelho e da Igreja ao afirmar na *Redemptoris Missio* que: "As comunidades eclesiais em formação, inspiradas pelo Evangelho, poderão exprimir progressivamente a própria experiência cristã em modos e formas originais, em consonância com as próprias tradições culturais, [...]".[13] Em Latacunga, Equador, o mesmo Papa nos manifestou o seguinte:

No que se refere ao vosso posto na Igreja, ela deseja que possais ocupar o lugar que vos corresponde, nos diversos ministérios, inclusive no sacerdócio. Que dia feliz aquele, em que vossas comunidades puderem estar servidas por missionários e missionárias, por sacerdotes e bispos do vosso sangue, para que, junto com os irmãos de outros povos, possais adorar o único e verdadeiro Deus, cada qual com suas próprias características, mas unidos na mesma fé e num mesmo amor![14]

Tudo isso foi retomado posteriormente no *Documento de Santo Domingo*, em 1992, onde a Igreja aceitou o desafio de "aprofundar um diálogo com as religiões não cristãs presentes em nosso continente, especialmente as indígenas e afro-americanas, durante muito tempo ignoradas ou marginalizadas",[15] e se comprometeu com os povos indígenas a "acompanhar sua reflexão teológica, respeitando suas formas culturais que os ajudam a dar razão de sua fé e esperança".[16] E na V Conferência Geral do Episcopado Latino-Americano e Caribenho, celebrada em Aparecida, Brasil, em maio de 2007, os pastores falaram abertamente desses temas observando, com base nos diálogos havidos entre as confe-

---

[12] Cf. Demis, Bogotá, 1985.

[13] JOÃO PAULO II. *Redemptoris Missio*, n. 53.

[14] Id. *Discurso aos indígenas no aeroporto de Latacunga*, Equador, 31 de janeiro de 1985.

[15] *Documento de Santo Domingo (SD)*, nn. 137-138.

[16] *SD*, n. 248.

rências episcopais nacionais e o Celam, que "é crescente o consenso de considerar 'teologia' a chamada 'teologia índia'", e argumentando sobre a necessidade de "escutar sem preconceitos seus conteúdos, definir suas conquistas, dificuldades e deficiências".[17]

Quando começamos a falar de "teologias índias", não pretendíamos iniciar uma corrente teológica nova na Igreja, nem encobrir uma teologia latino-americana questionada pelo magistério,[18] mas chamar a atenção para um fenômeno muito antigo e muito atual em nossas comunidades: sua experiência particular de Deus. O que hoje chamamos *teologias índias cristãs* reconhece que já está acontecendo uma inculturação ou apropriação indígena do Evangelho e da Igreja por parte do povo simples, que se realiza fundamentalmente no que se chamou *religiosidade popular ou religião do povo* ou *RP*,[19] que, embora seja compartilhada também por grupos humanos que não são indígenas, é primeiramente obra de nossos avôs e avós indígenas.

O interesse e entusiasmo de pastores reunidos em Puebla (1979) pelos "valores autóctones", considerados como presença antecedente do Espírito nas culturas pré-colombianas[20] ou – utilizando uma categoria teológica dos Padres da Igreja – "sementes ou germes do Verbo",[21] os levou a propor uma evangelização das culturas não como "um processo de destruição, mas de reconhecimento, consolidação e fortalecimento desses valores; uma contribuição para o crescimento dos 'germes do Verbo' presentes nas culturas".[22] Esta colocação teológico-pastoral implica a necessidade de realizar "um transvazamento da mensagem evangélica para a linguagem antropológica e para os símbolos da cultura em que se insere".[23] É o que

---

[17] Exposição de Dom Felipe Arizmendi Esquivel na V Conferência Geral do Episcopado Latino-Americano e Caribenho.

[18] É o que supõem escritos como o do Cardeal Alfonso Trujillo, presidente do Pontifício Conselho para a Família, *Igreja na América*. *Pontificia Commissio pro America Latina*. Vaticano: Libreria Editrice Vaticana, 2001. p. 63-64.

[19] PAULO VI. *Evangelii Nuntiandi*.

[20] Cf. *Documento de Puebla* (DP), n. 201.

[21] *DP*, nn. 401, 403, 451.

[22] *DP*, n. 401.

[23] *DP*, n. 404.

se denomina agora "inculturação do Evangelho", embora o termo não apareça explicitamente em Puebla. Aí a Igreja se comprometeu a trabalhar seriamente a favor dos indígenas, como parte especial das maiorias empobrecidas do continente, assumindo ela a causa dos pobres "como sua própria causa, mais ainda como a mesma causa de Cristo".[24]

Durante as três décadas passadas, o Departamento das Missões do Celam – Demis – convocou uma série de reuniões de bispos, de pastoralistas e de indígenas em nível continental, como o já mencionado Encontro de Presidentes de Comissões Episcopais de Pastoral Indígena em Bogotá (1985), e em nível das diversas áreas geográficas da América Latina (1988-1990). Foi numa das reuniões do Demis, a que se realizou no México em 1989, que nossos bispos animaram os sacerdotes indígenas presentes a iniciar encontros latino-americanos de "teologia índia", que foram realizados: o primeiro no México (1990), o segundo no Panamá (1993), o terceiro na Bolívia (1997), o quarto no Paraguai (2002) e o quinto em Manaus, no Brasil (2006).

Com audácia de espírito e prudência pastoral, vários bispos, não somente católicos, mas também protestantes, de regiões indígenas, estiveram acompanhando esse processo, sabendo que é um grande desafio para a Igreja. Dom José Alberto Llaguno, bispo da Tarahumara, de feliz memória, expressou assim no prólogo da memória do primeiro Encontro:

> A teologia índia, que sempre esteve presente, mas nunca suficientemente valorizada, é uma veia de vida que, ao irrigar em condições melhores não somente os povos indígenas, mas as Igrejas, será fonte nova de rejuvenescimento e de vitalidade para todos.[25]

Isto não significa que fechemos os olhos ao fato de que também existem em nossa Igreja muitas prevenções, temores e reservas em relação às chamadas "teologias índias", alguns deles perfeitamente razoáveis e que deverão ser abordados eclesialmente; outros, produto de uma descoberta

---

[24] *DP*, Mensagem aos povos da América Latina, n. 3.
[25] Dom José A. Llaguno, bispo da Tarahumara, na apresentação do livro *Teologia índia*, 1991.

ou de uma percepção distorcida dos fatos. Também esses deverão ser analisados e resolvidos em diálogo sereno, fraterno e respeitoso.

Tarefa da teologia índia

Sintetizando, podemos afirmar[26] que as "teologias índias" são a palavra que comunica, mostra e dá razão do sentido profundo (o coração) da experiência de Deus que têm as comunidades indígenas de nosso continente.[27] Essas teologias normalmente se expressam em mitos, ritos, símbolos e formas indígenas de acordo com a linguagem própria das comunidades indígenas de ontem e de hoje.

Não fazemos "teologias índias" para livros ou para discutir na academia com teólogos profissionais das Igrejas, mas primordialmente para animar e orientar a vida das comunidades; para impulsionar e fortalecer o caminhar de nossos povos; e também para explicar a outros irmãos na fé nossas *alegrias e esperanças*, nossas *tristezas e angústias*, que têm a ver com Deus e com seu projeto de vida em plenitude.

Neste sentido, podemos dizer que a tarefa da teologia índia, como a de toda teologia, é a preocupação de *dar razão à nossa experiência de Deus*. Porém, este dar razão adquire, para os indígenas, várias conotações:

1. Em primeiro lugar, a teologia índia quer *mostrar* nossa experiência de Deus, quer compartilhar com outros de que maneira descobrimos Deus na harmonia de nossa pessoa, de nossa família, de nossa comunidade-povo (*anáhuac*) e de nosso universo (*cemanáhuac*); tenta mostrar como nos encontramos com Deus quando nos relacionamos com a Mãe Terra, quando semeamos, quando colhemos;

---

[26] Sigo aqui, quase ao pé da letra, a *Memoria del V Taller del Diplomado de Teología Índia* organizado pelo Instituto de Estudios e Investigación Intercultural, INESIN, maio de 2008.

[27] Quando, nos códices pré-hispânicos, se pintava os sacerdotes tirando o coração das vítimas humanas que haviam sido ofertadas no altar dos sacrifícios e que era entregue a Deus para que o comesse, o que queriam expressar era a tarefa teológica de mostrar o coração das pessoas e das coisas para oferecê-lo a Deus e assim, ao ser comido por *ele/ela*, se possa também recebê-lo de novo como um coração endeusado. Simbolicamente, é conectar o coração humano com o coração de Deus, a fim de que ambos sejam, como afirmam os maias, *Coração do Céu e Coração da Terra*.

quando nascemos e morremos sobre ela, quando vamos crescendo em contato com a Mãe Terra. Encontramos Deus nas relações com nosso coração, com as outras filhas e filhos da Mãe Terra, com a comunidade, com os espíritos dos mortos e com o mesmo Deus em sua variedade de nomes e invocações.

2. Dar razão também quer dizer *demonstrar*, provar aos outros que nossa experiência de Deus não é algo que inventamos, mas que tem seu respaldo em tradições com raiz e fundamento em nossa própria tradição, na palavra antiga de nossos povos, na sabedoria de nossos antepassados. E esse demonstrar a partir daquilo que é próprio faz que a teologia que elaboramos seja teologia índia segundo a etnia à qual pertençamos. E, para aqueles que são cristãos, nossa experiência de Deus tem seu respaldo também na tradição cristã: nos textos bíblicos, no magistério da Igreja, que são os documentos que os bispos e os papas escreveram. Esse respaldo é importante para que outros cristãos nos possam entender. Há muitas pessoas que não valorizam nossa teologia porque não a explicamos em palavras que entendam, com fundamentação que elas aceitem.

3. Dar razão também quer dizer *dar conta* de nossa experiência de Deus com nossas obras. É demonstrar na prática o que cremos. É colocar em nossa vida e em nossa história aquilo que sentimos de Deus. É acolher o que Deus nos diz e vivê-lo. E ajudar para que nosso povo e nossa comunidade o viva.

4. Dar razão também quer dizer *celebrar* nossa fé. Quando celebramos nossa experiência de Deus, isto torna mais forte o nosso coração e o coração do povo. Para nós, como indígenas, a celebração é muito importante. Uma fé que não é celebrada não tem sabor. Por isso, é preciso celebrar nossa fé com cerimônias, ritos, velas, danças, comida, e de muitas outras formas, porque é o momento em que sentimos mais próxima a presença de Deus.

Fazemos teologia porque a realidade nos impele, nos obriga. Nosso ponto de partida é *ver*, *ouvir* e *sentir* a realidade, que tem flores e tem espinhos. Fazemos teologia porque escutamos o clamor, o grito do povo, da Mãe Terra, das famílias... Esse grito nos impele a buscar Deus, a subir a colina e a celebrar, e, depois, regressar com o necessário para viver uma nova realidade de acordo com o Plano de Deus.

Conclusão

Os povos indígenas oferecem à Igreja e ao resto da sociedade não propostas teóricas extraídas de elucubrações ou de livros, mas uma sabedoria que funcionou por séculos e milênios. São as flores que João Diego leva da parte da "Senhora do Céu" e da parte de seu povo ao Bispo Juan de Zumárraga, para que ele comprove a veracidade da palavra dela e também a veracidade do índio. Escutar hoje esta voz não empobrece nem vai em detrimento da integridade da fé revelada em Cristo. Muito ao contrário, ajuda a compreender melhor o Evangelho do Reino que também foi proclamado e assumido por aqueles que sempre buscaram as coisas de Deus e seus mandamentos em suas culturas e espiritualidades milenares.

A missão continental proposta por Aparecida não pode ficar reduzida a um conjunto de ações ou estratégias missiológicas e missionárias, que de início neguem ou destruam a obra antecedente do Espírito nos evangelizandos ou que busquem reconquistá-los como se fossem "pecadores" ou desencaminhados pelo único fato de não estarem conosco ou de serem diferentes. A missão de hoje, como a de Jesus, deve nos colocar a caminho para ir, com respeito, humildade e coração aberto, ao encontro do empobrecido, do que foi excluído ou se afastou, do que é e se mantém diferente, a fim de abraçá-lo, compreendê-lo, compartilhar com ele nossos prazeres e esperanças, e também nossas tristezas e angústias, para juntos transformarmos esta realidade em antecipação do Reino. Nisso os indígenas podem contribuir e também receber para mútuo enriquecimento. A palavra teológica indígena serviu para explicar e dar sentido transcendente ao longo caminhar histórico de nossos povos no passado e pode alimentar hoje, com suas utopias religiosas e civis, a esperança dos pobres para uma vida plena, como mostrou Nosso Senhor Jesus Cristo e como sonharam nossos antepassados.

Atualmente, a população indígena deste continente se colocou de pé para reclamar direitos que, por séculos, a sociedade envolvente nos negou. A autonomia, enquanto direito a sermos reconhecidos livres e adultos em todos os níveis da vida, é a exigência fundamental da luta indígena da América Latina que desafia igualmente as Igrejas e os governos.

Neste novo contexto, há aqueles que pensam que as Igrejas não têm nada a fazer ou que o melhor serviço que poderiam prestar no futuro seria renunciar à sua tarefa evangelizadora e deixar em paz as comunidades indígenas, para que elas vivam livremente suas opções religiosas. E a razão é porque no passado as Igrejas uniram a missão de anunciar o Evangelho com a tarefa mundana de implantar a Cristandade europeia como uma determinada estrutura econômica, política e cultural. Os missionários amiúde confundiram a cruz com a espada, a evangelização com a conquista, Deus com o ouro das Índias. Daí vieram os atropelos à dignidade humana, pelos quais, agora, a Igreja se lamenta e pede perdão pelos danos causados aos povos que foram vítimas de tais atropelos.

No entanto, não é por esses erros do passado que a Igreja deve renunciar à sua missão e à sua autêntica tarefa evangelizadora. Ela existe para a missão e para o Reino de Deus. Os povos indígenas sabem discernir, em relação a ela, o que foi trigo e o que foi cizânia. Por isso, continuamos esperando dela a palavra que anuncie com autoridade o Reino de Deus, a ação que instaure esse Reino no meio de nós, e os milagres e sinais que mostrem que ela é germe e sacramento do Reino.

Como o entenderam os missionários santos e profetas da primeira evangelização, a Igreja de hoje pode encontrar nos indígenas a oportunidade de uma evangelização levada a sério para o conjunto da sociedade. Os indígenas, por sua riqueza humana e espiritual –, disse o Papa João Paulo II em Yucatán, no México, em 1993 –, continuam sendo a "luz do mundo", o "sal da terra", por isso podem ser os novos evangelizadores do mundo. Com os povos indígenas da América, a Igreja pode estabelecer uma aliança estratégica para a evangelização do continente.

Esta é a verdadeira mudança histórica que deve ser impulsionada na perspectiva missiológica e missionária: deixar que o Evangelho de Jesus volte a Nazaré, à Galileia, à periferia do mundo e, a partir daí, volte carregado com os dons e a energia espiritual dos pobres, para ser força renovadora do mundo e da humanidade. A missão feita a partir dos centros de poder chegou ao seu fim. Chegou a hora dos pequenos, daqueles que não têm nem ouro nem prata, mas possuem a maior fortaleza, que vem do Espírito e da fé na ressurreição do Filho do Homem.

Movidos por este otimismo, os membros não indígenas da Igreja de hoje estão em condições de entender que, nas coisas de Deus, os indígenas não são um problema, mas a solução para os problemas. A experiência de Deus que os indígenas têm pode ser incentivo e exemplo a seguir para os demais membros da Igreja. Este é o sentido da canonização do índio São João Diego Cuauhtlatoatzin. Também os indígenas podem ensinar aos outros o caminho para Deus.

Diante disso, a Igreja não pode ir ao mundo indígena somente para evangelizá-lo, mas também para ser evangelizada por ele; não vai somente para levar aos indígenas as riquezas espirituais das quais ela se sente depositária; vai também para receber deles a riqueza que Deus lhes prodigalizou. A missão, então, se torna intercâmbio de dons para enriquecimento mútuo. A Igreja é depositária de uma Palavra revelada; mas sabe também que Deus se adiantou à ação evangelizadora da Igreja, semeando sua presença em todas as culturas do mundo. Consequentemente, a Igreja, quando evangeliza, não nega nem destrói, mas reconhece, acolhe e serve a esta ação antecedente do Espírito. É o que se denominou "missão-inculturação", isto é, ação de plantar o Evangelho no coração das culturas, ao mesmo tempo que acolhe na Igreja os povos com suas culturas.

A conversão que resulta da evangelização não significa ruptura com o passado e com a cultura própria, mas plenificação em Cristo. Fruto da evangelização em que os povos se vejam libertados do pecado e que seus projetos de vida sejam realizados. Com a evangelização, Deus consolida a identidade mais profunda dos povos, coroando a obra neles começada pelo Espírito.

Por isso, em atitude e em diálogo respeitoso e fraterno, os missionários de hoje temos que nos aproximar dos povos indígenas do mundo para testemunhar com a vida o Evangelho no qual cremos, para acolher e servir, com nossos dons, a multiforme presença de Deus em toda realidade humana, a fim de que todos os povos cheguem a ser discípulos e missionários de Jesus Cristo para a vida do mundo.

UMA MISSÃO DESCOLONIZADORA DE NOSSAS MENTES EM RELAÇÃO AOS AFRODESCENDENTES

SILVIA REGINA DE LIMA SILVA[*]

Pensar a missão como uma experiência descolonizadora, libertadora, é um dos objetivos desta reflexão e queremos fazê-la a partir dos(as) afrodescendentes. Uma tarefa desafiadora que nos convida a percorrer caminhos da história, guardados na memória e marcados nos corpos. É um convite a visitar lugares considerados abandonados, retomar temas delicados que recordam e fazem sangrar velhas feridas que imaginávamos cicatrizadas. Porém, tudo isto pode ser um exercício profundamente libertador. É um tema que exige situar-se num lugar e de lá abrir-se para o diálogo. O texto pretende ser um diálogo entre o tema da missão e a descolonização, desafiando-nos a dar passos, outros passos, ou, talvez mais que dar passos, a apostar em outros e diferentes caminhos para a missão. Esperamos que esta reflexão nos anime a pensar uma perspectiva de missão comprometida em libertar os corpos, os sentimentos, as energias, e que para isso assuma a tarefa de descolonizar as mentes e devolver a liberdade à alma, ao espírito humano.

Os afrodescendentes e o Documento de Aparecida

Para iniciar o diálogo mencionado anteriormente, nós nos perguntamos: que aconteceu com os afrodescendentes na Conferência de Aparecida? Onde estão? Presentes, ausentes ou invisibilizados?

---

[*] Brasileira, reside atualmente na Costa Rica. Trabalha no Departamento Ecumênico de Investigações (DEI). Mestre em Ciências Bíblicas e doutoranda em Estudos da Sociedade e da Cultura.

Sobre o *Documento conclusivo de Aparecida* (*DCAp*), fica claro em sua leitura que este apresenta tendências diferentes e contraditórias, linhas de reflexão e propostas teológicas. Essas diferenças retratam as diversas tendências presentes na Igreja Católica da América Latina e do Caribe. As considerações sobre a Conferência de Aparecida e sobre seu *Documento final* também são diferentes. Para alguns, o *Documento* recupera a tradição e a identidade da Igreja latino-americana e caribenha,[1] enquanto outros(as) percebem vazios profundos, até retrocessos em relação ao caminhar dos grupos específicos (movimentos de mulheres, povos originários, afrodescendentes) e em relação ao caminhar das comunidades eclesiais. Na leitura do *Documento*, são evidentes essas ambiguidades e mesmo contradições que o atravessam do início ao fim. São perspectivas distintas, lutando entre si, ao mesmo tempo que buscam uma linguagem de consenso que aponte para uma harmonia, uma unidade. É como se dentro de uma estrutura estática, dura, rígida, se quisesse colocar histórias, corpos de pessoas, corpos diferentes, com movimentos, cores, formas e odores diferentes. A rigidez do *Documento* (e da Igreja) acaba sacrificando a força e a dinâmica da vida. Essa é a sensação que o *Documento* deixa. Sente-se que, por detrás de algumas afirmações do *Documento final*, do dito ou do subentendido, há experiências de grupos muito diferentes, vidas escondidas, palavras pronunciadas pela metade, incompreensões, apropriações indevidas, sombras, rostos meio desenhados, alguns caricaturados, com suas próprias palavras guardadas, intencionalmente omitidas. Entre esses grupos estão as e os afrodescendentes.

A presença e a herança africana no continente constituem um importante legado histórico, pois se trata da segunda raiz do continente, depois dos povos originários. Os afrodescendentes são atualmente 150 milhões dos habitantes, ou seja, 30% da população. Depois de cinco séculos de história, continuamos ocupando as classes sociais mais baixas,

---

[1] RICHARD, Pablo. Aparecida: una versión breve y crítica del *Documento conclusivo. Pasos* 133, set.-oct. 2007, p. 1-17. Ver também: VV. AA. *Aparecida en comunidad*. México: Colectivo Alas, 2008. Colección popular – 5 cuadernos.

chegando a 92% o número dos que vivem em situação de pobreza.[2] Sua história é atravessada pela exclusão social, econômica e política marcada pela desigualdade racial, que se expressa num processo acumulativo de desvantagens sociais, onde a identidade étnica continua sendo fator de subordinação. A discriminação se manifesta na inserção trabalhista, na educação escolar, na qualidade e conteúdo da educação, como também nas relações quotidianas. Pode-se falar de uma discriminação simbólica que acontece no processo de invisibilização sistemática através da negação dos valores, da história e das culturas negras. As mulheres afrodescendentes, em muitos espaços, continuam excluídas, em razão da discriminação étnica racial e de gênero. Trata-se de uma situação de violação da dignidade e dos direitos desse grupo de pessoas, traduzida em diferentes formas de violência, desde a violência física até a psicológica, verbal e simbólica.

Essa realidade é mencionada no *Documento de Aparecida* (nn. 88-97), como também elementos da realidade dos povos originários e a situação das mulheres. O *Documento* reconhece que esses mesmos grupos, os afrodescendentes, as mulheres, os povos originários, vão assumido nos últimos anos uma presença protagonista, como sujeitos sociais, políticos, e vão, assim, fortalecendo uma democracia participativa (*DAp*, n. 75). Nesse sentido, poder-se-ia dizer que são considerados, estão incluídos nas reflexões e no *Documento de Aparecida*.

O ser incluídas(os) no *Documento* não significa ser considerados sujeitos dentro do mesmo. A perspectiva epistemológica e teológica de Aparecida não permite que esses grupos sejam reconhecidos como sujeitos e protagonistas de seu processo de evangelização e da missão. Isto nos convida a retomar o tema da missão e da evangelização na América Latina, relacionada com a colonização/descolonização e com o processo de construção da identidade no continente.

---

[2] CEPAL. Serie – Políticas sociales, n. 47.

Colonialidade, missão e os afrodescendentes

O projeto colonial foi acompanhado de uma teologia colonial que o justificou e legitimou. Essa teologia exerceu um papel importante no estabelecimento e na atribuição das novas entidades instauradas a partir da emergência do sistema mundo moderno.

O problema colonial, além da conquista da terra, implicou o controle da subjetividade, da cultura, do conhecimento, dos corpos masculinos e femininos, e, em especial, da produção do conhecimento dos povos colonizados. Isso aconteceu através da expropriação das populações colonizadas, da repressão de suas formas de produção de conhecimento, de seus padrões de sentidos, de seu universo simbólico, de padrões de expressão e objetivação da subjetividade. A esses elementos se soma a imposição da cultura dos dominadores em tudo o que fosse útil para a reprodução da dominação. Nesse aspecto, tem importância especial a religiosidade judaico-cristã. Os dominados foram obrigados a abandonar, sob repressão, suas práticas de relação com o próprio sagrado ou realizá-las de forma clandestina. Estamos diante de uma colonização da capacidade cognitiva, dos imaginários e de todo um universo de relações intersubjetivas, com o mundo e com Deus. É a total negação do outro. A impossibilidade de se constituir "outro" está no fato de que o processo de colonização e seu paralelo, a evangelização, significou a total assimilação do que poderia ser o outro. O negro e o indígena desaparecem dentro do projeto colonizador.[3]

> Esse primeiro modelo de missão se baseou numa evangelização que significou a transposição de instituições, dos símbolos, dos conceitos e dos costumes morais da cultura cristã europeia; não predominou o encontro entre a fé e a realidade indígena, entre Evangelho e as culturas autóctones [...].[4]

---

[3] QUIJANO, A. Colonialidade do poder, eurocentrismo e América Latina. In: LANDER, Edgardo (org.). *A colonialidade do saber. Eurocentrismo e ciências sociais;* perspectivas latino-americanas. Buenos Aires: Clacso. Em espanhol: *Colonialidad del poder, eurocentrismo y América Latina.*

[4] BOFF, L. *Nova evangelização;* perspectiva dos oprimidos. Petrópolis: Vozes, 1990. p. 10.

Esse modelo de missão se manifestou na colonização não só de territórios, mas das mentes, do pensamento, do conhecimento, da concepção de Deus, do lugar que Deus ocupa na história. Sua lógica permanece por trás do conceito de missão que é utilizado na teologia cristã até nossos dias. Esta se manifesta numa cristologia que justifica a proposta eclesiológica dominante, hierárquica e eclesiocêntrica. Dessa eclesiologia são tomados os modelos de pastoral, são determinadas as relações internas dentro da Igreja Católica e desta com os demais grupos e religiões. A missão é compreendida dentro dessa mesma lógica colonial que desemboca em práticas de dominação que desconhecem o valor, a importância do outro, das diferentes comunidades e experiências religiosas.

Diante dessa realidade propomos repensar a missão procurando compreendê-la como um espaço de descolonização. Isto significa, para a Igreja, repensar-se a si mesma em sua razão de ser e em seu modo de estar presente no mundo, na história.

Descolonização: novos desafios para a missão

Da colonialidade das mentes

Ao propor uma missão descolonizadora das mentes, queremos explicitar o que entendemos por colonialidade e por descolonização. Colonialismo e colonialidade são dois conceitos distintos, mas profundamente relacionados. O colonialismo se refere à dominação político-econômica de alguns povos sobre outros e é anterior à colonialidade.[5] Nesse sentido, pode-se falar de colonialismo referindo-nos a determinado momento do passado no sentido histórico. Nessa mesma linha de significado, surgem expressões tais como *neocolonialismo* como referência a novas formas ou manifestações de colonialismo. A "colonialidade" é a permanência do imaginário colonial. Trata-se de uma construção mental, de uma ideia

---

[5] QUIJANO, A. Colonialidade, poder, globalização e democracia. *Novos Rumos*, São Paulo, ano 17, n. 37, 2002, p. 4-29.

que deixou sua marca nos corpos individuais e coletivos, entendidos estes últimos como diferentes grupos e culturas discriminadas da América Latina e do Caribe, especialmente os povos originários e afrodescendentes. São marcas no corpo, na história, que se transformam em marcas na construção do pensamento. Uma das formas de manifestação desse imaginário é o que chamamos a discriminação racial e o racismo. Essas formas de discriminação se manifestam nas relações internas da pessoa consigo mesma, no como se concebe, na estima que tem para consigo mesma, no como se valoriza; manifesta-se também nas relações interpessoais, no trato com o outro, com a outra. No entanto não se limitam a esses âmbitos. Chega a ser um fator determinante no nível das relações de poder que se estabelecem na sociedade, na atribuição de lugares e papéis sociais. Se damos um passo mais, constatamos que a colonialidade do poder é um conceito que oferece os fundamentos do atual padrão de poder. Seu ponto de partida é a classificação social básica da população através da ideia de "raça". Esta ideia e classificação constituem a expressão mais profunda, eficaz e perdurável da dominação colonial, imposta à população como fruto da expansão do colonialismo europeu, pois se trata de uma dominação social, material e intersubjetiva.[6]

Historicamente, missão e colonialismo estiveram profundamente relacionados. Os povos colonizados eram discriminados e excluídos, considerados inferiores por sua "raça", mas também por suas práticas religiosas. A forma de redimir ambas as discriminações era se tornar cristãos. Essa colonialidade continua presente através de diversos imaginários coletivos que refletem as consequências do projeto colonizador nas sociedades latino-americanas e as atualiza em diferentes formas de discriminação. Por isso, insistimos que a descolonização de nossas mentes é o ponto de partida para percebermos os preconceitos que moram na forma de ver-nos, de ver os outros e de ver a sociedade. Descolonizar nossas mentes nos possibilitará uma forma nova de ver, entender e construir

---

[6]   QUIJANO, Colonialidade, poder, globalização e democracia.

o mundo. A missão precisa ser pensada dentro deste projeto mais amplo de repensar-nos e de repensar o mundo em que vivemos.

Diante da cultura dominante

A permanência de imaginários coloniais é possível pela força com que a cultura dominante se impõe. O Cristianismo que chegou à América Latina se identificou historicamente com a cultura dominante, inicialmente europeia e posteriormente europeia e norte-americana. Valores dessas culturas foram e são transmitidos como valores cristãos, de tal forma que não experimentamos o que poderia ser assumir os valores cristãos a partir da diversidade de nossas culturas originárias e das culturas de descendência africana. Mais que inculturação, o desafio consiste em assumir um processo de descolonização que permita o reencontro e o diálogo com nossos diferentes valores e raízes culturais, mantendo como horizonte as relações interculturais. A recuperação desses valores poderia contribuir com o fortalecimento de indivíduos, comunidades que são capazes de enfrentar o individualismo, a competitividade e o consumismo que caracterizam a cultura dominante nas sociedades modernas.

A dominação é possível porque o dominador consegue penetrar no dominado e fazê-lo aceitar sua situação; o dominado hospeda dentro de si, como parte de sua realidade, o dominador. [...] A dominação impede que os grupos dominados possam produzir uma cultura autônoma que expresse sua identidade.[7]

Da verdade absoluta ao respeito pelas diversas sabedorias

A conquista das terras pela invasão colonial significou também a conquista dos corpos pela força do trabalho, a conquista das almas pela missão e a conquista da consciência pela imposição da moral do Catoli-

---

[7] BOFF, *Nova evangelização;* perspectiva dos oprimidos, p. 23.

cismo ibérico.[8] Os povos originários e afrodescendentes foram despojados de sua história, cultura e memória. Foi-lhes atribuída uma nova identidade racial, colonial, negativa, que implicou o despojar-se de seu lugar na produção cultural e na produção do conhecimento dentro da história da humanidade. A partir desse processo de invasões e conquistas que caracterizaram o início do mundo moderno e a chegada do Cristianismo nas terras latino-americanas, é que se pode falar de dois polos diferenciados de desenvolvimento: o metropolitano, identificado com as metrópoles, com os países que colonizavam, e o polo colonial. Uma das consequências dessa forma de organização do mundo moderno foi o converter a multiplicidade de culturas, cronologias e histórias locais numa história universal única, com etapas relativamente fixas nas quais os grupos humanos são situados segundo seu grau de desenvolvimento. A partir dessa concepção, a humanidade pareceria caminhar de um menos, característico das colônias, para um mais, representado pelas metrópoles.[9] A mensagem cristã foi compreendida dentro desta lógica de verdade única, deste caminhar de um menos para um mais. A missão foi tradicionalmente a forma de levar os povos originários e afrodescendentes de um menos, identificado com as práticas religiosas ancestrais, para um mais, identificado com a religião cristã. Esta visão parte de uma concepção monocultural – que conforma a identidade única e unitária, que busca aglutinar semelhanças e igualdades, homogeneizar o social eliminando as diferenças.[10] Dentro deste raciocínio não há lugar para um diálogo de saberes e, menos ainda, para um diálogo inter-religioso.

Uma missão comprometida com a descolonização assume o desafio de fortalecer nos povos a busca pelas palavras sagradas reveladas por Deus em suas próprias histórias e culturas, ao mesmo tempo que fomenta no espaço das Igrejas o apreço e o diálogo com a rica diversidade religiosa expressa e, às vezes, guardada no mais profundo da vida de nossos povos.

---

[8] MIRES, F. *La colonización de las almas*. San José: DEI, 1987.

[9] HERRERA, B. Las dos caras de la modernidad: modernidad colonial y metropolitana. *Pasos*, San José: DEI, n. 131, mayo/junho 2007.

[10] MARTÍNEZ, D. G. El espíritu del tiempo: del mundo diverso al mestizaje. In: *Multiculturalismo; desafíos y perspectivas*. México: Siglo XXI, 2006. p. 10.

Por isso, é preciso passar da visão de uma-única-vontade-absoluta, onde dependemos que alguém no-la transmita, para uma visão compartilhada da verdade, para a coabitação das diferenças, onde essas são potencializadas, onde se reconhece que cada povo traz seus conhecimentos, verdades, e que juntos nos enriquecemos com nossas diversas sabedorias. A comunidade seria um dos lugares privilegiados de compartilhar essas sabedorias diversas.

Repensar o conceito de missão

Com o que se viu anteriormente, vamos chegando à conclusão de que para uma missão comprometida com a descolonização não é suficiente que se renove seu conteúdo, sua forma, seu ardor, seus métodos e suas expressões, como afirma o *Documento de Santo Domingo* (1992). É necessária uma renovação na compreensão mesma da missão. Isto é o mais difícil. E não é certo que o conceito de missão resista às críticas pelas quais precisa passar. Teríamos de virá-lo pelo avesso, olhá-lo de fora ou deixá-lo descansar um instante e ver a possibilidade de ressignificá-lo.

A missão descolonizadora precisa partir da pergunta: que significa uma missão que considera o mesmo povo como sujeito de sua própria evangelização? Existe aqui uma mudança de perspectiva, de lugar, a partir dos quais se pensa a missão. A missão não parte do princípio de "levar a boa notícia" para aqueles que não a têm. A missão precisa ser descentralizada. Significa, melhor, resgatar as experiências boas que fazemos como grupos, como comunidades, experiências de "boa notícia". É recolher a "boa notícia" encarnada na história humana, na vida quotidiana.

A missão seria constituída de dois movimentos. O primeiro no sentido de contribuir para que as pessoas, as comunidades adquiram um novo olhar sobre a vida, sobre a realidade, e que sejam capazes de ir aos poucos descobrindo a manifestação do Divino na história, nas ações humanas, na natureza. Trata-se de considerar a missão como "mudar o olhar". Não crer que as "boas notícias" vêm sempre e necessariamente de fora, mas que são geradas, se manifestam na prática libertadora de nossas comunidades, grupos e povos. É preciso olhar-se, olhar-nos, olhar a história com os olhos de Deus. Significa purificar o olhar, purificar o coração: "Felizes os puros no coração porque verão a Deus" (Mt 5,8). O segundo movimento, profundamente relacionado com o primeiro, seria o de recuperar em nós mesmos e nos outros a sensibilidade, a indignação e o compromisso com a transformação daquelas realidades que não são "boa notícia" para os(as) empobrecidos(as).

Missão é devolver para nós mesmos(as) e para as comunidades a capacidade de se impactar, de se mexer diante da necessidade do(a) outro(a). A "vida", a "vida para nossos povos", como deseja Aparecida, não vem com a repetição de palavras e doutrinas cristãs, mas com o despertar da consciência, do pensamento e do atuar crítico, e com o fortalecimento da solidariedade.

Esses dois movimentos: o de tornar visível a bondade e a beleza presentes na vida, nas tradições e culturas de nossos povos; e o de nos indignarmos diante da negação da vida, transformando essas realidades, passam a ser princípios para compreender a missão como descolonização. Compreendida dessa maneira, a missão pode propiciar a formação de sujeitos livres, que resgatam suas identidades e se colocam no caminho do diálogo intercultural. Os povos seriam, assim, sujeitos da missão.

As "boas notícias" em nossos povos

Esta nova compreensão de missão confirma que a "boa notícia" para os povos latino-americanos é anterior à evangelização. Toda missão que não parta dessa experiência do Espírito, que antecedeu e antecede a chegada do missionário, tem muito pouca possibilidade de se transformar numa missão libertadora. Isso implica uma mudança de perspectiva teológica, um processo de conversão para a Igreja. As diferentes experiências de missão no continente não foram capazes de escutar o Deus que nos habitava, que falava nas culturas e religiões dos povos originários e afrodescendentes. Ainda muito poucas experiências missionárias se dispõem a esta atitude tão fundamental na vida cristã que é a da escuta e da contemplação do

Deus que se manifesta de forma tão diversa na pluralidade de experiências dos grupos humanos. Nessa perspectiva, o ponto de partida e de chegada da missão passa a ser a mística e a contemplação. Entre a partida e a chegada está o compromisso com a prática libertadora. Sim, porque essas realidades, escutadas, contempladas, estão marcadas por ambiguidades, por forças de vida e de morte... É exercício de discernimento constante, entre irmãs e irmãos, mas ninguém tem uma verdade pronta, inteira, uma libertação já realizada para levar ou ensinar aos(às) demais. É libertação que se constrói no caminho. É na convivência quotidiana, nesse olhar novo, que vamos fortalecendo os sinais e os desejos de vida que moram em nós. Tudo isso é "boa notícia", é "Reino de Deus" e "está perto, está no meio de nós", é questão de mudar a vida e crer nas "boas notícias" (cf. Mc 1,14-15). A certeza de que o Reino de Deus está perto, que é boa notícia para os pobres, aprendemos de Jesus e a renovamos cada vez que nos reunimos em comunidade e que compartilhamos a vida com outros(as). Jesus é a inspiração que nos compromete nessa escuta do Deus que habita nosso mundo, nossa história, nossas culturas, e a força que nos impele na construção de um mundo mais justo e solidário.

Conclusão

É difícil concluir um diálogo que pretendeu fazer-nos pensar e nos convidou a transitar por outros caminhos na compreensão da missão. Uma Igreja em "estado de missão", como convida Aparecida (*DAp*, n. 213), poderia ser uma Igreja mais preocupada com as condições de vida do povo; preocupada em anunciar um Deus próximo, que habita em nós e nos ajuda a ressignificar a vida, a crescer na solidariedade, a crer na possibilidade de novas formas de exercício do poder, de relações entre mulheres e homens, e entre os diferentes grupos étnico-raciais. Seria uma Igreja que convida a formar comunidades que se enriquecem na diversidade, com a presença de meninas, de meninos, de adultos, de jovens e anciãos(ãs), com as portas abertas para os grupos de diferentes orientações sexuais. Uma palavra que pudesse expressar "a missão" da missão (o objetivo da missão) em contextos tão diversos poderia ser "o cuidado". Talvez, se entendermos a missão como o "cuidar da vida", da vida concreta, humana, quotidiana, historicamente vivida, também a vida da natureza, do planeta, poderíamos ir aos poucos superando a mentalidade colonialista presente no conceito de missão, e ir nos aproximando mais da missão de Jesus, que, vivendo numa colônia do Império Romano, se dedicou a cuidar da vida de pequenos e pequenas, ajudando-os a perceber a força que os habitava e fazendo-os comprometer-se a cuidar uns dos outros. Aqui está um grande desafio para a missão.

Bibliografia

BOFF, Leonardo. *Nova evangelização;* perspectiva dos oprimidos. Petrópolis: Vozes, 1990.

CEPAL. Serie – Políticas sociales, n. 47.

DOCUMENTO DE APARECIDA. Texto conclusivo da V Conferência Geral do Episcopado Latino-americano e do Caribe. 9. ed. São Paulo: Edições CNBB/ Paulinas/Paulus, 2008.

HERRERA, Bernal. Las dos caras de la modernidad: modernidad colonial y metropolitana. San José: DEI, *Pasos* 131, mayo-juño 2007.

MARTÍNEZ, D. G. El espíritu del tiempo: del mundo diverso al mestizaje. In: *Multiculturalismo;* desafíos y perspectivas. México: Siglo XXI, 2006. p. 10.

MIRES, F. *La colonización de las almas.* Costa Rica: DEI, 1987.

QUIJANO, Aníbal. Colonialidade do poder, eurocentrismo e América Latina. In: LANDER, Edgardo (org.). *A colonialidade do saber. Eurocentrismo e ciências sociais;* perspectivas latino-americanas. Buenos Aires: Clacso. Em espanhol: Colonialidad del poder, eurocentrismo y América Latina. Disponível em: <http://www.archivochile.com/Ideas_Autores/quijanoa/quijanoa00001.pdf>.

_____. Colonialidade, poder, globalização e democracia. *Novos Rumos*, São Paulo, ano 17, n. 37, 2002, p. 4-29.

RICHARD, Pablo. Aparecida: una versión breve y crítica del Documento conclusivo. San José: DEI, *Pasos* 133, set.-oct. 2007, p. 1-17.

VV. AA. *Aparecida en comunidad.* México: Colectivo Alas, 2008. Colección popular – 5 cuadernos.

PARTE IV

A ESPIRITUALIDADE E A MÍSTICA DA MISSÃO

A MISSÃO COMO AÇÃO DO ESPÍRITO NA IGREJA E NA SOCIEDADE

PEDRO TRIGO[*]

Introdução

Em Aparecida se viveu uma profunda experiência do Espírito, que animou os participantes a escutar os clamores dos povos do continente e impeliu os bispos a proclamar uma nova tarefa para a Igreja: transformá-la numa Igreja missionária. No *Documento final* se lê o seguinte: "[...] Estamos dispostos, com a coragem que o Espírito nos dá, a anunciar Cristo, onde não é aceito, com nossa vida, com nossa ação, com nossa profissão de fé e com sua Palavra [...]" (n. 377).

Não existe Igreja anterior e exterior à ação do Espírito. A missão tem sua raiz na ordem/mandato de Jesus, mas logo se torna plena no Pentecostes. Não há pastoral nem missão evangelizadora sem o Espírito Santo. O Espírito Santo é o mesmo Espírito de Jesus, que nos vincula à sua obra.

Neste artigo são propostas algumas reflexões, à luz de Aparecida, sobre a ação do Espírito em relação à missão. Também se recorda uma interessante contribuição de um missionário visionário da primeira hora,

---

[*] Jesuíta venezuelano de origem espanhola. Estudou Letras e Filosofia nas universidades católicas de Caracas e Quito e se doutorou em Teologia na Universidade de Comillas (Madri). De 1964 a 1966, teve contato com Monsenhor Proaño, no Equador, sentindo-se desde então comprometido com o tipo de Igreja e de pastoral que ele representou. Em 1973, foi discípulo de Gustavo Gutiérrez em Lima. Desde 1973, pertence ao Centro Gumilla (Centro de Investigação e Ação Social da Companhia de Jesus na Venezuela. É professor de Teologia no ITER, Faculdade de Teologia da Universidade Católica Andrés Bello, de Caracas. Participou como *expert* no Concílio Plenário Venezuelano que se celebrou em Caracas de 2000 a 2005. Vive em uma zona popular e acompanha comunidades cristãs populares.

Frei Bartolomeu de Las Casas. Na linguagem da época, aponta cinco condições ou qualidades do verdadeiro missionário. A proposta daquela época tem plena atualidade, como veremos mais adiante.

A missão cristã é sempre uma ação do Espírito, tanto quando é entendida como uma ação programada realizada por alguns sujeitos nomeados por uma Igreja e dedicados completamente a ela, tal como fizeram pela primeira vez Paulo e Barnabé, enviados pela Igreja de Antioquia, ou como a ação capilar de todos os cristãos que irradiam em seu meio com a vida e dão razão disso com sua palavra.

São, sobretudo, os Evangelhos de Lucas (com os Atos) e João os que explicitam esta perspectiva, que também o *corpus* paulino desenvolve muito amplamente. De maneira programática, os Atos colocam estas palavras, dirigidas aos apóstolos, na boca de Jesus: "[...] recebereis o poder do Espírito Santo que virá sobre vós, para serdes minhas testemunhas [...]" (1,8). O quarto Evangelho, por sua vez, pensa que isto aconteceu já na noite da Páscoa, quando Jesus, ao aparecer-lhes, disse: "[...] Como o Pai me enviou também eu vos envio. Então, soprou sobre eles e falou: 'Recebei o Espírito Santo'" (20,21-22).

Isto significa que a missão é ação do Espírito Santo

Mas é diferente a missão ser ação do Espírito e o Espírito ser o sujeito da missão. Os sujeitos da missão, isto é, os que realizam essas ações sistemáticas de evangelização ou os que evangelizam com sua vida diária, são os discípulos. Por que atribuímos, então, a ação de evangelizar ao Espírito e afirmamos, no entanto, que os sujeitos são os cristãos? O sujeito não é precisamente aquele que executa a ação e, por isso, aquele a quem é atribuída? Por que a atribuímos também ao Espírito, se os sujeitos são os cristãos?

Deve-se ter presente, antes de tudo, que o Espírito, diferentemente de Deus Pai e de Jesus, não é, para utilizar a metáfora gramatical, um substantivo, mas um verbo. Assim o fazem ver os símbolos com os quais a Bíblia alude à sua presença em nosso mundo e em nossa história. Ele é comparado ao pousar da ave (Gn 1,2; Mc 1,10), ao jorrar da água (Jo 4,14; 7,38-39), ao crepitar do fogo (At 2,3), ao soprar do vento (Jo 3,8; At 2,2), ao nascer (Jo 3,3). Ele é, pois, a atualidade de Deus, seu amor derramado em nossos corações (Rm 5,5). Ele é, antes de tudo, o amor (atualidade, não lugar) no qual acontece a relação que ao Pai faz pai e ao Filho, filho.

Por isso, as relações com ele são imediatas, porém indiretas, uma vez que, quando se relaciona conosco, ele nos toca, por assim dizer. Por isso, dizemos que são relações imediatas; mas não são relações face a face e, neste sentido, diretas, mas ele nos dirige ao Pai como filhos verdadeiros, ou a Jesus como autênticos seguidores, ou aos outros como verdadeiros irmãos e irmãs.

Porém, além disso, o Espírito não é um ser deste mundo. Age nele, mas desde a transcendência e de modo transcendente. Nunca poderá ser detectado cientificamente. Por isso, apesar do que pretendem certas correntes muito em voga, não pode ser sentido, não se pode ter nenhuma presença dele. O Espírito de Deus e de Jesus, derramado na Páscoa sobre toda carne (cf. At 2,17), nos move desde o mais profundo do nosso íntimo. O íntimo é o mais dentro possível. Se o Espírito nos move desde o mais profundo, isso significa que há em nós, para dizê-lo graficamente, uma região à qual nós não temos acesso, e onde só está ou, mais exatamente, se move o Espírito. Isto é o que significa que somos templos do Espírito (1Cor 3,16; 6,19). Nós podemos ter experiência daquilo que de nós é movido pelo Espírito, mas não do mesmo Espírito, uma vez que não podemos ter acesso ao lugar onde mora.

Assim, pois, o que nós fazemos é responsabilidade nossa. O que o Espírito faz é ativar, fortalecer e apoiar nossa ação e direcioná-la. Mas não o faz no mesmo nível que nós, isto é, agindo ombro a ombro conosco. Não há nenhum instrumento científico que possa detectar a ação do Espírito. Nesse nível objetivado, científico, agimos nós sozinhos. Ele nos dirige e fortalece iluminando e incentivando, mas é cada um que tem de aceitar essa luz e essa força. Isto é, age, não ao lado de alguém, mas em alguém, indistinguível de si mesmo.

Mas se não se pode detectar diretamente a ação do Espírito, que, no entanto, como vimos, é imediata, pode-se certamente discerni-la pelos frutos. Aquele que se deixa levar pelo Espírito é um ser humano novo (cf. Gl 5,16–6,10; Ef 4,17; 5,20), a partir de sua realidade se configura em Cristo (Cl 3,1-17), adquire a forma de Cristo, porque o Espírito já é para sempre o de Jesus de Nazaré. Em outras palavras: quem se deixa levar pelo Espírito adquire a humanidade de Jesus de Nazaré, que é o arquétipo da humanidade.

O efeito mais amplo de sua ação é a liberdade. "[...] onde está o Espírito do Senhor, aí está a liberdade" (2Cor 3,17), diz Paulo programaticamente. Liberdade libertada. Liberdade do autocentramento infecundo e destruidor e da sedução, e imposição da ordem estabelecida, e liberdade para operar o bem (Rm 7,6–8,4), isto é, para viver uma vida filial e fraterna.

O Espírito derramado na Páscoa sobre toda carne

Este Espírito de Deus, derramado por Jesus na Páscoa como Espírito de filhas e filhos de Deus e de irmãs e irmãos, age em cada um dos seres humanos. O Espírito dá, pois, a medida da universalidade do acontecimento cristão. Assim, pois, todo ser humano, se é dócil ao movimento do Espírito, poderá viver com a confiança e disponibilidade de verdadeiro filho de Deus, embora em seu horizonte vital não esteja o nome de Deus. Assim como também todos podem seguir realmente Jesus de Nazaré, embora nunca tenham ouvido falar dele.

Deste ponto de vista, a manifestação mais cabal da ação do Espírito e da obediência humana ao seu impulso é viver humanamente, quando as pessoas se encontram privadas das condições mínimas para viver. Em minha experiência, este é o caso de muitíssimos habitantes de periferia que vivem movidos por um empenho insone e agônico que tem como objetivo a vida, não meramente sobreviver, mas viver humanamente, atendendo como podem às diversas dimensões da vida, sempre na presença da morte, que espreita pela carência de um trabalho estável qualificado, pela fome, pelas enfermidades de pobres, pela insegurança e pelo desprezo.

Se, quando falta a estabilidade mínima, quando se nada contra a corrente, quando não há elementos para viver, vivem e vivem humanamente e até em paz, nesta lide que não para, é porque vivem do Espírito que dá vida (como dizemos no *Creio*) e de vida autenticamente humana, porque é o Espírito de Jesus Cristo. É natural que essa obediência fundamental pode coexistir com muitas infidelidades pontuais; mas não podemos equiparar as muitas infidelidades com essa fidelidade de fundo que dá o tom à sua vida. Uma força que, como Paulo diz frequentemente de si, se experimenta a partir da fraqueza, uma fraqueza tão maciça que, muitas vezes, chega a atordoá-lo, mas que é sustentada ou refeita, não se sabe como, quando se esgotam as forças ou se está à mercê de sentimentos muito negativos.

O ponto de partida da missão é proclamar a Boa-Nova da ação do Espírito nos evangelizandos

O que isso tem a ver com a missão? É o ponto de partida e o ponto de apoio indispensáveis. Como insistia teimosamente Las Casas no começo da evangelização da Indo-América, a missão tem de começar com a proclamação da graça. Isto significa que nenhum evangelizador tem o direito de propor algo, menos ainda de corrigir, enquanto não for capaz de ver e proclamar a presença da graça naqueles aos quais quer evangelizar. Porque, antes de ele, evangelizador, ter chegado, já havia chegado o Espírito de Jesus. Assim, pois, o maior Evangelho que posso dar às pessoas de periferia e, em geral, aos pobres do continente é que, enquanto vivem, e vivem humanamente, vivem pela força e pela sabedoria que o Espírito lhes dá. E que essa obediência fundamental é a coisa mais importante que Deus quer deles e que os constitui seus filhos prediletos. Que diante do desprezo e abandono de tantos, até mesmo de muitos que se chamam cristãos, para o Pai de Nosso Senhor Jesus Cristo são a coisa mais preciosa que há no mundo e que, por isso, lhes dá seu Espírito como o maior tesouro que possuem, o maior tesouro possível. Mas não somente isso. O evangelizador também tem de lhes dar o Evangelho de que eles obedecem ao Espírito e que, por isso, Deus está muito contente com eles, porque, esforçando-se por viver humanamente, apesar de tudo, agem como bons filhos seus.

Além disso, não poucos desses pobres latino-americanos se sentem cristãos e sua fé e suas devoções são para eles uma ajuda inestimável para manter a esperança e a dignidade. O que é mais impactante nesses pobres cristãos é que falam livremente com Deus, desabafam com ele, pedem-lhe, até brigam com ele, têm mais confiança nele que em si mesmos e, por isso, definitivamente, se colocam em suas mãos e se abrem a seus desígnios. A evangelização tem de consistir em lhes dizer que, quando falam assim com Deus, o fazem por impulsos do Espírito, que é ele quem lhes dá essa franqueza para estar com ele desnudamente e sem temor, como verdadeiros filhos muito queridos (cf. Rm 8,15-17). Têm de animá-los a prosseguir essa relação porque essa é a fonte de sua humanidade e sua expressão mais elevada.

Nessa mesma tônica, é autêntico Evangelho e, portanto, conteúdo fundamental da missão, proclamar que o Espírito não age só nos que relativizam instituições e estruturas porque sabem que fomos criados para entrar na comunidade divina como filhos em seu Filho, mas que

> chama outros a dedicarem-se ao serviço terreno dos homens, preparando com esta sua atividade como que a matéria do reino dos céus. Liberta, porém, a todos, para que, deixando o amor próprio e empregando em favor da vida humana todas as energias terrenas, se lancem para o futuro, em que a humanidade se tornará oblação agradável a Deus (*Gaudium et Spes*, n. 38).

Nesse ambiente Pós-Moderno de individualismo sem misericórdia e de religião descomprometida, é uma boa notícia dizer a nossos concidadãos que, com abnegação de si mesmos, dedicam suas energias em favor da vida humana, que é o Espírito de Jesus derramado na Páscoa quem dá alento, purifica e robustece essa sua dedicação. E que por isso nós, como cristãos, os reconhecemos, lhes somos agradecidos e lhes pedimos que nos ajudem a secundar esta direção vital, que é uma direção genuinamente espiritual.

Em que se nota que os missionários estão animados pelo Espírito

Somente a partir desse reconhecimento da ação do Espírito, mais além das fronteiras da Igreja e até mais além da explicitação religiosa, tem sentido referir-nos à missão expressa como cristãos. A pergunta é: em que consiste o tom espiritual da missão, em que se nota que os missionários estão amimados pelo Espírito de seu Senhor que os envia? O pressuposto desta pergunta é que o modo de concluí-la realiza cabalmente o conteúdo ou o desmente. Por isso, como insistia Las Casas, só há um único modo de evangelizar: o mandado e praticado por Jesus e pelos apóstolos. Vamos sistematizá-lo guiados por ele, porque aqueles que, em nossa América, se converteram ao Cristianismo (e não só se renderam à religião dos vencedores) o fizeram diante de missionários deste porte e porque esta segunda evangelização que hoje empreendemos não pode apoiar-se em outras bases.

Referindo-se a São Paulo, diz que de seu modo de missionar

podem ser colhidas as cinco partes que integram ou constituem a essência da forma de pregar o Evangelho, de acordo com a intenção e o mandato de Cristo. A primeira é que os ouvintes, sobretudo infiéis, compreendam que os pregadores da fé não têm nenhuma intenção de adquirir domínio sobre eles com a pregação [...]. A segunda parte consiste em que os ouvintes, e, sobretudo os infiéis, entendam que não é a ambição de ter que os move a pregar [...]. A terceira parte consiste em que os pregadores se comportem de tal maneira doces e humildes, afáveis e corteses, amáveis e benévolos ao falar e conversar com seus ouvintes, sobretudo infiéis, que estes queiram ouvi-los prazerosamente e tenham sua doutrina na maior reverência [...]. A quarta parte da forma de pregar, mais necessária que as outras, pelo menos para que a pregação seja proveitosa ao pregador [...] é o amor de caridade com o qual Paulo acolhia a todos os homens do mundo para que se salvassem; irmãs gêmeas da caridade são a mansidão, a paciência e a benignidade [...]. A quinta parte da forma de pregar o Evangelho é ter uma vida exemplar, resplandecente com obras de virtude e sem ofender ninguém, totalmente irrepreensível.[1]

A primeira indicação de que a missão é animada pelo Espírito é que os evangelizadores não pretendam adquirir domínio. Assim aconteceu na primeira evangelização da América, como consta já na primeira bula (1493), na qual se proclamava que o único objetivo válido da presença dos espanhóis era a evangelização dos indígenas e que, para que a realizassem eficazmente, os investia da condição de senhores. Hoje, as instituições tendem a se organizar em corporações, distinguindo-se das demais e cultivando assiduamente seu lugar no mercado, que é sua capacidade de influência, isto é, que dá a medida de seu poder. Não será este um motivo importante para não poucos responsáveis da instituição eclesiástica empreenderem a missão? O número de adeptos não dá a medida de seu poder, com o qual negociam vantagens com as forças vivas? Podemos dizer com toda a verdade que, em nossa Igreja, não se cultiva o poder mundano e que o único poder que existe é o de servir a partir de baixo, os paroquianos, que são o sujeito paroquial? Acredito que não é exagerado dizer que para seguir esta direção do Espírito precisamos de uma conversão profunda e que, se não a seguirmos, a missão não será cristã.

O segundo sinal que nos ajuda a distinguir se a missão é animada pelo Espírito é que fique muito claro aos evangelizandos que os evangelizadores não são movidos pelo objetivo de possuir. Na Igreja latino-americana, se vem insistindo, desde Medellín, que a sustentação da instituição e de seus porta-vozes não pode se ligar aos sacramentos porque, no esquema atual, parece que são cobrados. Assim o diz taxativamente Jesus ao enviar seus apóstolos: "De graça recebestes, de graça deveis dar!" (Mt 10,8). Las Casas glosa a prática dos discípulos neste primeiro envio observando "que não pediam nem alimento, mas o aceitavam dos que voluntariamente o queriam dar". O sentido de pregar na pobreza é instaurar a reciprocidade

---

[1] *De unico vocationis modo*. Madrid: Alianza, 1990. p. 247-261.

de dons como expressão primária da fraternidade das filhas e dos filhos de Deus, que é o conteúdo da evangelização. Aquele que evangeliza com sua pobreza faz ver que é verdade, como diz, que se pode fundamentar a vida na confiança em Deus. Mas aquele que se coloca nas mãos de Deus se coloca também nas mãos dos que, por seu ministério, se colocam nas mãos de Deus, e, desse modo, os filhos e as filhas mostram sua condição filial na fraternidade.

Isso significa que a missão tem como finalidade formar verdadeiras comunidades cristãs que, além de atender os necessitados, se responsabilizem pelos que se dedicam, digamos profissionalmente, a elas. Isso inclui que a instituição eclesiástica se integre no seio do Povo de Deus, incorporando-se nele, o que acontece ao se definir os presbíteros, não como clérigos, mas como cristãos, em vez de constituir um corpo em si e, de certo modo, para si.

A terceira nota que caracteriza a missão animada pelo Espírito de Jesus é que os evangelizadores sejam humildes, amáveis e benévolos. Não se refere a um traço temperamental, mas a que, se o que estão comunicando é a condescendência e a benignidade de Deus, que não enviou seu Filho para julgar, mas para salvar a partir de baixo com a graça da pregação, esse conteúdo só pode ser comunicado realmente com esta mesma graça e afabilidade. Em qualquer outro caso, o modo de evangelizar desdiz o que se proclama.

Este traço se opõe ao proceder de uma instituição que se acredita dona do que traz nas mãos, que se distingue dos fiéis, e que, por isso, impõe seus conteúdos doutrinária e disciplinarmente. Uma evangelização com Espírito deve deixar para trás todas essas malformações.

A quarta característica de uma missão com o Espírito é o amor de caridade para acolher a todos. Esse amor que não discrimina ninguém é nada menos que a sacramentalização da missão, que consiste em proclamar que, em seu Filho Jesus, Deus nos acolhe incondicionalmente. A conversão cristã não é para uma lei que se impõe, mas para a boa notícia de que Deus se aproximou gratuitamente para consumar sua aliança. Se esse amor não é aquele que o modelo leva, o que se diz é apenas ruído vazio, "como o repicar de um sino ou o vibrar de alguns címbalos" (cf. 1Cor 13,1).

O contrário disso é o acolher interessado, o trabalho de comercializar para o qual somos tentados pelos vendedores que frequentam nossas igrejas. A prova de que acolhemos a todos é que recebamos incondicionalmente aos pobres e aos tidos como pecadores. Para que isso fosse verdade, teriam de mudar muito profundamente algumas práticas estabelecidas.

A quinta característica da missão com o Espírito é uma vida exemplar, não no sentido do cultivo ensimesmado da perfeição moral, mas no de assumir o paradigma de Jesus. Em nós, deve reluzir a humanidade do que é tão humano como somente o Filho de Deus pode ser. Copiar a imagem de Jesus é a base e o meio da evangelização. O contrário é pregar doutrinas e ritos e a vinculação a uma instituição de prestígio, o que é muito mais fácil que revelar Jesus de Nazaré com a vida, mas não salva.

Como se vê, uma missão a partir do Espírito de Jesus não é fazer o que se vem fazendo com um tom espiritualista, mas evangelizar em obediência ao impulso do Espírito, que envolve fazer coisas diferentes, organizá-las de outra maneira e, sobretudo, relacionar-se de modo fraterno, porque todos recebemos o Espírito.

A MISSÃO COMO SEGUIMENTO DE JESUS CRISTO NO ESPÍRITO

MARIA CLARA LUCCHETTI BINGEMER[*]

A missão cristã oriunda da experiência do discipulado – tema de fundo da V Conferência do Episcopado Latino-Americano e Caribenho em Aparecida – é o coração de seu documento de conclusões. Desde a preparação da Conferência, a intuição da Igreja Latino-americana radicava na certeza de que havia que dar ao Povo de Deus no continente um documento que fosse ao mesmo tempo uma ajuda e uma orientação para a vivência de um encontro com Jesus Cristo, feito de escuta e aprendizado. Esse encontro deveria ser como um acontecimento na vida das comunidades, impelindo-as para a missão renovadora que a Igreja do continente necessita hoje.

Embora procure dizê-lo de modo novo, diante dos desafios que o atual momento histórico e sociopolítico coloca diante da Igreja, este eixo dialético discipulado-missão é algo que se encontra presente e pulsante já nas raízes da identidade do Povo de Deus. O Antigo Testamento o demonstra em suas páginas, recolhendo a memória da história de Deus com Israel e projetando a Aliança para a frente, como desafio posto às gerações futuras.

O Cristianismo retoma a intuição do povo e dos profetas de Israel e faz nova leitura desse tema dentro da novidade que o Evangelho traz.

---

[*] Mestre em Teologia pela Pontifícia Universidade Católica do Rio de Janeiro, Brasil. Doutora em Teologia Sistemática pela Pontifícia Universidade Gregoriana, Roma. Pós-doutora em Teologia pela Katholieke Universiteit Leuven (Kuleuven), Bélgica. Atualmente, é decana do Centro de Teologia e Ciências Humanas e professora associada da Pontifícia Universidade Católica do Rio de Janeiro, Brasil.

Aparecida procura, pois, perseguir o fio dessa intuição fulcral e nodular para a vivência cristã no *Documento de conclusões* da V Conferência. Neste texto procuraremos refletir sobre quais os caminhos que se abrem para a Igreja latino-americana a partir daí, nestes tempos pós-Aparecida.

O ouvido e a língua de discípulo

Desde muito cedo o povo de Israel se compreende a si mesmo a partir da escuta do que Deus lhe diz. O escutar a Palavra de Deus e pô-la em prática foi o que fez com que Israel, amada com loucura por Javé, tenha podido seguir adiante na dinâmica da Aliança, chave pela qual o Povo de Deus se autocompreende e experimenta o amor de seu Deus.

Os profetas, porta-vozes de Deus e do povo, compreenderam este mistério e o viveram em suas vidas, muitas vezes com dor e dilaceramento interior. Entenderam sua vocação como um discipulado, no qual eram constante e pacientemente ensinados por Deus. Chamados a escutar sua Palavra e possuídos por seu Espírito, levavam essa Palavra que lhes queimava a boca e as vísceras e a diziam e transmitiam por sua vez ao povo, para que voltasse para o amor de seu Deus.

O Segundo Isaías profetiza em uma situação de sofrimento e dor. No exílio da Babilônia, o povo se sente infeliz e desesperançado. Parece que todos os caminhos se fecharam. Semelhante à situação do povo latino-americano, os israelitas exilados sofrem a opressão, a injustiça, a nostalgia da terra que foi deles e se perguntam se Deus os abandonou. O profeta apresenta em seus cantos a figura do Servo que sabe escutar com atenção o plano de Deus, suporta os sofrimentos inerentes à missão e confia no amparo e auxílio do Senhor. Sua atitude de confiança inquebrantável contrasta com a do povo, que se encontra a ponto de submergir na dor e na desesperança.

No terceiro canto do Servo, o Segundo Isaías apresenta seu estilo de discipulado, inseparável de seu ministério da Palavra. Introduz diante de nossos olhos o que é e no que implica a identidade, a vocação e a missão do Servo, que é, acima de tudo, um discípulo que escuta amorosamente e se deixa moldar e enviar pela Palavra de Deus. Nesse muito belo e inspirador texto vemos toda a aventura e o destino do discípulo que é eleito em favor de um povo que sofre. É alguém que escuta, que obedece, que é enviado e que dá frutos.[1]

O discípulo pode transmitir a palavra e consolar, porque ele mesmo escuta a cada manhã e tem o ouvido aberto. Ou seja, está sempre em comunhão com o Deus que lhe fala amorosamente e o envia. Para sustentar o que está cansado e devolver esperança ao que está abatido, terá de ser ensinado por Deus. E o discípulo de que fala o Segundo Isaías é pessoa de oração e dócil ao Espírito de Deus. Os sofrimentos que lhe chegarão por cumprir o que ouviu, ele os suportará e deles não fugirá. Enfrentará os conflitos e não tentará escapar deles. Porque confia plenamente naquele que lhe desperta o ouvido e a língua cada manhã e o consola para que seja por sua vez o consolador de um povo que está a ponto de perder a esperança e a confiança.

No Novo Testamento, o ministério de Jesus de Nazaré será visto e reconhecido por seus discípulos e por todos os que nele acreditarão como esse Servo obediente, que escuta a Deus e ao povo incessantemente, e que carrega sobre seus ombros os sofrimentos e enfermidades de todos a fim de lhes trazer o consolo e a libertação.

Jesus é ao mesmo tempo a Palavra e o perfeito ouvinte. É o Verbo de Deus voltado para a contemplação do rosto do Pai desde toda eternidade (cf. Jo 1,1), e por sua encarnação será o rosto do Pai voltado para a humanidade (cf. Jo 1,18). Filho de Deus, vive do amor que lhe transmite o Pai, que lhe comunica tudo aquilo que é. E àqueles que faz seus discípulos ensinará tudo o que escutou como perfeito discípulo e Filho amado do Pai, a fim de que – enviados por seu Espírito após sua Páscoa – sejam no mundo seu rosto, sua boca e seu corpo dado em oblação e serviço a todos.

Os elementos distintivos da identidade do discípulo cristão são, portanto, acima de tudo: a escuta à chamada de Jesus, a resposta crente e

---

[1] Cf. Is 50,4.6-8.

amorosa, a vinculação a uma comunidade de fé e a missão que a comunhão de vida e destino com Jesus vai levá-lo a desempenhar. A verificação da autenticidade do discipulado poderá ser percebida nos frutos que brotarão da missão a que o discípulo será enviado pelo Senhor Jesus na força de seu Espírito.

O discípulo de Jesus: alguém que escuta e responde com a vida

O núcleo da vida eclesial é feito desse dinamismo de escuta e envio, a partir do qual os discípulos de Jesus Cristo, enviados por seu Espírito, vão pelo mundo inteiro anunciando a Boa-Notícia que renova a face da terra. Em Aparecida, esse núcleo foi o ponto de partida ao redor do qual o *Documento* se construiu e finalizou.

Já o Papa Bento XVI, em seu discurso inicial à V Conferência, chamou a atenção para o fato de que

> o discípulo, fundamentado assim no rochedo da Palavra de Deus, se sente impulsionado a levar a Boa-Nova da salvação a seus irmãos. *Discipulado e missão são como as duas faces de uma mesma moeda: quando o discípulo está enamorado de Cristo, não pode deixar de anunciar ao mundo que somente ele salva (cf. At 4,12).* Com efeito, o discípulo sabe que sem Cristo não há luz, não há esperança, não há amor, não há futuro.

Por isso o *Documento* traz logo em seu início (n. 12) uma afirmação que é como uma chave de leitura para todo o texto:

> Não resistiria aos embates do tempo uma fé católica reduzida a uma bagagem, a um elenco de algumas normas e de proibições, a práticas de devoção fragmentadas, a adesões seletivas e parciais das verdades da fé, a uma participação ocasional em alguns sacramentos, à repetição de princípios doutrinais, a moralismos brandos ou crispados que não convertem a vida dos batizados. Nossa maior ameaça "é o medíocre pragmatismo da vida cotidiana da Igreja, no qual, aparentemente, tudo procede com normalidade, mas na

verdade a fé vai se desgastando e degenerando em mesquinhez". A todos nos toca recomeçar a partir de Cristo, reconhecendo que "não se começa a ser cristão por uma decisão ética ou uma grande ideia, mas pelo encontro com um acontecimento, com uma Pessoa, que dá um novo horizonte à vida e, com isso, uma orientação decisiva.

Recomeçar a partir de Cristo significará, segundo a ótica do *Documento*, encontrar-se vitalmente com ele, contemplá-lo, aprender de sua pessoa, seus critérios, atitudes, sentimentos e pensamentos. Em suma, estar pelo discipulado de tal modo impregnado pela pessoa de Cristo que toda a sua vida esteja orientada a ouvi-lo e buscar como realizar seu projeto no meio do mundo.

A mensagem final do *Documento* (n. 2) dirá que

o primeiro convite que Jesus faz a toda pessoa que viveu o encontro com ele é o de ser seu discípulo, para colocar os seus passos sobre as suas pegadas e formar parte de sua comunidade. [...] Ele chama cada um de nós pelo seu nome, conhecendo profundamente a nossa história (cf. Jo 10,3), para conviver com ele e enviar-nos a continuar a sua missão (cf. Mc 3,14-15).

Aí está sintetizado todo o movimento de discipulado-envio que informará o *Documento* na sua totalidade.

Essa missão, aprendida e configurada no seguimento de Jesus sob o impulso do Espírito Santo, deverá levar o discípulo a, diante das interpelações da realidade, assumir as atitudes e realizar os gestos e ações que Jesus faria. E o *Documento* é bem claro quando enfatiza que o caminho da missão necessariamente deverá levar o discípulo de Jesus diretamente ao encontro dos pobres e dos pequenos, levando a compaixão entranhável e a proximidade afetiva de Jesus ao lugar onde reside toda dor humana. Para isso o discípulo contempla "Jesus Cristo tal como os Evangelhos nos transmitem para conhecermos o que ele fez e para discernirmos o que nós devemos fazer nas atuais circunstâncias".[2]

---

[2] *DAp*, n. 139.

Para que isso se dê, o método que foi adotado em Aparecida, em fiel continuidade com as conferências anteriores de Medellín e Puebla – "ver, julgar e agir" –, será uma preciosa ajuda no sentido de que o verdadeiro discipulado tem de ser feito com o olhar bem voltado para a realidade, que será por sua vez iluminada pela contemplação de Jesus Cristo e seu Evangelho. A partir dessa análise crítica das circunstâncias históricas que nos interpelam e da contemplação de Jesus com desejo de construir seu Reino, o discípulo pode, então, ser enviado pelo Espírito do mesmo Jesus a fim de transformar a realidade conflitiva e injusta segundo o coração de Deus.

Missão do discípulo: missão trinitária

Assim como o Pai envia o Filho e o Espírito é enviado em plenitude após a Páscoa de Jesus, assim também o discípulo é enviado por esse mesmo Espírito. A missão do cristão batizado não é alheia ou estranha à vida mesma de Deus. Pelo contrário, insere-se na cadeia eterna dos envios trinitários que desde toda a eternidade vêm ao encontro das criaturas, transfigurando-as com sua presença.

É assim que o Novo Testamento apresenta Jesus Cristo: enviado do Pai, missionário do Pai, nada falando ou fazendo senão aquilo que o Pai lhe pede e lhe indica. É por isso que o Papa Bento XVI, em sua homilia aos bispos reunidos no início da V Conferência, dirá: "Neste momento, queridos amigos, somos convidados a fixar nosso olhar nele, para que a missão da Igreja subsista somente enquanto prolongamento da de Cristo. 'Como o Pai me enviou também eu vos envio' (Jo 20,21)".

Esse envio, continuará o Santo Padre, acontece no Espírito Santo, "soprado" pelo Senhor Ressuscitado sobre seus discípulos ao enviá-los. Assim, a missão de Cristo se realiza no amor, acendendo no mundo o fogo da caridade de Deus, para que os seres humanos e os povos tenham vida em abundância.[3] A missão da Igreja, da qual como discípulos par-

---

[3] Cf. Homilia do Papa Bento XVI ao início da V Conferência.

ticipamos, não é outra, portanto, senão a missão de Cristo. Como o Pai o enviou, também nós somos enviados hoje e sempre, por ele, na força de seu Espírito.

O que pede Aparecida, portanto, de todo cristão latino-americano é que "seja anunciador de Jesus Cristo com criatividade e audácia em todos os lugares onde o Evangelho não foi suficientemente anunciado ou acolhido, especialmente nos ambientes difíceis e esquecidos...".[4] Assumir nossa identidade de discípulos em um mundo cada vez mais plural e fazê-lo em diálogo fraterno e fecundo com os diversos atores sociais e religiosos, integrando forças na construção de um mundo mais justo, reconciliado e solidário, é nosso grande desafio hoje na América Latina.[5] A Igreja do continente está, pois, convocada por seus pastores "a repensar profundamente e a relançar com fidelidade e audácia sua missão nas novas circunstâncias latino-americanas e mundiais".[6]

É somente cumprindo sua missão de seguir os passos de Jesus e adotar suas atitudes de serviço, pobreza e obediência que a Igreja será fiel discípula e missionária audaz e fecunda. O Evangelho, como nos recorda Aparecida, ensina uma e outra vez que seguir a Jesus implica ser pobre com e como ele; anunciar o Evangelho da paz sem bolsa nem alforje; na gratuidade de quem confia apenas naquele que o enviou e não nas seguranças outras que o mundo oferece.[7]

É isso que situará o discípulo bem no coração da realidade desfigurada e injusta que é a da América Latina, assumindo o mesmo estilo de vida de Jesus, feito de preferência pelos pobres e pequenos, de serviço gratuito e amoroso até o dom da própria vida.[8] Por isso a missão não se limita a um programa ou projeto, mas consiste em uma partilha da experiência do acontecimento de encontro com Jesus Cristo, testemunhado em toda

---

[4] Cf. Mensagem final do *Documento de Aparecida*, n. 4

[5] Cf. ibid.

[6] *DAp*, n. 11.

[7] Cf. *DAp*, n. 31.

[8] Cf. *DAp*, n. 139.

circunstância.[9] Assim o discípulo será realmente alguém que é movido pelo Espírito Santo no seguimento de Jesus Cristo, fazendo visível o amor misericordioso do Pai especialmente aos pobres e pecadores.

Vivendo assim essa missão, o discípulo se percebe levado até o coração do mundo, ali onde a vida é mais agredida e ameaçada. Sua vida não será uma fuga ou um escapismo, nem mesmo um abandono das urgências da realidade dos grandes problemas econômicos, sociais e políticos da América Latina e do mundo para refugiar-se em uma esfera exclusivamente espiritual.[10] Será, assim, uma descida sempre mais decidida e radical ao fundo da realidade onde pulsa a verdadeira vida, impedida de ser plenamente vivida pela opressão que a esmaga.

Assim fazendo, o discípulo sai da solidão onde um individualismo mal compreendido, estimulado por certas correntes da sociedade hodierna, poderia levá-lo, e experimenta a comunhão com toda a comunidade eclesial, que, marcada e selada com o Espírito Santo e com fogo (Mt 3,11), dá prosseguimento à obra de Jesus Cristo, o Messias esperado, trazendo ao mundo a Boa-Nova do Reino de Deus já acontecido. É o mesmo e único Espírito que guia e fortalece a Igreja no anúncio da Palavra, na celebração da fé e no serviço da caridade. Assim, o Deus que tudo criou, que enviou seu Filho para a vida do mundo, que derramou seu Espírito sobre toda carne, assegura até o final dos tempos sua proposta de vida para homens e mulheres de todos os tempos e lugares, levando adiante a transformação da história e seus dinamismos.[11] É a Igreja, da qual o discípulo missionário é membro atuante e enviado, que continua, pela força do Espírito, a missão que Jesus Cristo recebeu de seu Pai.

---

[9] Cf. *DAp*, n. 145.
[10] Cf. *DAp*, n. 149.
[11] Cf. *DAp*, n. 138.

Conclusão: missão trinitária para que todos tenham vida

O eixo fundamental do *Documento de Aparecida* é a missão inseparável do discipulado. O grande objetivo de criar uma missão continental que renove o continente com a força do Evangelho deve ir de par com um estímulo à escuta da Palavra e à experiência do mistério de Deus que se aproxima e que é autocomunicação em si mesmo.[12]

Dessa convicção fundamental decorrem todas as orientações do *Documento*. Com respeito à formação,[13] ao discernimento para o serviço, às prioridades a atender, à organização comunitária, celebrativa, enfim, a todas as dimensões da vida eclesial. Trata-se de uma Igreja que se percebe em um momento de grandes e novas interpelações e deseja a elas responder com tudo o que tem e que é. Mas, ao mesmo tempo, percebe que essa resposta não pode ser dada a partir de si mesma, mas somente a partir *daquele* que é sua fonte de vida e existência.

A missão, portanto, está em estreita dependência do discipulado, da escuta humilde e disponível do Senhor que fala, ensina, ama e envia os seus ali onde as necessidades são maiores e a vida se encontra mais ameaçada. A qualidade da missão, portanto, dependerá do tamanho do desejo de discípulos e discípulas de abrir-se à obra do Espírito em si mesmos e na comunidade de fé. O Espírito é o Único que pode configurar-nos a Cristo a fim de que sejamos no mundo seu rosto, sua voz, sua pessoa mesmo construindo o Reino do Pai.

"A Igreja peregrina é missionária por natureza, porque encontra sua origem na missão do Filho e do Espírito, segundo o desígnio do Pai. Por isso o impulso missionário [que a Igreja da América Latina deseja ter] é fruto necessário à vida que a Trindade comunica aos discípulos."[14]

---

[12] Cf. RAHNER, K.

[13] Cf. *DAp*, nn. 278, 279, e toda a terceira parte do *Documento*.

[14] Cf. *DAp*, n. 347.

E essa vida é a vida trinitária de amor do Pai, do Filho e do Espírito Santo, a vida eterna, cuja missão é manifestar o imenso amor do Pai que não cessa de dizer que todos somos filhos seus e por isso devemos todos viver e comportar-nos como irmãos.

PARTE V

EXIGÊNCIAS PARA A MISSÃO EVANGELIZADORA

A MISSÃO COMO CONVERSÃO PASTORAL: UMA PERGUNTA OU UMA RESPOSTA?

*Francisco Merlos**

O *Documento de Aparecida* pode ser resumido em duas palavras cheias de sabedoria: *conversão pastoral*. Constituem o radicalismo evangélico para realizar as transformações profundas que a realidade e a Igreja desta região do planeta esperam. No entanto, para não cair no jogo da propaganda frívola, com suas frases e *slogans* publicitários, é indispensável estar atentos para não sucumbir à tentação da oferta mercantil.

Paulo VI fez, na *Evangelii Nuntiandi* (1975), uma série de perguntas incômodas (n. 4) que deixavam uma sensação de desamparo, mas também de anseios por se colocar em marcha para algo diferente:

- Que eficácia tem, em nossos dias, aquela energia escondida da Boa-Nova, capaz de sacudir profundamente a consciência dos homens?
- Até quando e como esta força evangélica pode transformar verdadeiramente o homem deste nosso século?
- Com que métodos que hão de ser seguidos para proclamar o Evangelho de modo a que a sua potência possa ser eficaz?

E terminava com uma pergunta ainda mais premente:

- Encontrar-se-á a Igreja mais apta para anunciar o Evangelho e para o inserir no coração dos homens, com convicção, liberdade de espírito e eficácia? Sim ou não?

E ele mesmo respondia com honestidade:

---

* Padre mexicano, licenciado em Teologia pela Universidade de Estrasburgo, França. Professor de Teologia Pastoral na Universidade Pontifícia do México. Experto em catequese, assessor do Celam e professor no Instituto Teológico-Pastoral para a América Latina do Celam. Autor de inúmeros livros e artigos publicados em revistas científicas de Teologia.

- "Todos nós vemos a urgência em dar a esta pergunta uma resposta leal, humilde, corajosa e, depois, de agir consequentemente" (n. 5).

Sua provocação continua de pé. E, à medida que surgem fenômenos inéditos, aquelas perguntas continuam estimulando a utopia missionária da Igreja, obrigando-a a pensar, a situar-se e a agir diferentemente nos novos cenários latino-americanos.

Já o Concílio Vaticano II nos havia deixado não poucas perguntas intrigantes que era preciso responder. Sem dúvida, foram numerosas as respostas que ofereceu para acompanhar a peregrinação histórica do Povo de Deus. Mas as perguntas de então foram tão transcendentes que ainda estamos tentando respondê-las.

A postura interrogativa da Igreja pós-conciliar logo foi assumida como indicador no diálogo sociocultural. Prevaleceu sobre a atitude de resposta que a Igreja esteve sempre habituada a exercer em sua relação com o mundo. O Concílio reconheceu lealmente que a Igreja nem sempre tinha à mão a resposta adequada para cada questão. Ficava-se frequentemente só com as perguntas, como gesto solidário com aqueles que questionam.[1] O Concílio tentou mudar o paradigma missionário da Igreja.

A pergunta e a resposta, chaves imprescindíveis da existência humana

A vida é uma sucessão de perguntas e respostas. Com elas se nasce, se cresce, se luta, se sofre, se deleita e, finalmente, se morre. Cada pessoa e cada comunidade são um compêndio das perguntas que foram apresentadas e das respostas que encontraram. O binômio pergunta-resposta vai marcando incessantemente a existência, imprimindo-lhe um dinamismo irrenunciável.

---

[1] "[...] a Igreja, embora nem sempre tenha uma resposta já pronta para cada uma destas perguntas, deseja, no entanto, juntar a luz da revelação à competência de todos os homens, para que assim receba luz o caminho recentemente empreendido pela humanidade" (Constituição pastoral *Gaudium et Spes*, n. 33).

Pergunta e resposta têm papéis diferentes. Esta costuma trazer certezas, seguranças, confiança e tranquilidade ao espírito humano. Quem encontra uma resposta conseguiu uma façanha, crescendo na consciência do domínio sobre si mesmo e sobre seu entorno. Aquela, ao contrário, cria incerteza e inquietude, incômodo e desassossego, embora, por outro lado, também estimule na busca e na esperança no futuro. Por isso, não é de estranhar que o ser humano se deixe seduzir muito mais pela resposta que pela pergunta. Ambas, no entanto, dão um sentido à existência.

Viver é submergir num mundo inimaginável de incógnitas, de enigmas e de interrogações, que desencadeiam as potencialidades humanas e transformam a pessoa em protagonista de sua história. A pergunta deixa claras as possibilidades de ser. Gera expectativas e itinerários inéditos. Cria alternativas novas de existência. Rompe inércias e supera inibições. Põe em atitude exploradora e obriga a fazer rupturas. Treina para a busca. Dispõe para o diálogo, retifica rumos. Suscita comportamentos novos. Produz surpresas e se antecipa, de alguma forma, ao futuro. É filha predileta do espírito humano, que por ela se liberta para transformá-lo por inteiro.

Há quem tema a pergunta, simplesmente a evita, não tem o hábito de se questionar, de questionar o entorno, nem de se deixar questionar. Com semelhante atitude, cai na mediocridade e no estancamento paralisante, que são formas vulgares de renunciar à plenitude de vida.

As grandes revoluções sociais e científicas e as mudanças significativas começaram sempre com uma ou várias interpelações que surgem sem avisar e se propõem com obstinação. E o espírito do ser humano não descansa enquanto não as responde, para reiniciar sua marcha com novas perguntas. A experiência religiosa tem em sua origem questões metafísicas existenciais. E a mesma conversão cristã começa por uma pergunta, que impele à busca do Mistério de Deus.

Na Igreja, sobretudo em certos setores do poder, agimos frequentemente como se nossa única missão fosse a de dar resposta a todos os problemas. E como nossa suposta especialidade reside nisto, nos formam, nos preparam e nos treinam para este dever, induzindo-nos, assim, a nos considerarmos possuidores de todas as verdades. Assim, esquecemos com frequência que nossa tarefa consiste também em nos questionar a nós mesmos e em fazer as perguntas pertinentes para que as pessoas busquem suas respostas. Há muitos espíritos clarividentes que proclamam com legítima paixão sua verdade, fruto de questionamentos, suas buscas e suas respostas.

Talvez a cultura da resposta para tudo deveria dar passagem à cultura do sadio questionamento a tudo. Não nos aconteça o que um autor latino-americano dizia há alguns anos: "Quando tínhamos todas as respostas, mudaram todas as perguntas" (Eduardo Galeano).

A instituição eclesial e cada crente possuem certamente um potencial de respostas, como os profetas, Jesus, os apóstolos e todos os que anunciaram o Evangelho do Reino. Contudo, antes de dar resposta a tudo, teriam de procurar identificar as múltiplas perguntas de seu entorno. Porque, se é verdade que com frequência os outros esperam a resposta para suas interrogações, também é certo que frequentemente é preferível ser portador das perguntas do Senhor, para que se coloque em caminho de busca. Às vezes, é mais difícil fazer uma pergunta inteligente que dar uma resposta sábia.[2]

A cultura do questionamento em nossa época

Para ninguém é novidade afirmar que nossa época é enormemente complexa, desconcertante e cheia de interrogações. Alguns dos traços característicos no-lo dizem abertamente:

- *Uma sociedade agressiva* que, oculta ou descaradamente, atenta contra o mais íntimo de nossa personalidade: as convicções, os valores, os critérios, as crenças, numa palavra, contra tudo o que dá sentido profundo à vida. Por outro lado, é enormemente *ambígua*, pois nela tudo tem espaço: as meias verdades, as mentiras disfar-

---

[2] É muito interessante o estudo sugestivo de Hans Dieter Bastian, *Teología da la pregunta* (Estella: Verbo Divino, 1975), no qual faz uma análise interdisciplinar do lugar e do papel que a pergunta exerce na existência humana, destacando justamente o dinamismo que tem em todas as expressões da pessoa.

çadas de verdade, as simulações e as hipocrisias, as chantagens de todo tipo, que são assumidas como moeda corrente e como filosofia de vida para conseguir o êxito, até mesmo passando pelo cadáver do outro.

- Vivemos numa sociedade *contraditória* como o mesmo ser humano, que é o ser mais contraditório que existe no planeta. Por quê? Porque enquanto alguns morrem porque comem demais (morrem de indigestão), outros morrem porque não têm o que comer (morrem de fome); enquanto alguns têm todas as oportunidades, outros dão com a cara na porta; enquanto alguns vivem na opulência que humilha, outros vivem na miséria vergonhosa; enquanto se fala de democracia, participação e paz, gostamos de praticar a intolerância, a repressão e a violência...

- *Uma sociedade de mudanças tão vertiginosas* que já não temos tempo de assimilá-las. Sentimo-nos, às vezes, estranhos em nossa própria terra. *Uma sociedade cética* que está perdendo a fé em tudo e em todos. Não há lideranças dignas de fé, não há projetos confiáveis, temos instituições que, a cada dia, se perdem no desprestígio...

- *Uma sociedade irreverente*, que tudo coloca em dúvida e tudo questiona, desde a autoridade, a fidelidade e a honradez até as fontes da vida que, em outras épocas, pertenciam somente a Deus. *Uma sociedade desencantada*, que não encontra pontos de referência para continuar construindo um mundo com sentido.

A causa principal, possivelmente, é o fato de o espírito do tempo ter adotado a filosofia de um profundo desprezo pela pessoa humana. Embora se tenha que dizer, no entanto, que ainda existem muitos homens e mulheres anônimos que lutam a cada dia e não deixam que lhes matem sua esperança na vida.

Os analistas esquadrinham sem cessar os fenômenos antigos e recentes, os processos socioculturais relevantes e as tendências que cruzam o tecido da convivência social. Mas, frequentemente, costumam só propor-nos resultados provisórios. Encontram-se perplexos. Não se atrevem a oferecer conclusões definitivas.

A transição interpeladora de nossa época ocupa um lugar de destaque na consciência contemporânea. Provavelmente isso se deva à globalidade da mesma (tudo muda), à simultaneidade com que acontece (tudo muda ao mesmo tempo), à velocidade com que se produz (sua vertigem) e aos impactos que envolve (suas sequelas). A sociedade atual vive uma transição como nunca antes em sua história. Existe uma hipersensibilidade às vezes patológica para a transição, até mesmo com o risco de negar o valor do absoluto.

Jesus: resposta e pergunta definitiva do Pai[3]

Ao se aproximar da pessoa humana, o Senhor assume incondicionalmente o binômio pergunta-resposta. Por um lado, se entrega como resposta para as grandes interrogações e aspirações inerentes à existência humana. Aquelas sem cuja resposta não existiria plenitude de sentido. Por outro lado, também se revela como pergunta que o incomoda, tortura e exige dele uma busca, que o transforme em rastreador permanente da plenitude infinita de Deus. Ambas são faces inseparáveis da única revelação divina: Deus como resposta e Deus como pergunta. O Senhor responde para suscitar certezas, mas, ao mesmo tempo, questiona para que o povo caminhe como um nômade em sua fé. A imanência e a transcendência da mão.

Jesus tem o mesmo comportamento de Deus. Sua pessoa, sua palavra e sua obra são simultaneamente resposta e questionamento. Dá paz, mas também inquieta. É a Grande Resposta do Pai para as aspirações e

---

[3] Todos conhecem a abundância das cristologias de nosso tempo. O mistério de Jesus costuma ser apresentado nas cristologias atuais com o binômio pergunta–resposta. É significativa a obra coletiva *Descer da cruz os pobres: cristologia da libertação*, organizada por José Luis Vigil (São Paulo: Paulinas, 2007), que foi publicada como homenagem fraterna de muitos teólogos latino-americanos, por motivo da notificação romana aos escritos cristológicos de Jon Sobrino, justamente a um mês do aparecimento daquela. Isto é um fato teológico insólito na história da teologia recente.

perguntas de homens e mulheres, mas também é a Grande Pergunta do Pai que incomoda, coloca em situação de busca e desmascara os ídolos que pretendem tirar o lugar do Deus vivo:

- Como resposta, reflete a certeza da fidelidade inquebrantável de Deus. Como pergunta, sacode o crente para que saia de sua mediocridade e de suas vacilações.
- Como resposta, oferece a irreversível solidariedade de Deus. Como pergunta, questiona a falta de solidariedade que temos com os que esperam de nós um gesto fraterno, especialmente os desprezados deste mundo.
- Como resposta, oferece audácia para formar a comunidade dos irmãos. Como pergunta, desqualifica todas as formas de egoísmo, de intolerância, de repressão e de exclusão.
- Como resposta, plenifica as aspirações profundas do crente e dá sentido à sua vida. Como pergunta, incomoda os que vivem enamorados de seu poder, de seu dinheiro e de sua arrogância. Questiona os que nunca duvidam de nada.
- Como resposta, "dá olhos para ver e ouvidos para entender" os caminhos do Deus vivo. Como pergunta, penetra o coração para que reconheça a perversidade de todas as formas de idolatria.
- Como resposta, mostra um amor incondicional e preferencial pelos fracos deste mundo. Como pergunta, sai em defesa daqueles que não têm outra arma senão sua dignidade de homens e mulheres.

Em última instância, todo o itinerário histórico de Jesus, sua vida e ministério, estiveram marcados por respostas que envolviam certezas irrenunciáveis, mas, ao mesmo tempo, por questionamentos inescusáveis.

Uma conversão pastoral que se traduza em ação missionária

Toda conversão é o ponto de chegada de uma interrogação proposta e respondida, e o ponto de partida de novas perguntas que são formuladas para viver a existência cristã. Questionar-se, deixar-se questionar é a pedra angular para se encontrar com o Deus de Jesus Cristo. Mas, a partir daí, impõem-se algumas condições, sem as quais não é possível realizar a conversão pastoral como premissa da missão.

Quem tem medo das mudanças não tem fé no Senhor da história

Aparecida nos recorda que, todos os dias, há mudanças profundas no mundo e na Igreja. Em seu segundo capítulo (nn. 33-100), afirma que as mudanças chegaram para ficar. A existência inteira é mudança incessante. As mudanças são uma necessidade vital que nos colocam em contato com a riqueza da vida que há dentro e fora de nós. Fazem-nos amadurecer como seres humanos. Permitem-nos reconhecer nossos talentos e nossos limites de criaturas.

Quem tem medo das mudanças não compreendeu que o Senhor conduz os rumos e as intensidades da história. Os discípulos de Jesus estão imersos nas mudanças. Não se assustam nem se atordoam, porque reconhecem nelas o *kairós* de Deus, que nos oferece a oportunidade de nos associarmos ao seu plano libertador. Nele o Senhor oferece surpresas e graças impensáveis.

Jesus anuncia a Boa-Notícia como um chamado urgente à mudança. Aquele que não muda radicalmente não é apto para o Reino de Deus. Quem não sabe entender as mudanças nem esquadrinhar Deus nelas andará sempre como um errante sem rumo nem horizonte.

Um discípulo e missionário de Jesus não é chamado para ser um medíocre

Na sociedade atual, há uma cerrada competição pela qualidade. É uma guerra sem trégua. Empresas multinacionais, partidos políticos, o mundo midiático, as religiões dizem que têm a melhor oferta, a de mais qualidade, que deixará alguém completamente satisfeito. Há uma filosofia segundo a qual, se não tivermos qualidade, seremos irremediavelmente marginalizados. Outros ocuparão nosso lugar.

A qualidade consiste em ser e fazer as coisas dando o melhor de si mesmo, com responsabilidade, com honradez e com toda a capacidade ética para responder ao que esperam de si. O contrário é a mediocridade, a falta de coerência e de ética, a improvisação e o engano, que induzem os outros a acreditar no que não somos. E isso este mundo incoerente que nos coube a sorte não perdoa.

O capítulo sexto (nn. 240-346) do *Documento de Aparecida* fala da formação daquele que pretende ser discípulo e missionário de Jesus Cristo, como leigo ou pastor de seu povo. Seu objetivo principal é assegurar a qualidade missionária dos seguidores de Jesus. Os discípulos de Cristo não podem ser medíocres, nem improvisados, nem charlatães, porque o que trazem nas mãos é a Boa-Nova de Jesus, que devem entregar com a maior qualidade de que são capazes. O Evangelho merece, a comunidade cristã espera e a sociedade latino-americana precisa. Os discípulos e missionários medíocres não têm futuro num continente que tem urgência de qualidade humana, espiritual e apostólica.

Se somos medíocres, não nos deve estranhar que outros ocupem nosso lugar. Ficaremos como uma curiosa peça arqueológica. Nossa Igreja continuará iludida com suas glórias passadas, mas será incapaz de comunicar a vida abundante de Jesus a nossos povos. E tudo por nosso pecado de mediocridade.

As contradições do continente da esperança e do amor

Desde Medellín (1969) e Puebla (1979) se dizia que a América Latina é *o continente da esperança*. E o Papa Bento XVI acrescentou que é o *continente da esperança e do amor*. No entanto, a indignante realidade nos faz ser cautelosos para não ser ingênuos.

Na verdade, a América Latina é a região da esperança e do amor? A primeira coisa que ressalta são as enormes contradições de toda espécie que humilham os filhos e as filhas de Deus. No "continente da esperança e do amor", Aparecida adverte que há uma quantidade de coisas que nos alegram e nos fazem felizes, como também um número considerável de situações que nos entristecem e envergonham. Desejo sublinhar brevemente algumas contradições evidentes, especialmente em nossa Igreja.

A Igreja é vista mais preocupada com as formas externas que com a centralidade do Reino; mais satisfeita com a quantidade de seus membros que com a qualidade dos mesmos; muito cautelosa em transformar a sociedade atual com os valores do Evangelho, em vez de lhe dar a face com a audácia de mártires dos primeiros evangelizadores; mais ocupada em conservar doutrinas, normas, tradições, linguagens..., embora frequentemente já sejam obsoletos, em vez de abrir novos caminhos para o anúncio do Evangelho; frequentemente está agarrada a conflitos, frivolidades anacrônicas, individualismos, rivalidades, desqualificações, lutas de poder, autoritarismos, ambições, arrogâncias humilhantes, suspeitas aos supostos dissidentes..., em vez de irradiar força de mártires para ser sinal crível do Evangelho.

O que fazer para superá-las? Voltar à "Igreja que Jesus queria e os apóstolos nos deixaram". Uma Igreja que assume a realidade com seus gritos e suas enfermidades. Fundada na palavra e no Espírito para viver perto do povo. Sacramento libertador do Reino. Comunidade de Deus sem fronteiras. Orante, fraterna e solidária. Ministerial, dialogante, profética e pobre. Respeitosa da pluralidade. Que valoriza os dons e ministérios que cada um recebeu do Espírito. Uma Igreja que se edifica a si mesma à maneira de Jesus.

A Igreja latino-americana e caribenha não é uma Igreja menor de idade

A Igreja da América Latina e do Caribe tem uma experiência cristã muito original. Foi forjando um estilo próprio de viver o Evangelho, enriquecendo com isso a Igreja Universal. Aparecida diz reiteradamente que se deve reconhecer o que a Igreja foi, mas também se deve ver o que precisa ser no futuro. Afirmou-se que quase a metade dos católicos do mundo vive nesta região do planeta, o que significa que há aqui muitas energias espirituais que surgiram em contato com o Evangelho, que foi pregado e que continua sendo proclamado há mais de meio milênio.

No entanto, dá a impressão de que ainda se olha para esta Igreja como menor de idade, da periferia, desorganizada, sem a categoria das Igrejas opulentas; uma Igreja que sobrevive para ser aprendiz, que só deve imitar as Igrejas dos países da abundância. Que não pode fazer contribuições significativas para a Catolicidade, porque nasceu para escutar, obedecer, repetir e aprender, mas nunca para criar nem ensinar ninguém.

Tal visão obedece a uma mentalidade colonialista, conquistadora e excludente, onde somente os senhores têm direito de cidadania. Não lhe é reconhecida sua evidente pluralidade cultural nem os talentos dos povos latino-americanos, nem os dons que o Espírito derramou sobre esta região do mundo, onde se vive o Evangelho com dor e muitas lágrimas, mas com uma esperança que se mistura com o canto, o baile e a celebração espontânea da vida.

A Igreja da América Latina e do Caribe já é uma Igreja adulta. É uma interlocutora válida com a qual se pode dialogar de igual para igual. Espera ser apreciada sem suspeitas por sua teologia, por suas Comunidades Eclesiais de Base, por sua religiosidade popular, por sua espiritualidade enraizada na vida concreta, por sua maneira popular de ler a Palavra de Deus, por sua experiência na análise permanente da realidade, por seus métodos pastorais, pela criação de seus ministérios, pela promoção de seus leigos, e, finalmente, por suas iniciativas apaixonadas para que o Evangelho saia dos templos e chegue às praças, às fábricas, às favelas, aos caminhos, às cidades, a todos os homens e mulheres que continuam tendo esperança na Boa-Nova de Jesus.

Se a Igreja latino-americana não é considerada como uma Igreja adulta, mal sinal para todos. Não se deve estranhar que, a cada ano, desertem dela milhões de católicos, que buscam noutra parte o que têm direito de esperar dela, que, porém, ninguém lhos deu. Se alguém já não busca nada em sua Igreja, é porque ela perdeu sua capacidade de ser digna de fé.

Uma Igreja de leigos e pastores, onde todos se sintam iguais, diferentes e irmãos

Nunca entendi porque, quando se fala dos diversos membros da Igreja, sempre se começa de cima para baixo: papa, bispos, padres, diáconos, religiosos e, em último lugar, leigos. Como se a Igreja não quisesse abandonar a velha ideia da pirâmide, onde em cima estão os que têm mais categoria e embaixo os que têm menos. O Concílio Vaticano II começou de outra maneira. Virou a pirâmide. Primeiro disse que todos pertencemos ao único Povo de Deus e dentro dele temos a mesma dignidade, o mesmo valor aos olhos do Senhor e idêntica vocação à santidade.[4]

O *Documento de Aparecida*, em seu capítulo quinto (nn. 154-239), fala da comunhão na Igreja. Aponta alguns lugares onde é vivida e as exigências que comporta para leigos e pastores. Mas o faz de cima para baixo, estabelecendo, desde o início, uma rara distância entre os membros do corpo do Senhor.

A comunhão é uma utopia evangélica que não pode ignorar o que realmente se passa na vida quotidiana das comunidades. Há uma imagem de Igreja que fica muito distante da realidade da comunhão real. Não há autocrítica suficiente para apontar, em leigos e pastores, os tropeços que não deixam que todos nos sintamos iguais, diferentes e irmãos. Impedem-no a arrogância, a prepotência, a arbitrariedade, o favoritismo, a manipulação, o abuso de poder, a exclusão dos que pensam diferente, o sentir-se superiores aos demais e o fazer distinções que humilham muitos filhos e filhas da Igreja.

Dizer que a Igreja de Jesus é um mistério de comunhão, há muito tempo o sabemos e está muito certo. Estamos de acordo por muitas razões que brotam do Evangelho. No entanto, também é preciso dizer com coragem tudo o que entorpece o querer de Jesus.

---

[4] Seria saudável reler a *Lumen Gentium* em seus capítulos II e V com o objetivo de recuperar seu enfoque original.

Por muito tempo, os fiéis leigos foram submissos aos clérigos, que os tratavam como crianças, embora fossem social e biologicamente adultos. Os clérigos, por sua vez, viam como normal impor sua autoridade, baseando-se num suposto direito divino que lhes dava liberdade para agir arbitrariamente. Assim surgiu a Igreja que manda e a Igreja que obedece, a que ensina e a que aprende, a aristocrática e a comum, a de cima e a de baixo... Felizmente, hoje as coisas estão mudando, embora muitos não queiram. Os ares democráticos que percorrem o mundo e o Espírito de Jesus porão as coisas em seu devido lugar.

Conclusão

Santo Domingo (conclusões, segunda parte: Jesus Cristo, evangelizador vivo em sua Igreja, n. 30) afirmava:

> [...] a conversão pastoral deve ser coerente com o Concílio. Tudo cabe a todos: na consciência e na prática pessoal e comunitária, nas relações de igualdade e de autoridade; com estruturas e ações que tornem a Igreja presente, cada vez com mais clareza, enquanto sinal eficaz e sacramento de salvação universal.

Aparecida vai mais longe, mostrando o que implica a conversão pastoral para ser artífice da plenitude de vida. Nos nn. 365-372 se afirmam coisas substanciais que expressarei à maneira de um breve decálogo:

1. A conversão pastoral afeta radicalmente pessoas, comunidades, estruturas e formas de trabalho pastoral.
2. O Reino de Deus é o critério absoluto da conversão pastoral para todos os filhos e filhas da Igreja, que escutam o Espírito para interpretar os sinais dos tempos com os quais Deus os interpela ainda hoje.
3. A situação histórica está cheia de mudanças e desafios contínuos que devem ser aceitos como um *kairós* de Deus, um dom do Espírito e um urgente chamado à renovação espiritual, pastoral e institucional.

4. Não só como estratégia, mas como fruto maduro do amor fraterno, a Igreja de Jesus é convocada a viver sempre em comunhão, participação, solidariedade e corresponsabilidade.

5. Segundo o exemplo das comunidades cristãs dos primeiros séculos, as comunidades de hoje deverão ser sensíveis às circunstâncias e às culturas atuais, buscando com criatividade novas respostas para as interrogações inéditas que surgem em nosso mundo.

6. É urgente passar de uma pastoral de mera conservação para uma pastoral decididamente missionária e profética, fazendo que nossa Igreja deixe as atitudes antievangélicas da arrogância, da intolerância, do autoritarismo, do dogmatismo, do abuso de poder, e, ao contrário, seja a casa acolhedora onde reine para todos a misericórdia, o perdão e a compreensão.

7. Promover planos participativos para uma pastoral orgânica onde os leigos sejam realmente protagonistas no discernimento, na tomada de decisões e na execução dos projetos pastorais.

8. Estar atentos aos reclamos da realidade continuamente cambiante, sem ter medo das mudanças, porque seria uma enorme falta de fé e de esperança no Senhor da história.

9. Criar novas formas de organização, de animação e de coordenação pastoral dentro da Igreja, estando abertos às formas seculares de organização onde o Reino de Deus está continuamente presente.

10. Finalmente, a conversão pastoral deverá tocar o coração e a consciência de leigos e pastores, suas relações e atitudes, sua mentalidade e sua espiritualidade, sua forma de ver a realidade, o uso que fazem das instituições, estruturas, métodos de trabalho e linguagens com as quais a Igreja assume, como interlocutores, os homens e as mulheres de nossa geração.

Por quais caminhos, com que projetos e com quais estratégias nossa Igreja enfrentará a missão como expressão de conversão pastoral? Há lideranças e iniciativas que impulsionem para renovar o envelhecido, para superar o caduco e para ir mais além do repetitivo? Somente com uma conversão pastoral criativa se poderá chegar a uma ação missionária que torne patentes os valores do Reino. "Quem tem ouvidos, ouça o que o Espírito diz às Igrejas" (Ap 3,13).

Bibliografia

MERLOS, Francisco. *Cómo leer la Biblia con ojos de catequista*. 2. ed. México: Palabra Ediciones, 2003.

_____. *Conflictos humanos en la pastoral. ¿Crecimiento o fracaso?* 2. ed. México: Palavra Ediciones, 2008.

_____ De la sabiduría bíblica a la sabiduría pastoral. Un esbozo del ministerio pastoral en clave sapiencial. In: LANDGRAVE, Daniel (dir.). *Palabra no encadenada y provocativa*. México: Depto. de Publicaciones de la Universidad Pontificia de México, 2005.

_____. *Los catequistas ¿nacen o se hacen? Un camino para ser persona, profeta e servidor*. México: Palabra Ediciones, 2007.

_____. Pastoral atípica. In: LEGORETTA, José de J. (dir.). *10 palabras clave sobre pastoral urbana en América Latina*. Estella: Verbo Divino, 2007.

_____. *Pastoral del futuro. Tensiones y esperanzas*. 4. ed. México: Palabra ediciones, 2007.

_____. *Pastoral en crecimiento. Fuerza y debilidades, cuestionamientos y urgencias*. México: Palabra Ediciones, 2002.

A "RECEPÇÃO" DA
EVANGELII NUNTIANDI E DA
REDEMPTORIS MISSIO EM APARECIDA

PABLO BONAVÍA

O dinamismo da recepção

1. A Conferência de Aparecida não poderá ser compreendida, nem produzir os frutos que persegue, se for isolada artificialmente de um profundo processo histórico, cultural e pastoral que vem sendo gerado desde, pelo menos, meados do século passado. É no contexto desse processo, com suas marchas e contramarchas, conflitos e consensos, temores paralisantes e abertura ao Espírito que a V Conferência pode ser interpretada como um marco significativo na tentativa de encontrar uma nova maneira de viver a identidade e a missão eclesiais. De vivê-las – além disso – num *tempo* em que desponta um novo paradigma civilizador, e num *espaço* marcado pela tradição espiritual, pastoral e teológica da América Latina e do Caribe.

2. Nesse marco, não há dúvida que Aparecida significa um chamado radical à conversão pessoal e estrutural na Igreja como ponto de partida para assumir a dimensão missionária do seguimento de Jesus enquanto tal. E, sobretudo, para assumi-la segundo *uma nova compreensão da missão* que implica necessariamente desaprender certa concepção colonizadora da evangelização e reaprendê-la no interior de uma cultura do diálogo e da reciprocidade. Diálogo que se deve verificar no interior da

---

*   Uruguaio, padre do clero diocesano de Montevidéu. Coordenador do Observatório Eclesial da Amerindia. Pároco da Cruz de Carrasco e professor de Teologia na Faculdade de Teologia Monsenhor Mariano Soler.

mesma comunidade eclesial, assim como na relação com cristãos de outras denominações e com todos os homens e mulheres com quem convivemos em nossa única e ameaçada "casa comum".

3. Esse novo "paradigma" missionário não nasce agora: tem sua história. E nela dois documentos papais dedicados ao tema tiveram um papel importante: a exortação apostólica *Evangelii Nuntiandi* (*EN*), de Paulo VI (1975), e a encíclica *Redemptoris Missio* (*RM*), de João Paulo II (1990). Por isso, parece inevitável ver em que sentido e com que força esses documentos da Igreja universal pós-conciliar são "recebidos" e atualizados no *documento final* de Aparecida (*DAp*). Isto é o que tentaremos brevemente nestas páginas, com a finalidade de identificar alguns aspectos da nova compreensão da missão que já não admitem uma "marcha a ré" e que devem incorporar-se em qualquer processo missionário em nosso continente.

4. Parece-nos oportuno esclarecer desde o começo que nossa análise vai ser diferente da que se costuma fazer nesses casos. Por quê? Porque não nos deteremos exclusivamente no registro das citações textuais que o *Documento* da V Conferência faz dos mencionados textos do magistério pontifício. Tal registro, que realizamos durante a preparação destas reflexões, não apresenta em si mesmo resultados significativos. Mas há algo mais. Parece-nos que essa concepção exclusivamente "literal" da fidelidade de um documento do magistério a outros que o precederam não dá conta de como se processa a tradição viva da Igreja nem faz justiça a uma concepção adequada da mesma segundo o Concílio Vaticano II. Para dizê-lo positivamente: aqui vamos colocar em prática uma compreensão que podemos chamar "circular" da fidelidade de um documento do magistério episcopal a outros anteriores de seu mesmo nível ou, como neste caso, de um nível de ainda maior autoridade.[1]

---

[1]   A imagem do círculo aplicada à tradição viva da Igreja não é usada aqui para sugerir uma simetria de autoridade entre todos os sujeitos que intervêm no processo, mas para afirmar que em sua dinâmica há uma "ida e volta", na qual todos são ativos, cada um a seu modo. Sobre esta imagem do círculo aplicada ao exercício do magistério episcopal no seio do Povo de Deus, cf.: SULLIVAN, F. *Magisterium. Teaching authority in the Catholic Church*. Dublin: Paulist Press, 1985. p. 112. Também: SESBOUE, B. *El magisterio a examen*. Bilbao: Mensajero, 2004. p. 127.

5. A maneira mais direta de ilustrar o que significa esta forma de conceber a "recepção" dos textos do magistério episcopal[2] é recordar como aconteceu este processo na Conferência de Medellín (1968). Num congresso recente, convocado para celebrar os quarenta anos desse acontecimento, considerado "matriz" da tradição teológico-pastoral da América Latina e do Caribe, sublinhou-se que sua reconhecida fecundidade foi possível porque os bispos participantes chegaram a ele "já convertidos". Com esta expressão não se quer aludir à disposição ética dos bispos: trata-se de uma "conversão" em outro plano. Significa que as propostas profundamente renovadoras que os pastores farão no final da Conferência não derivavam *in recto* de textos magisteriais prévios: foram sendo gerados no interior de uma mudança profunda que eles já estavam vivendo em seus respectivos países e comunidades. Mudança gerada com outros na acolhida vital do Concílio Vaticano II, especialmente de seu impulso para uma nova maneira de viver a dimensão comunitária da fé e uma forma mais fraternal de exercer a autoridade. Tudo isso num diálogo permanente com muitos(as) leigos(as) comprometidos(as) na transformação da sociedade e de si mesmos a partir das perspectivas dos excluídos, uma sincera abertura ecumênica para outros(as) cristãos(ãs) e uma crescente solidariedade com todos os homens e mulheres de seus povos.

6. Esta forma de exercer o serviço magisterial por parte dos bispos que "fizeram" Medellín não se deveu a alguma circunstância mais ou menos casual. Ao contrário, foi a colocação em prática consciente e responsável da eclesiologia de comunhão que o Concílio Vaticano II recuperou expressamente depois de séculos de predomínio de um modelo "piramidal" da vida da Igreja. Como sabemos, durante muito tempo se dividiu o corpo eclesial em duas classes, dois estamentos separados, praticamente

---

[2]   Neste sentido, pode-se ter presente a descrição que Congar faz do processo eclesial da "recepção": "O processo mediante o qual um corpo eclesial faz verdadeiramente sua uma determinação que ele não se deu a si mesmo, reconhecendo na medida promulgada uma regra que convém à sua vida [...] algo muito diferente do que os escolásticos entendem por obediência [...] não consiste pura e simplesmente em realizar a relação *secundum sub et supra*; implica uma contribuição própria de consentimento de juízo ocasionalmente, expressando assim a vida de um corpo que põe em jogo recursos espirituais originais". In: CONGAR, Y. La recepción como realidad eclesiológica. *Concilium* 77 (1972) 57.

extrínsecos um do outro: a "Igreja docente", que coincidia com o conjunto dos bispos, e a "Igreja" "discente", que era a totalidade dos fiéis leigos.

O Concílio Vaticano II realizará uma mudança notável de perspectiva pela qual recupera e atualiza a eclesiologia de comunhão característica do primeiro milênio de existência da Igreja. No capítulo II da *Lumen Gentium*, isto é, antes de propor qualquer distinção entre hierarquia e laicato, se afirma que são *todos os fiéis batizados* que receberam a unção do Santo e, portanto, não podem se enganar quando expressam seu consentimento universal em matéria de fé e de costumes (cf. n. 12). Este dom é outorgado ao conjunto dos discípulos de Cristo mediante o sentido da fé, ou *sensus fidei*, que é uma graça recebida imediatamente do Espírito.

O interessante é que aqui a infalibilidade *in credendo*, antes aplicada somente aos leigos em oposição à infalibilidade *in docendo* dos bispos, se aplica também a estes a partir de uma perspectiva que antepõe e prioriza o dom compartilhado por todos os batizados antes de qualquer diferenciação de carisma ou ministério específico. Dessa maneira, o magistério episcopal é entendido como expressão autorizada e normativa de um carisma que é confiado, em primeiro lugar, à totalidade da Igreja.

7. Segundo o Concílio Vaticano II, pois, o papel das comunidades cristãs e de cada batizado não se reduz a uma obediência passiva à autoridade formal dos pastores, mas constitui uma participação ativa e responsável no dinamismo pelo qual todo o Povo de Deus adere indefectivelmente à fé que foi transmitida aos santos uma vez para sempre" (cf. *LG*, n. 12). A recepção vital, prática, das decisões do magistério por parte de todos os fiéis é uma consequência lógica do fato de que o magistério somente pode definir como verdade de fé e costumes o que já encontra no "depósito da fé" vivido, ensinado e celebrado no seio de toda a Igreja (cf. *Dei Verbum*, nn. 8 e 10).

Isto é o que cremos que aconteceu em Aparecida. Não somente os bispos, mas também outros grupos presentes "*des*-invisibilisaram" o que o Espírito estivera dizendo às Igrejas em suas práticas quotidianas, tanto sociais como comunitárias, especialmente através daqueles que vivem e convivem com os pobres e os "outros": indígenas, afrodescendentes, mulheres, presos, drogados, em meio a uma nova consciência ecológica.[3] É a partir daí que podemos apreciar adequadamente a recepção da *Evangelii Nuntiandi* e da *Redemptoris Missio* na V Conferência.

A "recepção" da *Evangelii Nuntiandi*

1. Uma das expressões mais significativas da recepção que Aparecida faz da *Evangelii Nuntiandi* é o valor prioritário dado ao *testemunho* como aspecto radicalmente constitutivo do processo de evangelização. Algo que muitas comunidades cristãs da América Latina e do Caribe assumiram vitalmente ao longo dos últimos quarenta anos e que a V Conferência reúne com força em seu *Documento final*. Trata-se do testemunho dado pela Igreja através de

> seu empenho a favor dos mais pobres e de sua luta pela dignidade de cada ser humano tem ocasionado, em muitos casos, a perseguição e inclusive a morte de alguns de seus membros, os quais consideramos testemunhas da fé. [...] aqueles que, inclusive sem terem sido canonizados, viveram radicalmente o Evangelho e ofereceram sua vida por Cristo, pela Igreja e por seu povo (*DAp*, n. 98).[4]

O caráter intrinsecamente evangelizador dessas práticas provém de que o mesmo Jesus está presente

> naqueles que dão testemunho de luta pela justiça, pela paz e pelo bem comum, algumas vezes chegando a entregar a própria vida em todos os acontecimentos da vida de nossos povos, que nos convidam a procurar um mundo mais justo e mais fraterno, em toda realidade humana, cujos limites às vezes causam dor e nos agoniam (*DAp*, n. 256).

---

[3]   Cf. BONAVÍA, P. Aparecida: entre la memoria y el cambio de paradigma. In: AMERINDIA. *Aparecida. Renacer de una esperanza*. Bogotá: Indoamerican Press, 2007. p. 68-76.

[4]   E o *Documento de Aparecida* acrescenta: "Em seu testemunho, levado até à entrega total, resplandece a dignidade do ser humano" (n. 105).

2. Esse testemunho implica assumir radicalmente, na perspectiva do Reino, compromissos que contribuam para a dignificação de todos e cada um dos seres humanos. Porém sem pretender o monopólio das virtudes ou da verdade, sem nos colocar, como cristãos, "à parte" dos outros nem – muito menos – como seus "redentores". Trata-se de se responsabilizar pela realidade com suas luzes e suas sombras, ombro a ombro com os outros, em igualdade de condições, junto a cidadãos e instituições que trabalham para o bem do ser humano e buscam estruturas mais justas nos âmbitos nacionais e internacionais (cf. *DAp*, n. 384). Diante de qualquer tentação de suficiência ou de falsa superioridade, temos de recordar a humilde e realista atitude do "missionário" Pedro diante do pagão Cornélio, quando este o recebeu prostrando-se a seus pés: "Levanta-te, eu também sou apenas um homem" (cf. At 10,26). Por isso Aparecida advertirá explicitamente que a força do anúncio evangélico só será fecunda quando se realizar como *"testemunho de proximidade* que entranha aproximação afetuosa, escuta, humildade, solidariedade, compaixão, diálogo, reconciliação, compromisso com a justiça social e capacidade de compartilhar, como Jesus o fez" (*DAp*, n. 363).

3. O que foi proclamado há mais de trinta anos pela *Evangelii Nuntiandi* é agora confirmado pela V Conferência: somente a partir de dentro deste compromisso humilde e "pluralista" com a vida de todos(as), fazendo-nos solidários de seus êxitos e fracassos, podemos falar de verdadeira evangelização segundo o estilo de Jesus. A exortação de Paulo VI tinha terminado, pelo menos em princípio, com a tendência a reduzir a evangelização ao anúncio explícito de Cristo e de sua mensagem. Pelo contrário, ela deixou bem claro que os compromissos humanos assumidos, assim como a relação mesma entre o evangelizador e o evangelizado, *não são um mero preâmbulo extrínseco* à ação propriamente evangelizadora. Esta, longe de ser reduzida à transmissão de um conteúdo doutrinal abstrato, inclui uma referência *constitutiva* ao *contexto histórico sociocultural*, à *experiência pessoal do "destinatário"* e à *relação que com ele estabelece o sujeito evangelizador*. A tal ponto que, segundo o documento pontifício, este testemunho sem palavras "constitui já *de per si uma proclamação*

silenciosa, mas *também muito clara e eficaz, da Boa-Nova* e é um elemento essencial, em geral o primeiro absolutamente, na evangelização" (cf. *EN*, n. 21).

4. Esta exigência, no entanto, por mais importante que seja, não esgota a complexidade da missão evangelizadora. A solidariedade não só não exclui, mas reclama uma atitude de permanente discernimento crítico e a necessidade de oferecer "a partir de dentro" das lutas e esperanças nas quais estamos comprometidos como cristãos um sentido global das mesmas. Ainda mais: é de enorme relevância fazer esta explicitação. Por quê? Porque este compromisso solidário e transformador ao qual se refere o testemunho não só é um lugar privilegiado para aceder à realidade do Reino que Cristo proclamou, mas também um lugar de forte e constante *tentação*. Ali se experimenta o fracasso, o escândalo de o mal frequentemente triunfar sobre o bem, a dificuldade de superar as normas de comportamento alienantes da sociedade, nossas contradições permanentes entre o que fazemos e o que dizemos crer, a dúvida de que valem a pena os esforços empreendidos. Precisamente por seu caráter transformador e conflituoso em relação aos comportamentos habituais, esses esforços estão acompanhados constantemente por dúvidas sobre seu sentido e valor últimos. Sentido e valor últimos que não aparecem como algo remoto, cuja elucidação seja um agregado interessante, porém imprescindível na prática, mas como sua mesma razão de ser e fundamento; por mais que nem sempre se apresente numa terminologia tematicamente religiosa ou filosófica.

5. Daí o fato de Aparecida retomar com força a importância que a *Evangelii Nuntiandi* outorga ao *anúncio explícito* da boa notícia de Cristo, o chamado querigma. Uma boa notícia cujo conteúdo original, não dedutível e até escandaloso – que "a pedra desprezada pelos construtores é agora a pedra angular", tal como o expressam o mesmo Jesus (cf. Mt 21,42) e a comunidade primitiva (cf. At 4,11) – não é nunca a mera confirmação posterior de algo que as pessoas possam descobrir por si mesmas logo que empreendam com boa vontade uma tarefa humanizadora. Embora Aparecida não tenha sido capaz de expressar com força a

novidade transformadora da prática e da mensagem de Jesus, insistiu-se na necessidade de não dar nada como pressuposto e recomeçar a partir de Cristo mesmo no interior da própria comunidade crente (cf. *DAp*, n. 549). Por isso o querigma não aparece como um anúncio meramente inicial cujo significado e aceitação aconteçam depois como um mero pressuposto, mas constitui o necessário e permanente "fio condutor" em todo o processo de seguimento do discípulo missionário de Jesus (cf. *DAp*, n. 278a). Com efeito, que Deus seja amor sem medida e não um rival do qual é preciso se defender, que escute o pobre e tome posição a favor das vítimas, que busque recriar todo o ser humano a partir de dentro e não simplesmente remunerar extrinsecamente suas ações, que seja um Deus crucificado e não um poder messiânico que se impõe com prepotência, não são aspectos que o ser humano pode descobrir a partir de sua própria prática, por mais profunda e coerente que seja.

6. No entanto, a V Conferência não conseguiu retomar expressamente algo que a *Evangelii Nuntiandi* colocou, ao menos em suas grandes linhas, com lucidez e maestria: a articulação entre o testemunho e o anúncio como momentos correlativos da missão eclesial. Com efeito, o documento de Paulo VI deixou claro que o caráter não dedutível do anúncio evangélico não o transforma de nenhuma maneira em algo *paralelo* ao testemunho que simplesmente se "soma" exteriormente no processo de evangelização. Ao contrário, o querigma aparece como a explicitação desse testemunho que, embora já constitua por si mesmo uma proclamação silenciosa da Boa-Nova, precisa ser justificado e esclarecido pelo anúncio de Jesus (cf. *EN*, n. 22). O texto de Aparecida, mesmo quando chama reiteradamente a "integrar" os diferentes momentos da evangelização, dá a impressão de os estar elencando sem esclarecer sua mútua articulação. Até quando se refere à formação dos discípulos missionários, isto é, num marco expressamente pedagógico, faz um chamado genérico a buscar a harmonia dos diversos momentos do anúncio-recepção do Evangelho – encontro com Jesus Cristo, conversão, discipulado, comunhão, missão. Mas não apresenta como cada uma destas dimensões se relaciona com o testemunho

do qual, por outro lado, fala com força ao longo de todo o *Documento* (cf. *DAp*, nn. 278a-279).

7. É precisamente levando a sério esta mútua articulação entre o testemunho de luta pela humanização e o anúncio explícito de Cristo que a *Evangelii Nuntiandi* afirmava de forma contundente: "Mas a evangelização não seria completa se ela não tomasse em consideração a interpelação recíproca que se fazem constantemente o Evangelho e a vida concreta, pessoal e social, dos homens" (n. 29). Quer dizer que a articulação entre testemunho e anúncio de Cristo está indissoluvelmente ligada ao fato de que o que se aprende "a partir de dentro" do esforço humanizador com pessoas de diferentes credos e ideologias permite desaprender certas compreensões do Evangelho e redescobrir sua força renovadora e iluminadora de qualquer processo humano. Aparecida não explicitou esta mútua interpelação, embora algo de sua dinâmica apareça em alguns textos. Há um parágrafo bastante claro neste sentido, no qual se afirma que as transformações sociais e culturais não somente nos desafiam a revisitar o mesmo Evangelho, mas a "uma renovação eclesial que implica reformas espirituais, pastorais e também institucionais" (*DAp*, n. 367).

8. Isso nos leva ao último aspecto que queremos sublinhar da recepção que Aparecida faz da *Evangelii Nuntiandi*: a importância da comunidade cristã como sujeito e contexto insubstituível da evangelização. O anúncio não adquire toda a sua dimensão mais do que quando faz nascer em quem o recebeu uma adesão de coração. Adesão às verdades que o Senhor revelou, porém, mais ainda, adesão ao programa de vida que ele propõe, ao reino, ao mundo novo, à nova maneira de ser, de viver, de viver juntos, que o Evangelho inaugura. Tal adesão não pode ficar em algo abstrato e desencarnado; revela-se concretamente por meio de uma entrada visível numa comunidade de fiéis, uma comunidade que é chamada a ser em si mesma sinal da transformação, sinal da novidade de vida: a Igreja, sacramento visível de salvação (cf. *EN*, n. 23). Porém essa mesma comunidade não é algo estático, mas deve também renovar-se à luz dos desafios que lhe vêm do testemunho vivido no meio do mundo e em seu interior. Somente poderá ser "sinal" ao reproduzir em si mesma os valores do Reino e ser

Boa-Nova para todos os homens. *Somente uma Igreja que se autoevange-liza permanentemente pode servir ao Reino de Deus e anunciá-lo.* Nisto se joga a *credibilidade* de seu testemunho como sinal e sacramento. Assim o coloca o *Documento de Aparecida* numa quantidade de ocasiões e em múltiplas abordagens, mas muito especialmente no começo do capítulo quinto, nos parágrafos que vão do n. 154 ao n. 163.

A "recepção" da *Redemptoris Missio*

1. Teria sido muito natural que a encíclica *Redemptoris Missio* (1990), dedicada a renovar o impulso missionário da Igreja, tivesse tido um influxo manifesto na V Conferência. Algo semelhante ao que teve a *Evangelii Nuntiandi* em Puebla. No entanto, não foi assim. Os *motivos* podem ser vários. Por exemplo, que a encíclica se refere especificamente à missão entre os não cristãos ou que na dinâmica da Conferência de Aparecida não se partiu dos trabalhos prévios, ou que o contexto da América Latina e do Caribe, no início do milênio, é diferente do que seguramente teve em conta João Paulo II na hora de redigir a mencionada encíclica. Porém o fato está aí e chama a atenção: numa conferência continental de bispos que se propõe renovar o entusiasmo missionário dos católicos, em diálogo com todos os cristãos e a serviço de todos os homens (cf. *DAp*, n. 13) não se "recebe" expressamente o último e mais importante documento do magistério central dedicado ao tema.[5]

2. De qualquer forma, queremos destacar que, na perspectiva mais ampla de "recepção" já mencionada, descobrimos algo significativo. Trata-se da existência de textos do *Documento de Aparecida* em que a categoria "Reino de Deus" ocupa um lugar determinante para a compreensão da missão da Igreja no mundo. Algo que tem certamente sua raiz no Concílio Vaticano II, que, porém, segundo não poucos pesquisadores, constituiu uma *contribuição decisiva da encíclica "Redemptoris Missio"*.

---

[5]   Recordo apenas duas citações expressas da *Redemptoris Missio* em todo o texto do *Documento de Aparecida*: nos nn. 325 e 491.

3. Sabemos que *a primeira evangelização* na América Latina e no Caribe se desenvolveu predominantemente *sob o signo da dominação.* Dominação político-militar, econômica e religioso-cultural que deu origem a um Cristianismo que, em grandes linhas, reproduzia os modelos religiosos das metrópoles: Espanha e Portugal. A expansão dos interesses mercantis ibéricos em busca de mão de obra abundante e escrava se desenvolveu concomitantemente com a conquista cultural e religiosa, e esta foi concretizada, sobretudo, mediante a doutrinação catequética compulsiva dos "outros" (indígenas e negros trazidos da África). Esse processo envolveu uma contradição entre o discurso libertador da boa notícia evangélica e o formato de submissão em que se processou. O que nos importa, porém, colocar em relevo é que *a teologia que permitiu justificar esse modelo de missão e evangelização* se caracterizou por uma *quádrupla identificação*: identificação do Reino de Deus com a Igreja, identificação da Igreja com o mundo cristão ocidental e identificação do mundo cristão ocidental com o mundo civilizado sem mais. E como corolário, a identificação de todo ser humano e cultura diferentes com o "inumano" ou diabólico.[6]

4. Por isso, a passagem de uma concepção colonizadora da evangelização para outra libertadora supõe des-*identificar o Reino de Deus com a Igreja.* Não estamos dizendo que o Reino e a Igreja devam ser compreendidos separadamente nem, muito menos, apresentados como opostos entre si. Dizemos que se deve distingui-los com toda clareza. Pois bem, esta *des*-identificação tem suas raízes no Concílio Vaticano II, mas se expressa com nova e especial precisão na *Redemptoris Missio.* No n. 15 esta afirma que "trabalhar pelo Reino significa reconhecer e favorecer o dinamismo divino, que está presente na história humana e a transforma". Reconhece-se o Reino de Deus como um dinamismo que atravessa toda a história, mais além dos limites visíveis da Igreja, e que esta deve saber discernir e interpretar a partir da Palavra e em comunidade. Isto aparece no *Documento de Aparecida*, geralmente como um suposto mais do que

---

6   Cf. BOFF, L. *Nueva evangelización.* Buenos Aires: Ed. Lumen, 1990. p. 91-92.

de forma explícita, ao falar da descoberta dos valores do Reino dentro das culturas (cf. *DAp*, n. 374), ao propor assumir as tarefas de dignificação de todo ser humano na perspectiva do Reino (cf. *DAp*, n. 384) ou a promoção dos valores do Reino nas organizações sociais (cf. *DAp*, n. 518j), a presença do projeto do Reino na nova situação cultural (cf. *DAp*, n. 520), ou a construção do Reino em nosso continente (cf. *DAp*, n. 548).

5. Há outras afirmações importantes da *Redemptoris Missio* que parecem ter estado, pelo menos implicitamente, nos diálogos e no *Documento final* da Conferência de Aparecida. Entre elas quero destacar o sinal expresso de que *a relação correta entre a Igreja e o Reino* na atividade missionária é a do *discernimento* e do *serviço*.

> Os povos da América Latina e do Caribe vivem hoje uma realidade marcada por grandes mudanças que afetam profundamente suas vidas. Como discípulos de Jesus Cristo, sentimo-nos desafiados a discernir os "sinais dos tempos", à luz do Espírito Santo, para nos colocar a serviço do Reino, anunciado por Jesus, que veio para que todos tenham vida e "para que a tenham em plenitude" (Jo 10,10) (*DAp*, n. 33).

Isso a *Redemptoris Missio* quis sinalizar expressamente ao dizer que a Igreja tem em relação ao Reino "uma relação singular e única", que, embora não exclua a obra de Cristo e do Espírito Santo fora de seus limites visíveis, lhe confere um papel específico e necessário: anunciá-lo, instaurá-lo e colocar-se a seu serviço (cf. *RM*, 19-20).

A título de conclusão

Acreditamos que o significativo da recepção da *Evangelii Nuntiandi* e da *Redemptoris Missio* por parte de Aparecida não aconteceu tanto na forma de citações textuais diretas, mas através da acolhida vital que aqueles documentos tiveram no interior das comunidades eclesiais na América Latina e no Caribe. Daí a importância de que muitos bispos e não bispos participantes da V Conferência – e também vários grupos que ofereceram suas contribuições "de fora" da mesma –, conseguiram tornar presente o que o Espírito estivera dizendo às Igrejas em suas práticas quotidianas, tanto sociais como comunitárias, sobretudo aquelas realizadas junto aos mais excluídos e aos culturalmente "outros". Uma experiência que, sem dúvida, deixa lições para o futuro.

A MISSÃO COMO RENOVAÇÃO ECLESIAL

Víctor Codina[*]

Não há mudança eclesial sem mudança de estruturas

A dimensão encarnada da Igreja postula que as mudanças pessoais dos batizados e as mudanças teológicas da Igreja se concretizem em mudanças estruturais. Esta afirmação, que tem raízes sociológicas válidas para toda a coletividade humana, se aplica também à Igreja na medida em que esta é sacramento visível e histórico de salvação (cf. *LG*, nn. 1; 9; 48). A Igreja, por ser ao mesmo tempo comunidade espiritual e sociedade visível (cf. *LG*, n. 8), não pode evadir-se dos condicionamentos históricos e materiais de toda sociedade humana. A afirmação evangélica de que o vinho novo pede odres novos (Mc 2,22) expressa graficamente esta lei humana e cristã que a Igreja de Jesus não pode desconhecer.

A Igreja primitiva teve muito presente esta lei humano-divina e, desde Pentecostes, tentou se encarnar e se abrir para as novas dimensões culturais e sociais de sua época, como recorda o *Documento de Aparecida* (n. 369).

A Igreja patrística, e também a Igreja durante todo o primeiro milênio, fez um grande esforço por encarnar sua experiência do mistério de comunhão trinitária e teologal (*koinonía*) em estruturas eclesiais de comunhão e participação. Recordemos, sobre isto, a importância que a Igreja do primeiro milênio conferiu à Igreja local, à participação do

---

[*] Nasceu em Barcelona em 1931 e reside na Bolívia há 25 anos. É padre jesuíta, doutor em Teologia, professor de Eclesiologia na Universidade Católica Boliviana de Cochabamba.

povo na eleição episcopal, ao primado de Pedro como primado a serviço da comunhão eclesial, à descentralização eclesial, à recepção ativa do povo cristão nas determinações de seus dirigentes, à Eucaristia como sacramento de comunhão cristológica, eclesial e social. As estruturas de comunhão refletiam, assim, a *koinonía* que se expressa no Novo Testamento: a comunhão trinitária (2Cor 13,13), a comunhão eclesial pastoral e fraterna (Gl 2,9-10), a comunhão eucarística (1Cor 10,16) e a comunhão solidária com os pobres (At 2,42-44; 4,32).

Em contrapartida, o Concílio Vaticano II, que voltou à eclesiologia de comunhão do primeiro milênio na *Lumen Gentium*, não conseguiu encarnar plenamente essa eclesiologia em estruturas concretas de comunhão para a Igreja do terceiro milênio. Não disse nada, por exemplo, sobre a forma de eleição dos bispos e do papa, sobre o governo central da Igreja e da Cúria vaticana, sobre cardeais e núncios, sobre a necessidade de estabelecer periodicamente sínodos deliberativos e vinculantes, sobre o valor teológico das conferências episcopais, sobre o celibato e a reforma do ministério presbiteral, sobre a função dos teólogos na Igreja, sobre a opinião pública dos leigos e dos religiosos etc. Isto pode explicar que, no pós-concílio, depois de um momento de euforia e primavera conciliar, se tenha passado para o inverno eclesial e para a involução. Com textos literais do Concílio Vaticano II se justificam, muitas vezes, estruturas e atitudes claramente anticonciliares na liturgia, na catequese, no governo, na teologia, na moral etc. Embora o Concílio tenha falado de renovação eclesial (*LG*, n. 8) e até de reforma eclesial (*Unitatis Redintegratio*), muitos desses desejos não foram realizados por falta de concreção.

Se não queremos que o espírito missionário de Aparecida se dilua e se esfume em boas intenções e em programas ideais teóricos, precisamos encarnar em estruturas eclesiais concretas suas intuições teológicas e pastorais. Se queremos uma Igreja de discípulos e missionários de Jesus Cristo a serviço da vida de nossos povos, temos de propiciar estruturas eclesiais concretas que encarnem este espírito novo de Aparecida nas diferentes comunidades eclesiais da América Latina e do Caribe. São muitas as mudanças sociais, culturais, políticas, econômicas e religiosas que a América Latina e o Caribe vivem hoje para não ser levadas em consideração. Vinho novo em odres novos.

Contudo, seríamos ingênuos se postulássemos que, a partir de Aparecida, as estruturas eclesiais da América Latina e do Caribe assumissem reformas que são da responsabilidade da Igreja universal e que superam as competências de uma Igreja local continental. A partir da América Latina e do Caribe, seriam desejadas reformas eclesiais radicais e algumas de suas conferências episcopais assim o expressaram na preparação da Conferência de Aparecida. Por exemplo, diante da crise de escassez de ministros ordenados, pedia-se a reforma do ministério presbiteral e do celibato obrigatório, o sacerdócio feminino, a ordenação de *viri probati*, a volta de padres casados ao ministério. Também se desejava a revisão da moral sexual e matrimonial, da pastoral sacramental dos divorciados, pedia-se que fosse reformada a eleição dos bispos e o modo de exercer o papado, que se concedesse maior força às conferências episcopais, que se desse maior autonomia às Igrejas locais, que houvesse reformas litúrgicas, fossem revistas as normas e a pastoral dos sacramentos da iniciação cristã etc.

No entanto, dever-se-á ter paciência eclesial, invocar o Espírito e esperar tempos melhores para que esses sonhos, em si muitos legítimos, possam se tornar, um dia, realidade na Igreja do futuro. Porém, em contrapartida, podemos desejar e postular que se concretizem em reformas eclesiais os princípios que Aparecida propõe. Este é um sonho eclesial possível.

De uma pastoral conservadora para uma pastoral missionária

O Documento de Aparecida fala da necessidade de a América Latina e o Caribe se colocarem em estado de missão (n. 213) e afirma que se deve passar de uma pastoral meramente conservadora para uma pastoral decididamente missionária (n. 370).

Por que esta mudança de atitude pastoral? A que se deve esta nova postura?

Até muito pouco tempo atrás, estávamos acostumados a escutar que a América Latina e o Caribe eram o continente da esperança. Diante da descristianização do Ocidente europeu e do Atlântico Norte e diante da minoria eclesial asiática e africana, se dizia que a América Latina e o Caribe representavam uma reserva espiritual, uma espécie de Amazônia oxigenadora e esperançosa para o Catolicismo.

No entanto, uma leitura atenta do magistério eclesial latino-americano nos faz cair na realidade de que já há alguns anos a Igreja da América Latina e do Caribe foi tomando consciência de que se precisa de uma *re*-evangelização (Medellín, 1968) e uma nova evangelização (Santo Domingo, 1992). Agora, Aparecida (2007) afirma que é preciso passar de um continente de batizados para um continente de discípulos e missionários.

O Documento de Aparecida reconhece o valor da religiosidade popular latino-americana (nn. 258-265) e os avanços positivos que aconteceram na pastoral nestes últimos anos (nn. 98-99), no entanto confessa que a fé se desgasta e se debilita (nn. 13; 38), que há uma multidão de batizados não suficientemente evangelizados (n. 293), que a América Latina, o continente com maior número de católicos, é o de maior desigualdade social (n. 527), persiste um divórcio entre a fé e a vida tanto pessoal como pública, constata-se que uma fé reduzida a práticas de devoção fragmentadas, à participação ocasional em alguns sacramentos, à repetição de princípios doutrinais e moralismo, não resistirá por muito tempo ao embate do tempo (n. 12).

Urge, pois, uma conversão pastoral (*DAp*, n. 366), uma renovação eclesial (*DAp*, n. 368), se não quisermos que esta crise de fé degenere numa descristianização prática e num agnosticismo semelhante ao que acontece no Ocidente europeu e norte-americano.

Durante muito tempo, a palavra "missão" parecia ligada a territórios onde a fé não tinha sido anunciada, a regiões geográficas distantes do centro da Cristandade, ao mundo chamado gentio ou "pagão". O mesmo

Concílio Vaticano II, que na constituição dogmática *Lumen Gentium*, sobre a Igreja, trata da Igreja solidamente estabelecida, publicou, além disso, o decreto conciliar *Ad Gentes*, que se refere às Igrejas jovens dos países de missão, o que depois se chamará missão *ad gentes*.

Depois de quase meio século, hoje se torna necessário evangelizar não somente os territórios geográficos onde o Evangelho ainda não é conhecido, mas também os países de Cristandade antiga que perderam o sentido da fé ou onde a fé se enfraqueceu e erodiu. A América Latina, hoje, faz parte desses países de Cristandade antiga que devem ser novamente evangelizados, é um continente em estado de missão, a pastoral deve ser missionária, deve-se passar de batizados a discípulos e missionários. A missão, para o *Documento de Aparecida*, embora se abra para a missão *ad gentes* (nn. 373-379), é uma missão prioritariamente para dentro da mesma Igreja, uma missão *ad intra* (nn. 360-372), é dirigida a batizados não suficientemente evangelizados, que não terminaram seu processo catecumenal. E tudo isso para comunicar vida a nossos povos.

Nesse sentido, poderíamos dizer que na América Latina e no Caribe se deve passar do modelo de pastoral de uma Igreja solidamente estabelecida, típico da *Lumen Gentium*, para o modelo de pastoral missionário do decreto *Ad Gentes*. Embora curiosamente Aparecida cite muito pouco esse decreto missionário, a partir dele se pode iluminar uma pastoral missionária autêntica.

O decreto *Ad Gentes*, com efeito, nos oferece um itinerário de pastoral missionária, muito próprio para a Igreja da América Latina e do Caribe de nossos dias. Podemos distinguir nele os seguintes passos:

- Começar pelo testemunho dos cristãos na sociedade, no meio da qual vivem, com a qual dialogam e com a qual se sentem intimamente unidos em suas inquietudes e problemas (cf. n. 11).
- Colaborar nos problemas humanos, econômicos e sociais do povo, especialmente dos pobres e oprimidos, numa atitude de serviço (cf. n. 12).
- Anunciar a Palavra de Deus onde houver oportunidade para isso, abrindo, assim, o caminho para a fé e para a conversão (cf. n. 13).

- Convidar os que tiverem recebido a fé para o catecumenato e, mais tarde, para os sacramentos da iniciação cristã e para se integrar na comunidade cristã (cf. n. 14).
- Destacar a importância e urgência de formar, antes de tudo, a comunidade cristã, na qual os pastores acolham as riquezas culturais e espirituais dos fiéis, na qual se atenda especialmente os leigos (n. 15), na qual se suscite o clero local (n. 16), se formem catequistas (n. 17) e se promova a vida religiosa tanto ativa como contemplativa (n. 18).

Essas linhas missionárias inspiradoras de *Ad Gentes* valem hoje para a Igreja da América Latina e do Caribe em estado de missão. Vejamos algumas de suas possíveis concretizações.

Elementos para uma renovação da missão eclesial

Aparecida, embora não cite expressamente o itinerário missionário do decreto *Ad Gentes*, sintoniza com ele e o reflete em seu *Documento* (nn. 240-300). Poderíamos resumi-lo e reformulá-lo livremente assim:

- Antes de tudo, deve-se dar testemunho evangélico e se preocupar com a vida do povo, sobretudo dos pobres e excluídos, de todos os que têm a vida ameaçada.
- Dar prioridade ao anúncio da Palavra sobre a prática sacramental: é necessária uma nova evangelização, o anúncio do *querigma*, ou seja, da mensagem pascal a todos, ainda que tenham sido batizados.
- Dar prioridade ao encontro pessoal com o Senhor e a uma iniciação à experiência espiritual pessoal (mistagogia) antes que ter uma preocupação com o doutrinal ou a moral.
- Priorizar, antes de tudo, a formação de comunidades vivas, habitualmente pequenas, nas quais se possam viver e celebrar a fé e os sacramentos.
- Inserir os que foram evangelizados novamente numa comunidade eclesial, sem a qual a fé não pode durar.

- Essa comunidade eclesial é o marco onde devem ser celebrados os sacramentos da iniciação cristã e os outros sacramentos da vida cristã.
- Essa comunidade cristã é o âmbito prioritário para a formação cristã, mais que a escola pública, que deveria ao contrário oferecer uma formação em valores e uma informação das diversas tradições religiosas e da história das diversas religiões da humanidade.
- Essa formação para uma fé unida intimamente com a justiça e com a solidariedade deve partir das vivências religiosas e culturais do povo, de sua religiosidade popular e enriquecidas bíblica e eclesialmente.
- Em todo esse processo de formação, os leigos (homens, mulheres, jovens...) devem ser objeto de uma atenção especial, uma vez que eles são os protagonistas dessa nova evangelização, discípulos e missionários, não somente dentro da Igreja, mas na sociedade.
- Dentre os leigos, os pobres devem ser prioritariamente evangelizados, pois eles são os destinatários privilegiados do Reino de Deus.
- Essa formação cristã deve ajudar um discernimento dos diversos carismas laicais, do ministério ordenado e da vida religiosa, a serviço da Igreja e da sociedade.
- Dentro da comunidade, deve haver um clima de corresponsabilidade e de diálogo, de modo que os responsáveis da comunidade acolham e escutem todos, especialmente os leigos, os jovens, as mulheres, os indígenas e os pobres.

Resumindo: a Igreja da América Latina e do Caribe precisa de uma profunda mudança se quiser ser uma Igreja de discípulos e missionários a serviço da vida.

Para uma conversão eclesial

Tudo o que foi dito até agora implica, pois, uma mudança de mentalidade e de estratégias que deve refletir em novas estruturas eclesiais. A Igreja, como instituição, deve mudar em seu modo de agir, deve reconverter-se para um mundo novo e para algumas novas exigências, buscar os odres novos que acolham o vinho do Espírito.

Embora, para Aparecida, a missão tenha uma primeira instância intraeclesial, pois se dirige primariamente aos batizados, é preciso notar que o horizonte último da missão não pode ser eclesiocêntrico, mas deve ser o projeto do Reino de Deus, ou, nas palavras de Aparecida, a vida de nossos povos. Essa vida não pode ser reduzida, como muitas vezes pode parecer nos pronunciamentos do magistério eclesial, à vida intrauterina e à vida eterna, mas deve abranger todas as dimensões históricas da vida do povo, desde o mínimo, que é a vida material, até a vida plena que Jesus Cristo nos oferece. A Igreja deve estar mais preocupada com a vida do povo (o *óklos* bíblico) em todas as suas dimensões do que com a estrutura eclesial do Povo de Deus (o *laós* bíblico), mais preocupada com os direitos humanos que com os direitos, interesses e privilégios da Igreja. A missão eclesial não deve fazer proselitismo nem se preocupar com o número e com a quantidade de seus membros, mas oferecer sua mensagem evangélica de vida para que os que a acolherem tenham uma vida mais plena, embora estes sejam uma minoria. A Igreja da América Latina e do Caribe não deve sonhar com ser, como até agora, uma Igreja de massas, mas, antes de tudo, uma Igreja de discípulos e missionários.

Esse anúncio de vida plena é oferecido a um povo que tem a vida ameaçada, que sobrevive, que sofre injustiças e marginalização. Por isso deve se perguntar sobre como falar de Deus para um povo que é pobre, como dizer-lhe que Deus o ama, quando o povo experimenta, a cada dia, a pobreza e a exclusão. A missão, na América Latina e no Caribe, deve se perguntar qual Deus anuncia, se o Deus do Evangelho ou o da sociedade burguesa ocidental.

Por isso a missão da Igreja não pode ser exercida a partir do poder, a partir do centro, a partir do prestígio social, econômico, político ou até mesmo religioso, mas deve ser acionado a partir de baixo, a partir da fraqueza e da periferia, em sintonia com o messianismo pobre e humilde de Jesus de Nazaré, que rejeitou as tentações de um messianismo de prestígio e, por isso, acabou na cruz.

A missão eclesial não pode refletir o estilo de uma Igreja senhora e mestra, típico da Igreja de Cristandade, mas o rosto da Igreja pobre e servidora do Concílio Vaticano II e de Medellín. Não pode aspirar a continuar sendo uma Igreja ligada ao Estado do qual recebe apoio e proteção, mas deve ressituar-se numa sociedade pluralista no cultural e no religioso. Já se foi o tempo em que a Igreja tinha o protagonismo na sociedade latino-americana e caribenha e era a voz dos sem voz. Agora, o povo pobre e marginalizado, o povo camponês e indígena começa a despertar e a assumir seu protagonismo, já tem voz própria. A opção pelos pobres não pode esquecer que os pobres não são só nem primariamente objeto de atenção eclesial, mas, antes de tudo, sujeitos e protagonistas na sociedade, e devem sê-lo também na Igreja. A Igreja terá de escutar os pobres e perguntar-lhes o que pensam da Igreja, de suas instituições e estruturas atuais. Certamente, isso obrigará a que as estruturas econômicas dessa comunidade eclesial sejam simples e solidárias, em sintonia com a pobreza do povo, sem luxos nem dependências externas que humilham e afastam do povo pobre.

Tentando concretizar e formular graficamente esta nova forma de ser Igreja, poderíamos apontar os seguintes elementos: deve-se passar de uma Igreja clerical, onde o clero é o protagonista na missão, para uma Igreja na qual os leigos sejam os protagonistas na nova evangelização, como já propôs Santo Domingo. Isto implicará intensificar os ministérios laicais, não somente no nível intraeclesial (leitores, catequistas, cantores, ministros da Eucaristia, dirigentes de comunidades de base etc.), mas também no serviço da sociedade (comunicação social, direitos humanos, servidores públicos etc.). A mesma linguagem eclesial em relação aos dirigentes da Igreja deverá evitar nomenclaturas estranhas ao Evangelho (hierarquia ou poder sagrado, excelência, eminência, reverendo etc.) e adotar nomes mais evangélicos: pastores, sucessores dos apóstolos, responsáveis, irmãos, servidores etc.

Deve-se passar de uma Igreja androcêntrica, com uma mentalidade e estilo marcados tradicionalmente pelos homens, terá de passar para uma Igreja que respeite o gênero, acolha o caráter peculiar e o modo de ser da mulher na espiritualidade, na teologia, na pastoral, na corresponsabilidade da Igreja. Não tem sentido a instituição eclesial criticar a sociedade pela exclusão da mulher, quando a Igreja a continua marginalizando em sua prática eclesial.

Deve-se passar de uma Igreja preocupada, sobretudo, com o doutrinal e o moral, com a ortodoxia e o rito, para uma Igreja que, antes de tudo, inicie a experiência espiritual, a mistagogia, o encontro com a Palavra, com o Senhor.

Não deverá ser uma Igreja que imponha seus pontos de vista, mas uma Igreja que proponha, ofereça sua experiência, num clima de diálogo e de respeito ao pluralismo de opiniões. A Igreja não pode dar conselhos para a sociedade sobre democracia e direitos humanos, quando ela, em seu funcionamento interno, não é um exemplo de corresponsabilidade e de respeito às liberdades dos fiéis, nem é um sinal transparente da comunhão (*koinonía*).

A Igreja não pode continuar unida a uma mentalidade cultural e teológica predominantemente ocidental, mas deverá abrir-se ao diálogo intercultural tanto com as culturas originárias como com a cultura Moderna e Pós-Moderna, deverá ser uma Igreja local descentralizada e encarnada nas culturas e no diálogo com as religiões do povo. Deverá ser uma Igreja índia, afro-americana, aimara, quíchua, guarani, maia, asteca, mestiça etc. e, ao mesmo tempo, uma Igreja em diálogo com a Modernidade e com a Pós-Modernidade, com o mundo das novas tecnologias e cosmovisões.

Como já observamos antes, a Igreja deverá priorizar a Palavra sobre o sacramento em sua pedagogia missionária, pois o sacramento é sacramento da fé e sem anúncio da Palavra não há fé.

Tradicionalmente, a Igreja institucional confiou que as elites, os ricos, fossem transformar a realidade. Por isso os educou com certa predileção e os cultivou pastoralmente, foram objeto prioritário de sua missão... Hoje, deve rever esta estratégia pastoral, porque as mudanças tanto na sociedade como na Igreja não vieram ordinariamente de cima, mas de baixo. Sobretudo, porém, deve retomar o critério evangélico de priorizar a evangelização dos pobres, recordar que, como afirmou o Papa em Aparecida, na fé cristológica está implícita a opção pelos pobres e que não se pode falar de Jesus Cristo sem fazer menção aos pobres (cf. n. 393). Deve-se começar não pelos "primeiros", mas pelos "últimos", uma vez que eles são os prediletos do Senhor e o teste evangélico e escatológico do juízo final. A partir deles o Evangelho pode e deve ser anunciado a todos, ninguém fica excluído.

Se quisermos passar de uma Igreja estabelecida para uma Igreja missionária e de futuro, temos de pensar em nos dirigirmos aos jovens, presente e futuro da Igreja e da sociedade, que estão cada vez mais afastados da prática eclesial. Esses jovens, que não só fazem longas filas esperando que lhes vendam ingressos para concertos de *rock* nos estádios, mas que também se oferecem generosamente como voluntários para empreendimentos sociais e humanitários, não teriam de ter uma atenção especial por parte de uma Igreja missionária, se ouvidos em suas inquietudes e críticas? Não deveríamos oferecer-lhes um Evangelho que seja vida, utopia, alegre Boa-Nova e dinamismo? Não podemos nos contentar em manter e conservar os setores tradicionais, especialmente de idade madura, mas temos de nos abrir para as novas gerações.

Indubitavelmente, isto supõe que a missão não pode ter como centro o templo, mas a casa do povo, do mesmo modo que Jesus não se centrou no templo, mas se encaminhou para visitar as casas do povo em Nazaré, em Caná, em Cafarnaum, em Betânia... Essa passagem do templo para as casas implica, como já disse Aparecida, setorizar as paróquias em unidades menores, formar comunidades em famílias e grupos diversos (cf. n. 372), dar prioridade para formar comunidades, mais que para atender somente os indivíduos isoladamente. Essas comunidades pequenas, como as que formam as Comunidades Eclesiais de Base – e também muitos grupos das Igrejas evangélicas –, podem transformar-se em focos de evangelização e promoção humana, em células vivas de outro modo de ser Igreja.

Embora a formação da comunidade eclesial nas casas seja fundamental numa Igreja missionária, serão, sem dúvida, necessários espaços comunitários mais amplos, templos, onde a mesma arquitetura simples, circular, próxima, favoreça a comunicação e o diálogo, ao redor da mesa que reúne o povo cristão para o banquete eucarístico pascal do Senhor. Os templos deverão refletir mais a estrutura e o ambiente da Última Ceia que a liturgia ritual dos sacrifícios do Templo de Jerusalém.

Para concluir

Se reunirmos todos estes traços da reconversão eclesial, veremos que, em conjunto, nos oferecem uma imagem muito diferente e até contrária do que foi a primeira evangelização da América, intimamente ligada à conquista, à colônia e a uma Igreja de Cristandade. Hoje nos é pedido outro estilo de evangelização e de missão. A Cristandade, embora ainda continue presente em nossa Igreja, é alguma coisa residual que, a longo prazo, não tem futuro. Aparecida nos convida a iniciar um novo caminho, a não ter saudade de um passado de Cristandade que não voltará mais. Vinho novo em odres novos.

Todas essas iniciativas que nos podem parecer utópicas e impossíveis de realizar devem ser vistas à luz da Igreja de Pentecostes e da Pneumatologia. Sem Espírito a Igreja se reduzirá a uma organização e a missão, à propaganda; mas no Espírito a Igreja é comunhão trinitária e a missão é um Pentecostes renovado. É o Espírito do Senhor que, a partir de baixo, a partir dos leigos, dos pobres, das mulheres, dos jovens, dos indígenas e afrodescendentes, está clamando por outra forma de ser Igreja e por outro mundo possível. O dinamismo missionário de Aparecida pode chegar a ser um momento privilegiado, um *kairós*, desta presença viva do Espírito do Senhor na história da América Latina e do Caribe. Não apaguemos o Espírito (cf. 1Ts 5,19).

Numa mudança de época, qual é a missão?

Diego Irarrázaval [*]

Com que critérios se realiza a missão cristã no mundo de hoje? Por um lado, deve-se encarar um dinamismo inédito. Estamos ou atravessando uma transição de época, ou dentro de uma nova fase da história humana. Nesses conceitos em que há incertezas e possibilidades, que critérios humanos estão por trás de nossas opções crentes?

Por outro lado, a vocação evangelizadora foi recolocada em Aparecida. A Igreja deseja reconfigurar-se como comunidade missionária. Isto vai delineando um novo horizonte. No século XXI, que linhas teológicas e pastorais vão configurar a missão? Em torno do acontecimento e do texto de Aparecida já foram dados grandes passos e agora cabe delinear propostas para o futuro.

Duas exigências se entrecruzam: a) encarar o paradigma humano de uma mudança de época e b) desenvolver o modelo de Igreja missionária. Esses dois desafios (o humano e o eclesial) não caminham paralelamente, também um não vai antes e o outro depois, mas interagem um com o outro.

Aparecida e pós-Aparecida

Diante de um grande acontecimento, costuma haver uma gama de interpretações daquilo que foi vivido, além disso costumam aflorar de-

---

[*] Presbítero, no Peru e agora no Chile, dedicado à evangelização e à teologia. Assessor de encontros. Foi presidente da Associação de Teólogos do Terceiro Mundo (ASETT). Integrante de Amerindia Chile.

bates. O que foi a V Conferência e quais suas implicações?[1] Com razão, muitos dizem que ela reforça hoje o encontro pessoal com Jesus Cristo e sua evangelização. Outras vozes acentuam a estratégia missionária em situações modernas e pluralistas nas quais a indiferença é abundante. Além disso, o afã missionário esta revitalizando pastorais específicas: a educação, a catequese, a juventude, a mulher, a pastoral urbana e a migração, os meios de comunicação. Convém somar essas dimensões e pesar as interpretações. Cabe também um debate tranquilo e com propostas a longo prazo.

Quero destacar duas perguntas, com base no acontecimento de Aparecida e, sobretudo, apostando nos anos vindouros.

O que é mais crucial nos processos humanos atuais? O mais crucial é que há sinais de uma mudança de época, e que a resposta a clamores da humanidade envolve reformular a *missão*. Aos silêncios e aos clamores da humanidade respondemos como comunidade apaixonada pelo Senhor. Isso não implica colocar em segundo plano as dimensões já apontadas, mas sim que cada aspecto seja abordado do ponto de vista de uma transformação global.

A segunda pergunta: Como o discipulado missionário reformula hoje seu serviço à humanidade? Isto rompe com o sono pastoral e incentiva a criatividade para que nele todos tenham vida. Mais além de elogios a pessoas e textos e mais além da acomodação e da mesquinhez institucional, deve-se colaborar num protagonismo missionário de toda a Igreja. Oxalá não se repita o pós-Santo Domingo (com pouca repercussão na Igreja e na sociedade latino-americana). Penso que o pós-Aparecida será fecundo se responder aos clamores humanos de hoje. Isto é, a *missão* não estará voltada para metas internas (aumentar a participação dos católicos

---

[1] A recepção de Aparecida é difundida pelo Celam, por Amerindia e por outros organismos (cf. <www.celam.org>, <www.amerindiaenlared.org>). Sua implementação em cada país é mais verbal que programática (por exemplo, cf. revista chilena *Servicio* 280, 2007). Existem propostas lúcidas: BRIGHENTHI, Agenor. *Para comprender Aparecida, el pretexto, el contexto y el texto*. México: Dabar, 2008; *A desafiante proposta de Aparecida*. São Paulo: Paulinas, 2007. COMBLIN, José. O papel histórico de Aparecida. *REB* 268 (2007) 865-885. *O projeto de Aparecida*. Disponível em: <http://www.cefep.org.br/textoseartigos/politicaevangelhodsi/oprojetodeaparecida.doc/view>.

etc.), mas tratar-se-á de uma diaconia generosa para a mudança de época. Deve-se contribuir com processos emergentes, para que haja plenitude de vida, isto é, uma missão biocentrada.

Muito se repetiu que a coluna vertebral da V Conferência foi o discipulado na *missão*. Isto está claro. O que ainda tem de ser definido – no pós-Aparecida – é a regeneração missionária em cada organismo evangelizador. A respeito, Paulo Suess sublinhou a ação a cargo do Povo de Deus, o caráter *intergentes*, continuar e operacionalizar o caminhar evangélico na América Latina, ser Igreja a serviço do Reino, e a gratuidade e unidade plural do Espírito. A missionologia latino-americana desenvolveu a vocação missionária para o mundo, sua origem no amor de Deus, Jesus Cristo, e o Espírito, a convocação e o envio a partir de Pentecostes, o anúncio histórico do Reino transcendente, missão *ad gentes* e *inter gentes*, a gratuidade eucarística que envolve não violência e paz no mundo.[2] Esta *missão* lúcida e eficiente se desenvolve em meio a uma mudança desestabilizadora de civilização. Proponho aqui meus destaques.

Dificuldades e oportunidades atuais

No diálogo informal, é abundante o "como está?". À pergunta se responde positivamente. A verdade é que o ser humano nem está tranquilo nem tem certezas. Está, na verdade, aceleradíssimo e rodeado de paradoxos. As tecnociências são fascinantes e funcionam como um Evangelho de felicidade. A publicidade e a indústria da diversão são como fábricas de sorrisos. Mas em muitos aspectos o mundo de hoje está podre. A população está confundida/esmagada por objetos de consumo descartáveis e por meios de comunicação estereotipados.

---

[2]   SUESS, Paulo. Cinco passos para retomar e continuar a caminhada. São Paulo, 2007. Lugar de la Missión y perspectivas misioneras en el *Documento de Aparecida*. Quito, 2007. Misión, el paradigma-síntesis de Aparecida. In: VV. AA. *Aparecida, renacer de una esperanza*. Bogotá: Indoamerican Press, 2007. p. 187-201. [Ed. bras.: AMERINDIA (org.). *V Conferência de Aparecida; renascer de uma esperança*. São Paulo: Amerindia/Paulinas, 2008.] *Dicionário de Aparecida*. São Paulo: Paulus, 2008.

Ao drama humano se soma a degradação do meio ambiente. O planeta está sendo espoliado. A água se torna escassa. Tudo é objeto de compra e venda. Aos povos da terra são impostas as metas e estratégias do desenvolvimento do hemisfério norte. A quotidianidade está acorrentada ao mercado mundial. O indivíduo é colocado no centro do universo, e este é espoliado.

Quanto ao espiritual, é certo que existe muito interesse pelo sagrado e há diversas buscas de sentido. O êxito pastoral é medido com um padrão carismático. Ressurge o fundamentalismo. Muitas pessoas rejeitam tanto o fanatismo como a mediocridade. Difundem-se alternativas, que conjugam o humanismo com o fervor espiritual.

Existem não somente as dificuldades e as oportunidades já mencionadas. Hoje estamos em meio a dores de parto. No dia a dia, em nível planetário, estamos envolvidos numa mudança de época.[3] A isso também chamam globalização, Pós-Modernidade, mudança de paradigma, início

---

[3] O debate científico e político, hoje, inclui o conceito de mudança de época (cf. o 26º Congresso de Sociologia, *América Latina em e a partir do mundo... diante da mudança de época*, Guadalajara, 2007. Cf. escritos sobre o processo chamado Fórum Social Mundial). Sobre mudanças na América Latina: GARRETÓN, Manuel Antonio. *América Latina;* un espacio cultural en un mundo globalizado. Bogotá: Adrés Bello, 1999. BRUNNER, José J. *Globalización cultural y posmodernidad.* Santiago: FCE, 1998. GOMEZ, Justino. Chile y su identidad religiosa en el marco de un cambio de época. *Catecheticum* 6 (2003) 11-20. HOPENHAYN, Martín. *América Latina desigual y descentrada.* Buenos Aires: Norma, 2005. BEDFORD, Nancy; STRIZZI, Marisa. *El mundo palpita. Economía, género y teología.* Buenos Aires: Isedet/CLAI, 2006. Quanto a paradigmas, cf.: ABERCROMBIE, Nicholas et al. *Sovereign Individuals of Capitalism.* London: Allen, 1986. HELD, David et al. *Global Transformations;* Politics, Economics, Culture. Stanford: Stanford University, 1999. NOBLE, David. *The Religion of Technology;* The Divinity of Man and the Spirit of Invention. New York: A. Knopf, 1997. PRIGOGINE, Ilya; DORA, Fried. *Nuevos paradigmas, cultura y subjetividad.* Buenos Aires: Paidós, 1994. Quanto ao teológico: TAMAYO, J. J. *Nuevo paradigma teológico.* Madrid: Trotta, 2003. RAMOS, Gerardo, scj. *Los cristianos ante el cambio de época.* Buenos Aires: Claretiana, 2006. PÉREZ AGUIRRE, Luis. Ciencias teológicas y concepto de paradigma. Disponível em: <http://www.revistapolis.cl/polis%20final/17/perez.htm>. Quanto ao texto de Aparecida, à mudança de época e ao novo paradigma, "despontam cá e acolá de forma inorgânica, sem afetar a perspectiva geral do texto": BONAVÍA, Pablo. Aparecida: entre la memoria y el cambio de paradigma. In: VV. AA. *Aparecida, renacer de una esperanza.* Bogotá: Indoamerican Press, 2007. p. 69. [Ed. bras.: AMERINDIA. *V Conferência de Aparecida;* renascer de uma esperança. São Paulo: Amerindia/Paulinas, 2008.]. José María Arnaiz observava: "Na aula se lembrou que se vive no Continente uma virada crucial de nossa história [...] o possível pode chegar a ser realidade". In: *Lo que me queda de Aparecida. Un despertar misionero.* Disponível em: <http://www.adital.com.br/site/noticia.asp?lang=ES&cod=30088>.

de uma nova civilização. Isso envolve comunicação digital, biotecnologias, economia que cuida do meio ambiente, redes e formas de representação social, união entre correntes espirituais.

Um sinal dessa mudança radical é que hoje os adolescentes e até as crianças nos ensinam como apropriar avanços tecnológicos. Se durante milhares e milhares de anos as pessoas anciãs e adultas ensinaram meninos e jovens; hoje não é assim. Existe, pois, uma mudança radical de relações entre os seres humanos e com o meio ambiente. Há uma mudança de paradigma.

Estamos, então, no meio de desafios fascinantes. Pode-se dizer que os seres vivos e todo o universo sentem dores de parto. Cada pessoa e o conjunto da criação são convocados para a vida. À busca de bem-estar (tanto por aqueles que participam em âmbitos religiosos como por aqueles que são humanistas) damos diversos nomes: felicidade, amar a Deus e ao próximo, justiça e paz.

Por outro lado, muito planejamento estratégico mercantiliza a felicidade, de modo secular ou em forma pseudorreligiosa (Natal, *Halloween* etc.). No contexto complexo latino-americano, a cada dia mais equipes e instituições empregam o marketing na ação pastoral. Em termos gerais, a grande problemática contemporânea é que tudo dança ao ritmo de uma norma econômica mundial.[4] No entanto, há a outra cara da moeda. Temos a oportunidade planetária de sentir dores de parto e de gerar uma nova fase da humanidade.

---

[4] Cf. BERGER, Peter. *The Sacred Canopy*. New York: Doubleday, 1967 (onde adequadamente anotou: "religious institutions become market agencies and the religious traditions become consumer commodities", p. 137). MILLER, Vincent. *Consuming Religion, Christian Faith and Practice in a Consumer Culture*. New York: Continuum, 2005. PARKER, Cristian. *Religión y Postmodernidad*. Lima: Kairós, 1997. SEDGWICK, Peter. *The Market Economy and Christian Ethics*. Cambridge: Cambridge Univ. Press, 1999. LONG, Stephen. *Divine Economy*. New York: Routledge, 2000. BIDEGAIN, Ana Maria. DEMERA, J. D. *Globalización y diversidad religiosa en Colombia*. Bogotá: Univ. Nacional de Colombia, 2005.

A Igreja aceita desafios

Se há uma mudança de época, então se deve mobilizar com audácia. Deve-se encarar muito obstáculo secular à missão, muito hedonismo, muita idolatria mundana. Além disso, deve-se encarar dificuldades internas na Igreja: o espiritualismo intimista, a pretensão de cristianizar mediante o marketing. Então, como se anuncia a Boa-Nova no complexo mundo atual, e o que é possível e desejável fazer no dia a dia?

A V Conferência retomou a tradição do Concílio Vaticano II e de Medellín: com fé, ler nossa realidade, evangelizar integralmente, optar pelo pobre e tomar consciência da mudança de época. O texto de Aparecida reiteradamente aponta grandes transformações no continente e no mundo. Esta perspectiva foi incentivada pelo Concílio com seu chamado para ler os sinais dos tempos e reconhecer a *nova aetate* na história (cf. *GS*, n. 4). Em seguida – em Medellín – os bispos do continente disseram: "[...] estamos no limiar de uma nova época histórica [...] a gestação de uma nova civilização" (cf. Introdução às conclusões, n. 4).

No entanto, foi pouco considerada a "mudança de época" (ou algum conceito similar) que ajudaria a explicar a situação inédita e suas implicações. Isto surpreende porque documentos anteriores a Aparecida (pelo Celam e por alguns episcopados) sublinhavam a mudança de época.

Outra deficiência é não assumir opções difíceis. Ao nos encontrar numa realidade radicalmente nova, então devem ser reprogramados estruturas e critérios de evangelização. Para de verdade ser Igreja missionária, ela tem de refundar sua ação quotidiana e redimensionar a missiologia. Com coragem, nossos bispos apontaram a comodidade, o estancamento, a tibieza, o estar à margem do sofrimento dos pobres (cf. *DAp*, nn. 100, 362-363, 370). É preciso "abandonar as ultrapassadas estruturas que já não favoreçam a transmissão da fé" (*DAp*, n. 365) e realizar "reformas espirituais, pastorais e também institucionais" (*DAp*, n. 367).

A reinvenção missionária é de tal envergadura que pode ocupar-nos todo o século. Como escreve José Comblin,[5] desde o século XII a Igreja tende a conservar o passado. Na América Latina, a partir do século XVI, é intensa a missão realizada por congregações religiosas. Hoje, 80% das pessoas vivem em cidades; o método da missão rural não corresponde a necessidades urbanas. O carisma missionário está sendo reconstruído, em contextos urbanos, onde cresce a indiferença pelo eclesial e onde também proliferam as buscas espirituais?

Mas as principais linhas de Aparecida podem ser implementadas apostando numa mudança de civilização.

- *Primeiro:* ensinar a fé com os pés na terra e o olhar no horizonte. Para isto contribui o método "ver, julgar e agir" (*DAp*, n. 19). A partir de nossa condição crente, é pesada a realidade humana (ver), é compreendida com olhos da fé (julgar), e é levado à prática o discipulado missionário (agir). Se o olhar é dirigido para a mudança de época (e não somente para uma Modernidade e Pós-Modernidade globalizada), mesmo assim será reorientado o julgar e o agir.

- *Segundo:* foi reafirmada a opção pelo pobre (*DAp*, nn. 128, 146, 393, 397-399). O discurso inaugural de Bento XVI lucidamente afirmou que "a opção pelos pobres está implícita na fé cristológica naquele Deus que se fez pobre [...]". Existem "excluídos e ignorados em sua miséria e dor" (*DAp*, n. 358); por isso, as pessoas crentes se voltam para a cultura da vida. As multidões urbanas vivem com códigos interculturais e inter-religiosos. Aprofunda-se a opção cristológica pelo pobre que admira diversos rostos de Deus.

- *Terceiro:* o fundamental em Aparecida é incentivar o discipulado missionário, o que é absolutamente audaz. Essa estratégia afeta as estruturas e os planos eclesiais (*DAp*, nn. 365, 370). Ela, além disso, envolve transformação humana em todo nível. Trata-se de evangelizar mediante a ação social (*DAp*, nn. 367, 399-405), uma

---

[5] COMBLIN, J. "El proyecto Aparecida". In: VV. AA. *Aparecida, renacer de una esperanza*, p. 171-186.

agenda ecológica (*DAp*, nn. 470-475, 491) e mediante tudo o que vivemos como Igreja. Uma reforma missionária de tal envergadura exige novos líderes e instituições; porque o que existe está estancado. Aposta-se na missão numa época nova.

Essas três linhas envolvem oportunidades e bons desafios. Na América Latina (e através do mundo) existem energias que se encaixam, e emergem identidades complexas. Quando a Igreja opta por colaborar no parto de uma nova época, sua missão é realizada entre culturas e entre religiões que favorecem a humanização. A missão tem como centro a existência de povos onde o Espírito de Cristo faz maravilhas.[6] As pessoas bebem de diversos poços espirituais. A convocação é para difundir a Boa-Nova do Reino de Deus para povos do Leste e do Oeste, do Sul e do Norte.

Proclamar e implementar a Boa-Nova compete ao conjunto do Povo de Deus – e não somente a quem tem um rótulo de missionário. Segundo o *Documento de Aparecida*, o Povo de Deus relança "com fidelidade e audácia sua missão nas novas circunstâncias latino-americanas e mundiais" (n. 11). Além disso, "os pobres se fazem sujeitos da evangelização e da promoção humana integral" (*DAp*, n. 398). Como nunca antes, é ressaltado o cuidado com o meio ambiente (*DAp*, nn. 470-475).

Em muitos lugares, há um mosaico de projetos solidários. O voluntariado é abundante e nele os crentes se somam à ação de pessoas com outros sentimentos e crenças. São projetos que priorizam pessoas postergadas e o meio ambiente espoliado. Esses projetos podem ser considerados como um movimento missionário humanizador. Em vez de um proselitismo religioso, realiza-se uma convivência humana transcendente.

---

[6] *Gaudium et Spes*, n. 22: "[...] o Espírito Santo a todos dá a possibilidade de se associarem a este mistério pascal por um modo só de Deus conhecido". Cf. também: JOÃO PAULO II. *Ecclesia in Asia*, n. 20: "[...] nas sociedades, culturas e religiões asiáticas, a ação do Espírito, pela qual o Pai prepara os corações das pessoas para a plenitude de vida em Cristo".

Conclusão

Destaquei a mudança de época ao evangelizar em meio a novos processos humanos. É preciso que haja passos lúcidos e audazes. Somos pessoas frágeis, mas apaixonadas, e corresponsáveis na família eclesial.

A energia renovadora não vem das alturas de um planejamento missionário, mas brota de baixo, da fé do Povo de Deus. A população latino-americana é detentora da tradição cristã. Além disso, move-se no meio de diversas culturas e tem acesso a um leque espiritual e religioso. Por isso, assumindo crítica e responsavelmente uma mudança de época, o novo paradigma missionário dialoga com diversos modos de viver e de crer.

Quanto à instituição eclesial, ela, intencional e concretamente, colabora no parto de uma nova terra e de um novo céu. A fidelidade a Jesus Cristo e a seu Espírito nos impede que sejamos medíocres e humilhados. No contexto da Palestina do século I, o Senhor frágil e vulnerável audazmente anunciou o Reino universal. Hoje, cada comunidade frágil e pequena dá testemunho do amor universal de Deus, em meio a culturas e em meio a diversas religiões. Assim se contribui para a humanização a partir de baixo e se abrem as mãos para a Promessa (Ex 3,8) da terra onde corre leite e mel. A missão é realizada de modo que a humanidade desfrute mel e leite ao mudar de época.

PARTE VI

A MISSÃO NA PRÁTICA DA IGREJA

Condições e elementos para a missão permanente

Roberto Tomichá[*]

A missão cristã esteve historicamente condicionada pela sua aliança política e econômica com os poderes do momento. Muitos povos do sul do mundo agora cristianizados, embora não totalmente evangelizados, conheceram o Cristianismo em íntima vinculação com as potências da época (Espanha, Portugal, Inglaterra, França, Holanda, Estados Unidos...). Nesse contexto, a missão insistia muito nas verdades dogmáticas, na moral individual, no legalismo sacramental e na necessidade de salvação eterna individual. Embora certamente tenha havido na época propostas missionárias alternativas e grandes missionários santos, a mentalidade missionária colonial, com tinturas paternalistas, marcou o ser e o fazer da missão cristã, e sua influência persiste ainda em certos ambientes eclesiais.

Hoje em dia, quando a Igreja perde, cada dia mais, seu poder sociopolítico nas sociedades latino-americanas de tradição "cristã" e num contexto sociocultural Pós-Moderno (pós-cristão) globalizado, a missão cristã é chamada a se apresentar ao mundo com atitudes mais evangélicas e proféticas. A presença significativa e permanente do Cristianismo, hoje, depende, em grande parte, de sua capacidade de se desprender de sua herança colonial e se voltar para suas raízes perenes: o estilo apostólico do seguimento de Jesus e a vivência das primeiras comunidades cristãs.

O *Documento de Aparecida*, ao reconhecer o "despertar missionário" da Igreja na América Latina e no Caribe, convida todos os seus membros

---

[*] Doutor em Missiologia pela Pontifícia Universidade Gregoriana, em Roma. Diretor do Instituto de Missiologia da Universidade Católica Boliviana. Autor de diversas publicações.

a se pôr "em estado permanente de missão" (*DAp*, n. 551) para tornar realidade o tema da V Conferência: "Que nossos povos tenham vida" (cf. Jo 10,10). O chamado à Missão continental terá sentido se nós, cristãos e cristãs, nos comprometermos em favor da vida em todos os seus âmbitos e se nossas Igrejas se esforçarem por assumir visivelmente o processo de "conversão pastoral" em suas instâncias pessoais, comunitárias e institucionais (cf. *DAp*, nn. 365-372). Para isso, é preciso promover com firme decisão as condições adequadas de missão permanente, especialmente nas relações e espaços intraeclesiais comunitários. Sem caminho de conversão ao Mistério verificado nas atitudes pessoais e nas estruturas comunitárias da Igreja não será possível um testemunho cristão digno de fé.

"Eu vim para que tenham vida, e a tenham em abundância"

A pessoa humana, os demais seres animais e vegetais, no mundo inteiro, no cosmo, buscam ansiosamente uma vida plena, harmônica, sustentada pelo respeito e pelo equilíbrio recíproco. Uma vida onde as relações não estejam baseadas no ter, no poder ou no saber, mas na gratuidade, no equilíbrio, na harmonia. Experimentamos, hoje, o desastre de uma mentalidade moderna ocidental que colocou no centro a razão, a ciência e a técnica, subjugando aqueles grupos humanos e sociais com visões diferentes e mais integradores, e hoje emergentes, como as mulheres, os jovens, os povos indígenas e originários, os negros, e outros.

A luta pela vida é uma das preocupações fundamentais de todo crente, mais além das confissões ou pertenças próprias, e a vida de "toda criatura humana" é entendida em harmonia com as demais criaturas do céu e da terra. É uma luta cósmica, harmônica, da criatura. O mundo está interconectado, inter-relacionado, é interdependente em suas dimensões biológicas, afetivas e espirituais. Se o homem e a mulher ocupam um lugar no universo, nunca devem esquecer sua dimensão relacional com os demais seres criados, erro crasso do antropocentrismo ocidental. Em sintonia com essas preocupações, a V Conferência Geral do Episcopado

Latino-Americano e do Caribe discorreu sobre o tema do discipulado missionário em Jesus Cristo – "para que nossos povos tenham Vida" –, tendo como referência espiritual Jesus Cristo, "o caminho, a verdade e a vida" (Jo 14,6).

A missão do crente no momento atual se insere na preocupação existencial de defesa da vida plena em todas as suas instâncias e espaços, favorecendo, por exemplo, uma especial consciência e mobilização em favor da biodiversidade da criação na região amazônica e na defesa da vida dos povos indígenas lá assentados, que sofrem a agressão de interesses econômicos das transnacionais (cf. *DAp*, nn. 83-86). Essa defesa da vida plena (em quíchua: *sumaj kawsay*) surge a partir da profunda experiência de encontro com Jesus Cristo vivo que nos convida a continuar seu projeto: "Eu vim para que tenham vida, e a tenham em abundância".

O compromisso com a vida, em escuta, encontro e diálogo com homens e mulheres de boa vontade, que compartilham a mesma preocupação dos homens e mulheres da Igreja, será possível se, como cristãos e cristãs, planejarmos e construirmos uma comunidade eclesial mais respeitosa dos valores evangélicos e, portanto, mais de testemunho e de martírio. Para isso, é importante superar certa mentalidade colonial radicada em nossos pensamentos, atitudes e práticas.

"Permanece ainda nos imaginários coletivos uma mentalidade colonial"

A quarta redação do *Documento conclusivo* aprovado pelos bispos latino-americanos e caribenhos em Aparecida, no dia 31 de maio de 2007, observava que "permanece ainda nos imaginários coletivos uma mentalidade colonial em relação aos indígenas e afro-americanos" (n. 96 final). Essa "mentalidade colonial" – expressão suprimida no *Documento* oficial[1] – se expressa nos projetos, atitudes, pensamentos, relações e vida

---

[1]   O texto oficial diz: "Permanece, em alguns casos, uma mentalidade e um certo olhar de menor respeito em relação aos indígenas e afro-americanos" (*DAp*, n. 96).

concreta dos homens e mulheres de nosso continente, mais além de suas condições pessoais, sociais, culturais e religiosas. A segunda redação do *Documento* apontava, entre as "condições para a afirmação da plena cidadania" dos povos indígenas e afrodescendentes, a necessidade de "descolonizar as mentes, o conhecimento" (n. 118) dos homens e mulheres da Igreja. Com efeito, a atividade missionária na América Latina está ainda condicionada por sua herança colonial, que impede, em grande parte, uma evangelização autêntica.

Trata-se de uma *colonialidade* que invade todos os âmbitos da sociedade e da Igreja, atinge a mesma interioridade das pessoas e se expressa especialmente nas relações com sujeitos ou grupos humanos desiguais, diferentes ou desconectados, que não se enquadram em um determinado modelo eclesial unilateral, monocultural e excludente: crianças, mulheres, jovens, indígenas, afrodescendentes, migrantes, prostitutas, lésbicas, homossexuais etc. Essa colonialidade poderia ser diferenciada em três dimensões: o poder, o saber e o ser.[2]

A colonialidade do *ser* se expressa, sobretudo, na centralidade do econômico e no domínio da natureza: a colonialidade do *poder* afasta a pessoa humana de uma espiritualidade a partir e a serviço da vida e usa a religião e a língua para manter sua hegemonia. Em nossas comunidades cristãs, será que realmente ajudamos a plasmar relações verdadeiramente evangélicas a serviço da vida: menos paternalistas e com linguagens descolonizadas?

A colonialidade do *saber* transforma a razão em instrumento de domínio e hegemonia e o mundo em mercadoria, esquecendo-se de que o ser humano, mais que racional, é afetivo. Daí a urgência de harmonizar afeto e pensamento, pois as pessoas pensam e decidem mais com e a partir do coração: somos "corracionais"! Diante de tal situação, como homens e mulheres de Igreja, somos chamados(as) a escutar e aprender da sabedoria milenar dos povos indígenas e originários, cujo horizonte de

---

[2]   GUERRERO ARIAS, Patricio. *Corazonar. Una antropología comprometida con la vida*. Asunción, Paraguay: Fondec, 2007. Ideias tiradas do relatório apresentado pelo mesmo autor no "Seminário sobre Vida Religiosa Indígena", organizado pela CLAR. Quito, 23-26 de outubro de 2008.

vida se expressa na reciprocidade comunitária, na dualidade de relações, na harmonia com a natureza etc. Finalmente, uma lógica diferente que supera a ciência fragmentada do conhecimento colonial a serviço do poder e não da vida. Um desafio para a missão cristã: superar nossa mentalidade racional ocidental centrada na hegemonia da razão para dar espaço à centralidade relacional da vida. Queremos realmente iniciar um processo de descolonização de nossas atitudes missionárias marcadamente racionais?

A colonialidade do *ser* é a mais profunda e interiorizada, pois age na subjetividade, na corporalidade (sexualidade) e na alteridade da pessoa. Aqui se enraíza e age com eficiência o poder antropocêntrico masculino e excludente. É a supremacia da ditadura do uno (mono), do parcial, que se considera senhor do universo e se propõe como critério único e universal para todos e todas, excluindo as diferenças. Por que não escutamos e aprendemos as sabedorias de nossos povos indígenas que vivem a realidade existencial em dimensão complementar, recíproca, plural, cósmica? Em nossas comunidades cristãs, poderemos descolonizar nossa mentalidade e atitudes para escutar-nos, aprender e conviver, juntos e juntas, antecipando o Reino de Deus?

Uma Igreja a serviço da vida, em estado permanente de missão, deve necessariamente reconhecer sua herança colonial para se abrir a um novo estilo de presença e de relações mais participativas, harmônicas e integradoras. Isso somente será possível se for capaz de assumir seriamente um caminho de conversão para atitudes, valores e práticas interculturais, deixando espaço e acolhendo em seu seio a riqueza das diferenças. É o desafio de um Cristianismo plural, expressão de uma autêntica catolicidade eclesial, em sintonia com a "nova realidade social, plural, diferenciada e globalizada" (*DAp*, n. 345) que o mundo vive.

Fomentar "o diálogo intercultural, inter-religioso e ecumênico"

A alternativa ao colonialismo se manifesta no diálogo incondicional, tarefa urgente para a missão eclesial se quiser ter futuro. Aparecida aponta, a propósito, a necessidade de fomentar "o diálogo intercultural, inter-religioso e ecumênico" (*DAp*, n. 95), isto é, promover comunidades cristãs capazes de viver e irradiar a Boa-Notícia de Vida no atual contexto de mudança de época e de novos paradigmas que exigem uma releitura ou revitalização profunda do ser e do fazer da vida e da missão cristã. Uma característica da missão permanente pós-colonial dentro e fora da Igreja se expressa no diálogo intercultural.

Entre tantas acepções, entendemos por interculturalidade aquela "interação – deliberada – entre as pessoas de procedência cultural diversa que acredita na aprendizagem mútua mediante o diálogo, apoiada no princípio de dignidade e soberania de todas as culturas históricas, originárias e comunicáveis entre si". O mesmo prefixo "inter" expressa com clareza "a relação de semelhança-diferença existente entre as filosofias, culturas e religiões", superando "a colocação comparativa ao negar a possível existência de um ponto externo ou neutro a partir de onde se pudesse comparar com justiça".[3]

A interculturalidade, então, não é uma teoria, é uma experiência de inter-relação, reciprocidade, equilíbrio, que pressupõe a capacidade de abertura interior, escuta sincera, encontro entre diferentes, aprendizagem mútua, reconciliação recíproca, que procura construir, entre todos e todas, um projeto novo de sociedade e de Igreja mais autêntica. Supera a colocação multicultural liberal-democrática da tolerância, isto é, a presença num mesmo lugar de povos e culturas diversas, que não necessariamente se relacionam e se compenetram.

O diálogo intercultural é, pois, um processo que oferece a cada membro, sem nenhuma exceção, a faculdade e a possibilidade real de contribuir, a partir de si próprio, para a revitalização pessoal, comunitária e estrutural de uma Igreja, que deveria reler e repropor-se o próprio estilo de vida uniforme e monocultural em sua vida interna, nas relações interpessoais,

---

[3] VALLECAR, Diana de. Interculturalidad y cristianismo. In: TAMAYO, Juan José (dir.). *Nuevo diccionario de teología*. Madrid: Trotta, 2005. p. 477.

na acolhida às novas gerações, na recepção dos novos grupos culturais, nas expressões litúrgicas, nos projetos pastorais etc.

A missão é entendida, então, principalmente, como: escuta das alteridades, encontro com as diferenças pessoais, sociais, culturais e religiosas; aprendizagem recíproca nas experiências diárias; disponibilidade constante para a mudança de mentalidade, atitudes, pressupostos incorporados, práticas sutis de dominação colonial; superação da dialética clero-laicato, carisma-instituição, homem-mulher etc. É o que apontam as orientações dos últimos congressos missionários realizados no continente: uma missão permanente "a partir da pequenez, da pobreza e do martírio" (CAM 2, Guatemala, 2003) disposta a "escutar, aprender e anunciar" (cf. CAM 3, Equador, 2008). O mesmo *Documento de Aparecida* insiste num discipulado missionário que escuta os sinais dos tempos do mundo atual (cf. *DAp*, nn. 33, 336).

Trata-se, em suma, de voltar às raízes da proposta evangélica de Jesus, realizada nas experiências das primeiras comunidades cristãs, que souberam conjugar – não sem tensões – a fé cristã e as diferenças culturais, dando à luz um Cristianismo plural em línguas, ritos, mentalidades, estilos comunitários, acentos teológicos etc. Esse processo será possível somente a partir do pressuposto de uma profunda experiência místico-espiritual, uma mística em sintonia com a vida quotidiana dos homens e das mulheres de hoje.

A partir do "sólido fundamento da Trindade-Amor"

Condição fundamental para a missão permanente é uma autêntica experiência do mistério, uma experiência última com o divino, presente na diversidade de povos e culturas tradicionais e emergentes. Em termos cristãos, trata-se de viver em todas as suas dimensões "a experiência de um Deus uno e trino, que é unidade e comunhão inseparável", isto é, uma vida que adquire seu sentido definitivo no "sólido fundamento da Trindade-Amor" (*DAp*, n. 240). Um amor trinitário revelado em Jesus

Cristo, de alcance universal, que se enriquece e realiza concretamente na vivência particular de muitos homens e mulheres ao longo da história. É um Amor includente, que ultrapassa o espaço e o tempo, os povos e as culturas, as pertenças eclesiais e religiosas, as instituições e as linguagens relacionadas com determinados momentos históricos etc. O discípulo e a discípula são chamados a se encontrar com Jesus Cristo vivo em suas realidades socioculturais concretas e a redescobrir a riqueza da vocação cristã intercultural que deverão anunciar com alegria (cf. *DAp*, n. 167).

Trata-se de um retorno à espiritualidade, à mística, uma mística entendida como "a experiência humana por excelência", "a experiência integral da Vida", que compreende a dimensão corporal, intelectual e espiritual ao mesmo tempo; um constitutivo antropológico. É uma experiência material, humana e divina simultaneamente, isto é, cosmoteândrica, "fruto do ser mais que do fazer", "transcendente e imanente ao mesmo tempo", "relacional, como a Trindade".[4]

Até que ponto nós experimentamos o Mistério relacional da Trindade, mais além de nossas concepções, espaços e estruturas ocidentais que supomos universais? Não continuamos, talvez, fechando o Mistério inefável em categorias coloniais, monoculturais, sempre parciais e cada vez mais distantes das buscas espirituais dos homens e mulheres de hoje? Que critérios, atitudes e indicadores pessoais e institucionais denotam hoje uma Igreja em processo de conversão para uma missão intercultural permanente?

Algumas atitudes de uma Igreja "em estado permanente de missão"

Um dos desafios mais urgentes para a missão cristã hoje é, provavelmente, a vivência de uma autêntica experiência de Deus que deve ser com-

---

[4] "[...] todo homem é místico, embora potencialmente [...]. A mística autêntica não desumaniza; faz-nos ver que nossa humanidade é mais (não menos) que pura racionalidade". PANIKKAR, Raimon. *De la mística. Experiencia plena de la Vida*. Barcelona: Herder, 2005. p. 19. Cf. p. 21-22, 27, 69.

partilhada no encontro com diversas experiências culturais e religiosas. Esse testemunho de vida deverá se expressar no diálogo intercultural, intereclesial, inter-religioso... como fidelidade à ação do Espírito Santo que guia o mundo e a Igreja, para que as "sementes do Verbo" cheguem a "maturar em Cristo" (*Redemptoris Missio*, n. 28). Concretamente, podem ser apontados alguns indicadores pessoais e comunitários desse testemunho missionário intra e intercultural.

"Um olhar contemplativo da realidade"

"[...] o mundo reclama evangelizadores que lhe falem de um Deus que eles conheçam e lhes seja familiar como se eles vissem o invisível" (*Evangelii Nuntiandi*, n. 76). Diante de uma sociedade sedenta de humanidade e de Evangelho autêntico, "o fruto da missão depende em grande parte da contemplação", da mística: "[...] o missionário, se não é contemplativo, não pode anunciar Cristo de modo crível" (*Redemptoris Missio*, n. 91). Urge "ver a realidade com um olhar contemplativo" para "reconhecer a Deus em cada instante e em todas as coisas; [de] contemplá-lo em cada pessoa; [de] procurar cumprir sua vontade nos acontecimentos" (*Ecclesia in America*, n. 29); "olhar a realidade como discípulos missionários de Jesus Cristo" (*DAp*, n. 20). Somente esse "olhar contemplativo" dos processos históricos atuais permitirá que a comunidade cristã seja capaz de discernir, sob a ação do Espírito de Jesus Cristo, a marcha do Reino de Deus num caminhar paralelo e convergente de povos, culturas, religiões, movimentos sociais etc. que buscam uma vida plena. O missionário contempla com prazer a ação insondável e irresistível do Espírito que, antes da chegada do Evangelho ao continente, age em nossos povos, os impele, os conduz, os inspira. A presença de Deus se manifesta até mesmo nos retrocessos de muitos cristãos ou nos esforços vãos de pessoas de boa vontade de diversas Igrejas ou à margem delas.

"O Espírito não nos encerra numa intimidade cômoda e fechada"

"O Espírito Santo é o agente principal da evangelização: é ele quem impele cada um a anunciar o Evangelho e quem, no fundo das consciências, faz aceitar e compreender a Palavra de salvação" (*Evangelii Nuntiandi*, n. 75); "é, na verdade, o protagonista de toda a missão eclesial" (*Redemptoris Missio*, n. 21). Esta primazia do Espírito se expressa na docilidade para acolher "os dons da fortaleza e do discernimento" para dar testemunho, refletir a imagem de Cristo e transmitir aos demais, com coragem e franqueza, a Boa-Notícia do Reino de Deus, pois, hoje como ontem, "temos de prescrutar os caminhos misteriosos do Espírito e, por ele, nos deixarmos conduzir para a verdade total (cf. Jo 16,13)" (*Redemptoris Missio*, n. 87). É praticar na Igreja o "princípio educativo" da espiritualidade de comunhão e de harmonia que significa aproximar-se do irmão e da irmã com um profundo "olhar do coração" (*Novo Millenio Ineunte*, n. 43), reconhecendo-a em sua alteridade pessoal e cultural como "dom" de Deus. Essa animação do Espírito (cf. *DAp*, nn. 149-153), "não é uma experiência que se limita aos espaços privados da devoção", "não nos encerra numa intimidade cômoda e fechada, mas nos transforma em pessoas generosas e criativas, felizes no serviço" ao Reino de Deus (*DAp*, quarta redação, nn. 258-259).

"[...] isso que vimos e ouvimos, nós vos anunciamos"

"Nós vimos a sua glória, [...]" (Jo 1,14). "[...] nós somos testemunhas" (At 2,32). "O amor de Cristo nos impele [...]" (2Cor 5,14). "[...] o que nossas mãos apalparam da Palavra da Vida [...] isso que vimos e ouvimos, nós vos anunciamos, [...]" (1Jo 1,1s). A relação com Cristo e nele com o Pai por meio do Espírito (cf. Ef 2,18) é fruto de um encontro pessoal com Cristo, dom de Deus que permite ao discípulo escutar a Palavra de Deus e viver uma experiência única de vida divina. A missão pressupõe a experiência de gratuidade: "Conhecemos o amor de Deus" (1Jo 3,16). "Nós amamos, porque ele nos amou primeiro" (1Jo 4,19). Somente o discípulo que se deixa tocar pelo Amor e se apaixona poderá comunicar aos outros aquela paixão experimentada, vivida, sentida na primeira pessoa. Passa-se, assim, da contemplação para a missão, ou melhor, para a contemplação missionária ou missão contemplativa. Essa "paixão" do "anúncio" não é fundamentalismo, mas "conhecimento amoroso" ou "inteligência afetiva missionária" pelo Reino de Deus. Como apresentar esta "verdade última" de Jesus Cristo? Certamente recuperando os valores próprios da Pós-Modernidade, isto é, num estilo capaz de harmonizar a dimensão intelectiva e emocional, a dogmática e a narração, a teologia e a arte, a pessoa e a comunidade, o mistério da cruz e a festividade da Páscoa, a encarnação e a escatologia, os conteúdos evangélicos e a experiência pessoal...

Presença de "humildade, solidariedade, compaixão, diálogo, reconciliação..."

Cristo Senhor, dentre os discípulos, chama sempre os que quer para que o acompanhem e os envia a pregar aos povos (cf. Mc 3,13s). O discípulo missionário é chamado a seguir uma vida inteiramente evangélica, com muita paciência, longanimidade, suavidade e caridade sincera (cf. 2Cor 6,4-6), disposto a entregar o próprio sangue, se for o caso, a exemplo do próprio Mestre. Deve ser perseverante nas dificuldades, capaz de superar a solidão, o cansaço e o trabalho infrutuoso, com fé, esperança firme, oração assídua e espírito de fortaleza, amor e temperança (cf. 2Tm 1,7). Trata-se de cultivar algumas "atitudes interiores" sempre válidas para todo apóstolo (cf. *EN*, nn. 74-80): fidelidade à própria vocação, fidelidade ao Espírito Santo, autenticidade e testemunho de vida, serviço à verdade e caridade apostólica. Aparecida pede que o Espírito Santo nos ajude a poder "dar o testemunho de proximidade que entranha aproximação afetuosa, escuta, humildade, solidariedade, compaixão, diálogo, reconciliação, compromisso com a justiça social e capacidade de compartilhar, como Jesus o fez" (*DAp*, n. 363). No momento atual de enfrentamentos, às vezes violentos, é urgente um verdadeiro testemunho da reconciliação de Deus que cura, capaz de reconstruir pessoas, famílias, grupos sociais, nações indígenas, comunidades afrodescendentes, muitas vezes feridas por opressões, injustiças, discriminações, guerras e destruições desenfreadas de todo tipo.[5] Esse processo de reconciliação vertical, horizontal e cósmica surge de uma "purificação da memória" pessoal e da mesma instituição eclesial.[6] A missão permanente se manifesta, em primeiro lugar, como *presença* que busca reconciliar ou curar as feridas pessoais, sociais, culturais e religiosas dos homens e mulheres de hoje.

Uma Igreja que "escuta, aprende e anuncia"

Os lemas dos Congressos Missionários Americanos traçaram o perfil da identidade missionária do Cristianismo na América Latina e no Caribe: "a partir da pequenez, da pobreza e do martírio" (CAM II, Guatemala, 2003); uma Igreja que "escuta, aprende e anuncia" (CAM III, Equador, 2008). Ressalta o "espírito das bem-aventuranças" que deve caracterizar a proposta missionária cristã no contexto atual e deve ser vivida nos encontros e relações interpessoais da vida quotidiana. Uma Igreja em estado de missão é aquela que vive seu discipulado a partir da simplicidade, da humildade, do encontro, do diálogo, com a confiança plena no Espírito Santo, protagonista da missão, e verdadeiro guia na história dos povos e culturas. A escuta atenta e a mútua aprendizagem começam entre os homens e mulheres das Igrejas cristãs, pois, "onde se estabelece o diálogo,

---

[5] SCHREITER, Robert. *La reconciliación como nuevo paradigma de la misión*. Relatório apresentado em Atenas, Grécia, no dia 14 de maio de 2005. Disponível em: <http://www.sedos.org/spanish/schreiter_3.htm>. A reconciliação comporta *dizer a verdade e buscar a justiça* (punitiva, reparadora, distributiva, estrutural) *para reconstruir as relações*. Supõe o arrependimento e a conversão daqueles que causaram o mal para empreender o difícil caminho do perdão. Cf. BEVANS, S. B.; SCHROEDER, R. P. *Constants in Context. Theology of Mission for Today*. New York: Orbis Books, 2004.

[6] "*Incarnationis mysterium*". Bula de convocação do Grande Jubileu do Ano 2000. Roma, 29 de novembro de 1998, n. 11. Cf. COMISIÓN Teológica Internacional. *Memoria e reconciliación. La Iglesia y las culpas del pasado*. Roma, 2000.

diminui o proselitismo, crescem o conhecimento recíproco e o respeito, e se abrem possibilidades de testemunho comum" (*DAp*, n. 233). A identidade cristã amadurece naquela "capacidade de contato humano e diálogo", de abertura "a todas as culturas e a todas as verdades" (*DAp*, n. 377), sem descuidar o *anúncio* de Jesus Cristo, "fator imprescindível do processo de formação de discípulos e missionários" (*DAp*, n. 279). É um anúncio, no entanto, que surge do testemunho apaixonado pelo Mistério de Vida, um anúncio corroborado pelo testemunho institucional de uma Igreja em estado permanente de conversão.

"Reformas espirituais, pastorais e institucionais"

A missão permanente significa e pressupõe, em última instância, um caminho pessoal e comunitário para a santidade; não depende tanto de critérios teológicos, pedagógicos e, menos ainda, metodológicos ou organizativos, mas do desejo, da paixão e convicção de viver o Evangelho de Jesus Cristo em diálogo com o mundo:

> A primeira forma de testemunho é *a própria vida do missionário, da família cristã e da comunidade eclesial,* que torna visível um novo modo de se comportar. O missionário que, apesar dos seus limites e defeitos humanos, vive com simplicidade, segundo o modelo de Cristo, é um sinal de Deus e das realidades transcendentes. [...] (*Redemptoris Missio*, n. 42),

pois, "antes ainda da ação, a missão é testemunho e irradiação" (*Redemptoris Missio*, n. 42, 26) que nasce do encontro pessoal e comunitário com Jesus Cristo vivo presente nos acontecimentos históricos dos tempos novos que vivemos.

Aparecida recorda às Igrejas locais a urgente necessidade de "reformas espirituais, pastorais e também institucionais" que respondam mais fielmente "ao Espírito Santo que a conduz" (*DAp*, n. 367). Uma verdadeira conversão integral do Povo de Deus começa pelos pastores (bispos, presbíteros, diáconos etc.) em suas próprias comunidades: "Nenhuma comunidade deve isentar-se de entrar decididamente, com todas as forças, nos processos constantes de renovação missionária e de abandonar as ultrapassadas estruturas que já não favoreçam a transmissão da fé" (*DAp*, n. 365). Essa *conversão pastoral* é motivada, por um lado, pelo "modelo paradigmático" das "primitivas comunidades cristãs (cf. At 2,42-47)", que souberam "evangelizar de acordo com as culturas e as circunstâncias"; e, por outro, pela "eclesiologia de comunhão do Concílio Vaticano II, o caminho sinodal no pós-concílio e as Conferências Gerais anteriores do Episcopado Latino-americano e do Caribe" (*DAp*, n. 369).

Esta autocrítica, já difícil para a Igreja enquanto instituição, não é digna de crédito se não se expressa numa conversão eclesial sincera que busca renovar suas próprias estruturas internas para que sejam não somente funcionais aos novos tempos, mas que respondam ao Espírito Santo, que exige um testemunho mais autêntico. É a missão permanente *ad intra* que os cristãos devem viver em todo tempo e lugar. O "ardor de santidade" "entre os missionários e em toda a comunidade cristã" (*Redemptoris Missio*, n. 90) passa não só pela conversão pessoal de seus membros, mas também pela conversão institucional das estruturas eclesiásticas para oferecer ao mundo entusiasmo, valentia, entrega generosa, justiça e paz, harmonia com o cosmo, caridade, alegria interior, esperança, aceitando o mistério da cruz com seus sofrimentos e perseguições.

PEDAGOGIA E MÉTODO PARA UMA RECEPÇÃO CRIATIVA DE APARECIDA

*AGENOR BRIGHENTI** *

Não basta a publicação de um documento, seja pelo Papa ou ainda pelo conjunto do episcopado, para que seu conteúdo se torne vida na Igreja. Recordava Paulo VI, no término dos trabalhos do Concílio Vaticano II, que "um concílio não termina de maneira definitiva com a promulgação dos decretos, pois estes, mais do que um ponto de chegada, são um ponto de partida para novos objetivos".[1] Todos nós conhecemos bons documentos que continuam engavetados, mesmo por seus autores.

Recentemente, tivemos a grata surpresa da V Conferência de Aparecida, com a proposta de uma Igreja em estado permanente de missão, em pequenas comunidades, à luz da opção pelos pobres, para que a pessoa inteira e nossos povos tenham vida. Mas não basta um bom documento com uma boa proposta missionária. Mais importante que o pré-*Aparecida* e o próprio evento da Conferência é o pós-*Aparecida*. Para que decisões de uma assembleia, como a de Aparecida, se tornem vida, é preciso que a comunidade eclesial acuse "recepção".[2]

---

* Doutor em Ciências Teológicas e Religiosas pela Universidade Católica da Louvain/Bélgica (UCL). Atualmente, professor-pesquisador da PUCPR, professor-visitante na Universidade Pontifícia do México e no ITEPAL, do CELAM. É também presidente do Instituto Nacional de Pastoral (INP) da CNBB, coordenador latino-americano da Amerindia e membro da Comissão Organizadora do Fórum Mundial de Teologia e Libertação (FMTL). Foi perito do CELAM em *Santo Domingo* e, da CNBB, em *Aparecida*.

[1] PAULO VI. Le Congrès International de Théologie du IIe Concile Oecuménique du Vatican. *Documentation Catholique* 63 (1966) 1731.

[2] Não é o caso, aqui, de fazer uma abordagem sobre a categoria teológica de "recepção". Sobre a questão, ver: CONGAR, Y. La réception comme réalité ecclésiologique. *RSPT* 56 (1972) 369-403 – aqui, p. 370. O mesmo artigo foi resumido pelo próprio autor e publicado como "A recepção como realidade eclesiológica", *Concilium* 77 (1972) 886-907 (edição brasileira).

A recepção é um processo de assimilação progressiva, pois implica uma apropriação querigmática, teológica e prática, que supõe, como diz *Aparecida*, conversão pastoral e renovação institucional de toda a Igreja. Por isso, a recepção só pode dar-se no conjunto do Povo de Deus, não só por parte do magistério, mas também do conjunto dos fiéis, em especial dos leigos, que, também neste particular, segundo a perspectiva da *Lumen Gentium*, não desempenham um papel passivo. Em última análise, só haverá recepção da proposta missionária de *Aparecida* quando ela for integrada na "regra de fé" (*regula fidei*) e, consequentemente, quando assumida em estreita relação com o *sensus fidei*.

1. Condições para uma recepção criativa de Aparecida

O processo da recepção remete a uma atitude natural e permanente na Igreja. Desde sua origem a Igreja "recebe" o dom do amor do Pai, a Palavra de Deus, o Espírito Santo e, mais que isso, durante todo o percurso de sua existência ela recebe e continua recebendo o próprio Cristo.[3] Há, na Igreja, uma "*re*-recepção" contínua e necessária, na medida em que ela precisa se *re*-apropriar continuamente da *mensagem* que ela proclama. Sua tarefa é receber, de uma maneira sempre renovada e adaptada às novas circunstâncias do mundo que a envolve, pois, em certo sentido, a recepção da mensagem implica também receber o mundo, suas culturas, seus problemas, até mesmo o pecado a sanar. O que não é assumido não é redimido, dizia Irineu de Lyon.

Recepção e conversão pastoral

Para uma recepção criativa da proposta missionária de *Aparecida*, a primeira condição, tal como frisa o *Documento*, é uma conversão pastoral (n. 370). Para desencadear um processo que leve a uma Igreja em

---

[3] Cf. ZIZIOULAS, J. The Theological Problem of "Reception". *Boletín Centro Pro Unione* 26 (1984).

estado permanente de missão, à luz da opção pelos pobres, em pequenas comunidades, para que a pessoa inteira e nossos povos tenham vida, faz-se necessário uma *metanoia* no agir eclesial, ou seja, uma profunda mudança no âmbito das ações. Não basta mudança de mentalidade simplesmente do ponto de vista psicológico ou mesmo teológico. Evidente que a recepção implica disposição interior de acolhida da proposta,[4] disponibilidade de coração de todo o Povo de Deus,[5] mas, se da mente e do coração a proposta de *Aparecida* não descer às mãos, ao fazer, nada muda, tudo continuará igual.

Afirma *Aparecida* que todos, na Igreja, estão chamados a assumir uma atitude de permanente conversão pastoral (cf. n. 365), pois a ação eclesial não pode prescindir do contexto histórico onde vivem seus membros (n. 367). O mundo mudou. A Igreja, para continuar sendo a Igreja de sempre, também precisa mudar muito. Novos desafios exigem novas respostas pastorais. Assim, é urgente superar nossas débeis vivências da opção preferencial pelos pobres (*DAp*, n. 100b). Diante do fenômeno crescente da urbanização, temos uma linguagem pouco significativa para a cultura atual e, em particular, para os jovens, não se levando em conta a crise da Modernidade. Falta presença no campo da cultura, do mundo universitário e da comunicação social (*DAp*, n. 100d).

Para *Aparecida*, *re*-visitando *Medellín*, uma Igreja em estado permanente de missão implica passagem de uma "pastoral de conservação" para "uma pastoral decididamente missionária" (*DAp*, n. 370). Trata-se de forjar um novo modelo de ação, uma nova forma de presença e de serviço no contexto em que a comunidade eclesial está inserida. Isso envolve o planejamento pastoral e a projeção das ações (cf. *DAp*, n. 365), em estreita conexão com os desafios oriundos do contexto onde se vai atuar como discípulo missionário de uma Igreja em estado permanente de missão.

---

[4] Posição exposta por J. Zizioulas no Colóquio de Chevetogne sobre a Recepção, reproduzido por E. Lanne a partir de fita magnética in: LANNE, E. La notion ecclésiologique de réception. *Révue Théologique de Louvain* 25 (1994) 30-45 – aqui, p. 41-45.

[5] Cf. *Unitatis Redintegratio*, nn. 6-7.

Recepção e renovação eclesial

Para uma recepção criativa da proposta missionária de *Aparecida*, a segunda condição, tal como frisa o *Documento*, é uma renovação eclesial. Vinho novo (novas ações) exige odres novos (novas estruturas – *ecclesiam semper reformanda*). Isso porque a recepção tem a ver com a comunhão entre todos os membros do Povo de Deus, sobre a base do *sensus fidelium*.[6] No processo de recepção, a comunhão joga um papel essencial,[7] pois a instituição é também mensagem, as estruturas são mensagem, o mensageiro é mensagem. Sem o suporte institucional correspondente, a melhor ação cai na inanição, a missão em mera campanha, o discipulado em voluntarismo.

Assim, diz *Aparecida*, além dos planos pastorais, a missionariedade deve impregnar todas as estruturas eclesiais (n. 365) e forjar mudanças estruturais profundas na Igreja, no interior de uma pastoral orgânica renovada (n. 169). A renovação missionária da pastoral, tanto na evangelização das grandes cidades como do mundo rural, exige, com urgência, a criação de novas estruturas pastorais (n. 173, cf. n. 450). E para que seja uma missão defensora e promotora da vida, a opção preferencial pelos pobres deve atravessar todas as estruturas e prioridades pastorais (n. 396).

2. Elementos de um processo de assimilação progressiva de Aparecida

A recepção é um processo que envolve basicamente quatro elementos: o tempo, o espaço ou lugar, os atores e o objeto em causa.[8] O tempo diz respeito ao fato de a recepção se inscrever num processo histórico, gradativo; o espaço evoca as condições sociais, políticas, econômicas, culturais e eclesiais de um lugar determinado, em meio às quais se dará o processo

---

[6] TILLARD, J.-M. R. *Église d'Église. L'ecclésiologie de communion.* Paris: Les Éd. du Cerf, 1987. p. 155. (Cogitatio Fidei, n. 143.)

[7] Ibid., p. 162-163.

[8] ROUTHIER, Gilles. *La réception d'un Concile.* Paris: Les Éd. du Cerf, 1993. p. 76. (Cogitatio Fidei, n. 174.)

de recepção; os atores concernem à interação de diferentes pessoas ou grupos que serão os agentes do processo; e, finalmente, o objeto em causa se remete ao conteúdo a ser recebido, à proposta em causa. Como se trata de um processo de conversão, o protagonista do processo é sempre o Espírito Santo, que age em toda a Igreja.

2.1. A recepção de Aparecida no tempo

Sabemos que o Concílio de Trento demorou quase cinquenta anos para começar a ser colocado em prática. Estamos há mais de quarenta anos do término do Concílio Vaticano II e, para muitos segmentos da Igreja, suas conclusões são ainda desconhecidas. Por um lado, isso mostra que a recepção, além de ser um processo gradativo, é também lenta; mas, por outro, que, dada a velocidade das transformações no mundo de hoje, um descompasso com a história pode fazer um documento e sua proposição tornarem-se irrelevantes no momento de sua recepção.

Enquanto processo no tempo, a recepção de *Aparecida* precisa dar-se em duas grandes etapas. Uma fase importante, a primeira, termina no momento em que os participantes da Assembleia cessam de ser os protagonistas. Trata-se do conjunto dos esforços postos em prática por seus diferentes atores, para gestar e, depois, tornar conhecidas as decisões da Assembleia. Nesta etapa, além dos bispos, teólogos e pastoralistas, também os meios de comunicação têm um papel importante. Com relação a *Aparecida*, esta etapa deixa ainda muito a desejar. A proposta missionária da V Conferência continua ainda muito desconhecida do Povo de Deus em geral. Falta empenho, sobretudo do clero, em proporcionar ocasiões para que os leigos entrem em contacto com o espírito e o conteúdo do *Documento de Aparecida*.

A segunda etapa é o momento no qual a proposta em causa se infiltra e toma corpo na totalidade da vida eclesial. É o período em que as Igrejas locais vão assimilando metabolicamente o dado novo, integrando-o em sua vida concreta.[9] É uma fase longa e complexa,[10] pois significa mais do que uma simples "aplicação", ou seja, a superposição de um dado sobre outro, significa uma verdadeira conversão, fruto da assimilação de um elemento por outro. Evidentemente tal processo não pode obedecer a um calendário fixo. A recepção, enquanto "infiltração" ou "inculturação", desemboca em uma nova síntese dos elementos em causa, escapando a qualquer diretividade. É o momento da realização também de assembleias de pastoral, que desembocam em planos concretos de ação, envolvendo o conjunto do Povo de Deus, dos serviços e das estruturas eclesiais. Como já vimos, receber a proposta de *Aparecida* de uma Igreja em estado permanente de missão implica conversão pastoral e renovação eclesial, o que só é possível num processo gradual e permanente.

2.2. A recepção de Aparecida num espaço determinado

A recepção é um processo histórico, que se inscreve não só no tempo, mas também num lugar ou contexto determinado. Toda recepção é inevitavelmente contextualizada, regional ou particular, contingente às circunstâncias das Igrejas locais, inseridas no seio da sociedade. Daí a dificuldade de um projeto de Missão continental que escape aos limites de confundir recepção com aplicação e processo com eventos isolados. Também porque o lugar da recepção não é neutro, ao contrário, o espaço onde um documento da Igreja é recebido determina a modalidade e as qualidades da recepção.

Em outras palavras, dadas as diferenças e peculiaridades dos contextos, a recepção de *Aparecida* não pode dar-se da mesma forma em toda parte. Seria reducionismo restringir a recepção somente às relações pessoais, negligenciando a relação Igreja-sociedade. As proposições da V Conferência, na medida em que convoca todos os fiéis a ser o coração da Igreja

---

[9] Cf. POTTMEYER, H. J. Vers une nouvelle phase de réception de Vatican II. Vint ans d'herméneutique du concile. In: ALBERIGO, G.; JOSSUA, J.-P. (orgs.). *La Réception de Vatican II*. Paris: Éd. du Cerf, 1985. p. 48-52. (Cogitatio Fidei, n. 134.) Também: A. ANTON, A. La "recepción" del Vaticano II y de su eclesiología. *Revista Española de Teología* 48 (1988) 299-318.

[10] Cf. WILLEBRANDS, J. Ecumenical Dialogue and Its Reception. *Diakonia* 1-3 (1984-1985) 123-124.

no coração do mundo, ultrapassam os limites da vida intraeclesial. No processo de recepção, a Igreja também "recebe" do mundo e da cultura. Se, por um lado, a Igreja é um dom de Deus à humanidade, por outro é resposta de uma porção concreta da humanidade que acolhe este dom.

Esse processo num lugar determinado se dá no encontro com as culturas. A recepção não é um mero transvazar de um conteúdo (um documento) num recipiente determinado (cultura).[11] A relação entre uma proposta e a Igreja local é de apropriação ou de assimilação, segundo o modo dos receptores.[12] Os sujeitos de uma recepção criativa não são os autores ou gestores da proposta em causa, mas os receptores, que encarnam a seu modo a mensagem. A apropriação, enquanto assimilação metabólica, por um lado, põe em relevo quem recebe e, por outro, o próprio bem assimilado é necessariamente transformado. Trata-se de uma assimilação ativa que leva, inevitavelmente, a uma recepção pluriforme.[13] O processo de recepção passa por um processo de interpretação, o que faz com que nenhuma maneira de receber pode ser considerada absoluta. Uma determinada forma de recepção é apenas uma versão possível do dado recebido.[14]

Por isso a diversidade na recepção não conduz necessariamente à divisão entre as Igrejas. Como na *pericorese* da Trindade, trata-se aqui da distinção que não compromete a comunhão, ao contrário, a forma própria de recepção, antes de ser ameaça, ao ser comunicada, é fator de novas possibilidades às outras Igrejas. É assim que um bem particular de uma Igreja torna-se o bem comum de toda a Igreja e que as Igrejas devem se reconhecer mutuamente. A recepção desencadeia um processo de intercâmbio entre as Igrejas, no fundo também um processo de recepção mútua.

---

[11] Cf. GONZÁLEZ DORADO, A. Inculturación y endoculturación de la Iglesia en América Latina. Anotaciones para una investigación del proceso. *Estudios Eclesiásticos* 255 (1990) 405-442.

[12] GREENACRE, R. La Réception des textes des dialogues et la réception de la doctrine: deux problèmes pour les anglicans. *Irénikon* 58/4 (1985) 472.

[13] Cf. AZEVEDO, M. Cristianismo, una experiencia multicultural. Cómo vivir y anunciar la fe cristiana en las diferentes culturas. *Medellín* 83 (1995) 229-249.

[14] Trato isso de maneira sistemática em: *Por uma evangelização inculturada. Princípios pedagógicos e passos metodológicos.* São Paulo: Paulinas, 1998 – especialmente p. 53-55. (Coleção Atualidade em diálogo.)

2.3. A recepção de Aparecida e seus atores

A recepção é um fenômeno complexo, pois, além de implicar tempo e lugar, coloca em ação na Igreja local o conjunto do Povo de Deus. Uma Igreja local é a comunhão de pessoas com dons diversos, partilhando a vida em diferentes condições e desempenhando diferentes papéis, seja na Igreja, seja na sociedade.[15]

Os atores enquanto o conjunto do Povo de Deus

A recepção não pode ser compreendida como um mero ato técnico e instrumental ou um processo sociológico, puramente numérico e quantitativo.[16] Ela envolve o conjunto do povo de Deus, o verdadeiro sujeito da recepção. A participação de todos se dá sob um fundamento teológico, mais concretamente pneumatológico. Na medida em que os fiéis, pelo Batismo, são depositários da diversidade de carismas no mesmo Espírito, a concepção de uma Igreja sacramento da comunhão da Trindade funda a participação de todos no processo de recepção. Sendo o Espírito quem alimenta a participação de todos e faz a unidade, a ação de todos não conduz à anarquia nem à livre interpretação em função de gostos particulares, mas à sinergia e à escuta da fé de toda a Igreja. A diversidade de dons não leva à confusão, mas à expressão da variedade da unidade.[17]

Assim sendo, a recepção da proposta missionária de *Aparecida* vai além do bispo ou do clero. Não se dá, evidentemente, sem o bispo e sem o clero, mas o papel destes, neste processo, é tornar conhecida a proposta; reconhecer e incentivar a participação de todos no processo; proteger a diversidade que se exprime em sua Igreja e mantê-la na unidade; e guar-

---

[15]   Cf. CONGAR, La réception comme réalité ecclésiologique, p. 904-905.

[16]   WILLEBRANDS, The Ecumenical Dialogue and Its Reception, p 122.

[17]   Cf. ROUTHIER, *La réception d'un Concile*, p. 140-141. Y. CONGAR ressalta que "o consenso, a unanimidade, é efeito do Espírito Santo e o sinal de sua presença. É ele que estabelece a unidade da Igreja no espaço e no tempo, ou seja, segundo a dupla dimensão de sua catolicidade e sua apostolicidade ou Tradição" (La réception comme réalité ecclésiologique, p. 902).

dar, na comunhão de toda a Igreja, a recepção particular que acontece na própria Igreja local.[18]

A participação através de mecanismos

Para que a recepção se constitua num processo de todo o Povo de Deus e não apenas de um grupo particular na Igreja, faz-se necessária a criação de mecanismos de participação que viabilizem a atuação de todos os interessados. Não basta a participação dos pastores e o trabalho dos teólogos: o magistério dos pastores, a teologia dos doutores e o *sensus fidelium* são três elementos indissociáveis e ligados entre si.[19] Para que seja operante, a recepção supõe formas de intercâmbio e de comunicação interpessoal e intereclesial.

2.4. A recepção de Aparecida em sua proposta missionária

A recepção, enquanto processo de intercâmbio, não engaja somente atores diferenciados, situados no tempo e no espaço, mas implica, igual e principalmente, a proposta em causa. Em vista dela é que o processo foi desencadeado. Para isso, faz-se necessário, por um lado, um bom conhecimento da proposta e, por outro, ligar a mesma com a fé da Igreja, com a *mensagem* revelada.

O estudo da proposta

No processo de recepção, primeiro é preciso situar a proposta, que chega através de um documento, dentro do evento que a gerou. A V

---

[18] Cf. ROUTHIER, *La réception d'un Concile*, p. 142. Ver, também: CONGAR, La réception comme réalité ecclésiologique, p. 904-905 – em que o autor fala de duas vias de acesso à unanimidade: a obediência e a recepção. A primeira considera a Igreja como sociedade sujeita a uma autoridade monárquica; a segunda concebe a Igreja como comunhão de Igrejas. A segunda concepção permaneceu viva durante todo o primeiro milênio; a primeira dominou o Ocidente entre a Reforma do século XI e o Concílio Vaticano II.

[19] Cf. TILLARD, J.-M. R. Théologie et vie ecclésiale. In: *Initiation à la pratique de la théologie*. Paris: Ed. du Cerf, 1982. t. I, p. 161-182.

Conferência é muito mais do que a Assembleia, que, por sua vez, é mais do que o *Documento*. Em outras palavras, é preciso situar o texto em seu pré-texto e *con*-texto, condição para captar seu espírito. Fora de seu espírito a letra é morta e o texto perde seu sentido e força.

Para isso, faz-se necessário recorrer aos recursos de crítica histórica e literária de que hoje dispomos, a começar pelos princípios gerais de interpretação dos textos, que nos remetem à história de sua produção, ou seja, ao processo de redação e ao contexto geral no qual se inscrevem os seus enunciados.[20] Além disso, é importante estar atento ao movimento do texto, no qual uma proposição particular pode ser melhor compreendida quando colocada em relação a outras afirmações de outros documentos. Ou seja, ao pôr em diálogo diferentes documentos, nos permite julgar se um enunciado se constitui numa preocupação marginal ou central. Concretamente, compreende-se melhor Aparecida, se situamos o *Documento* em relação a *Santo Domingo, Puebla, Medellín* e, na base deles, o Concílio Vaticano II. *Aparecida* se insere na já longa e significativa tradição latino-americana.

Outro recurso importante para a interpretação da proposta em seu espírito, em vista de sua recepção, é fazer vir à tona as diferentes redações do texto. A rejeição de uma proposição, seja pela Assembleia, seja pela Comissão de Redação, seja por outra instância, não modifica o texto, mas é um indicador precioso de uma posição da Assembleia sobre um tema determinado.[21] Como no caso de Aparecida, o que vale ou o que está para ser recebido é o *Documento oficial*, mas este pode e dever ser lido tendo presente o *Documento original*, incluídas as quatro sucessivas redações pelas quais o texto passou até chegar ao texto definitivo.

---

[20] Cf. ROVIRA BELLOSO, J. M. *Vaticano II;* un concilio para el tercer milenio. Madrid: BAC, 2000. p. 29-61 – aqui, p. 18-19.

[21] Cf. JOSSUA, J.-P. (éd.). *La Réception du Vatican II*. Paris: Éd. du Cerf, 1985. p. 58-60.

A ligação da proposta com a fé da Igreja

A proposta a ser recebida não é algo periférico e passageiro. No fundo, o que se propõe para sujeitos concretos, numa situação particular e num tempo determinado, é a fé apostólica, com a finalidade de nos conduzir a uma maior comunhão com Deus e com a humanidade.[22] Como nos faz ver São Paulo, a fé cristã é essencialmente um ato de recepção daquilo que é transmitido. Por isso o processo de recepção se constitui para a Igreja num novo encontro com o Evangelho, que, lido desde um novo contexto, é entendido e acolhido de uma maneira original. É o momento crucial da recepção, de um *consenso vertical* com o Evangelho e de um *consenso horizontal*, uma vez que o testemunho comum de toda a Igreja engaja o consenso dos fiéis de uma Igreja local na comunhão das outras Igrejas.[23]

3. O itinerário da proposta missionária de Aparecida

A proposta da V Conferência de Aparecida é sermos uma Igreja em estado permanente de missão, à luz da opção pelos pobres, em pequenas comunidades, para que a pessoa inteira e nossos povos tenham Vida. O *Documento* propõe percorrer um caminho, em quatro etapas (n. 226): experiência pessoal de fé, vivência comunitária, formação bíblico-teológica e compromisso missionário de toda a comunidade.

Primeira etapa: experiência pessoal de fé

Uma Igreja em estado permanente de missão a serviço da vida plena de nossos povos, depende de discípulos missionários que tenham feito uma experiência pessoal de fé, profunda e intensa, de encontro pessoal com Jesus Cristo. *Aparecida* propõe que a ação evangelizadora chegue às pessoas, para além de comunidades massivas, constituídas de cristãos não evangelizados, sem conversão pessoal, de fraca identidade cristã e

---

[22] Cf. ZIZIOULAS, The Theological Problem of "Reception", p. 5.
[23] Cf. 1Cor 11,23; Gl 1,9-12.

pouca pertença eclesial. Para isso, meios privilegiados são o testemunho dos evangelizadores e o anúncio da mensagem do Evangelho, fontes de conversão pessoal e mudança integral de vida (*DAp*, n. 226a).

Lugares de encontro com Jesus Cristo

O encontro com Jesus Cristo, no Espírito, realiza-se na fé, recebida e vivida na Igreja, através de mediações (*DAp*, n. 246) como a Sagrada Escritura, a liturgia, o sacramento da Reconciliação, a comunidade, os pobres, a religiosidade popular, Nossa Senhora e os santos.

Segunda etapa: vivência comunitária

Uma vez tendo-se propiciado a oportunidade de o discípulo missionário fazer a experiência do encontro pessoal com Jesus Cristo, é preciso que ele encontre uma comunidade em que possa viver comunitariamente sua fé. Nossos fiéis procuram comunidades cristãs onde sejam acolhidos fraternalmente e se sintam valorizados, visíveis e eclesialmente incluídos. Por isso *Aparecida* insiste na necessidade de nossos fiéis se sentirem realmente membros de uma comunidade eclesial e corresponsáveis em seu desenvolvimento. Isso permitirá maior compromisso e entrega "na" e "pela" Igreja (*DAp*, n. 226b).

Lugares eclesiais para a comunhão

Na perspectiva da eclesiologia do Concílio Vaticano, *Aparecida* recolhe a tradição de *Medellín*, vendo nas Comunidades Eclesiais de Base a "célula inicial de estruturação eclesial" (DAp, n. 178), unidas à paróquia, no seio de uma Igreja local.

Terceira etapa: formação bíblico-teológica

O seguimento de Jesus, para se constituir em discipulado missionário, precisa caminhar para uma terceira etapa – a formação bíblico-teológica. Diz *Aparecida* que nossos fiéis precisam aprofundar o conhecimento da

Palavra de Deus e os conteúdos da fé, condição para o amadurecimento da fé. Tal formação não consiste em um conhecimento teórico e frio, ao contrário, precisa ser vivencial, recebido no seio da comunidade (*DAp*, n. 226c). A vocação e o compromisso de ser discípulos missionários na América Latina e no Caribe requerem uma clara e decidida opção pela formação dos membros de nossas comunidades (*DAp*, n. 276).

Lugares de formação para os discípulos missionários

Entre os lugares privilegiados de formação, *Aparecida* destaca a família, a paróquia, as CEBs, os movimentos eclesiais e novas comunidades, os seminários e casas de formação de religiosos, bem como a escola e a universidade católicas.

Quarta etapa: compromisso missionário de toda a comunidade

A experiência pessoal de fé, a vivência comunitária e a formação bíblico-teológica confluem para uma quarta etapa: o compromisso missionário de toda a comunidade (*DAp*, n. 226d). Para *Aparecida*, uma Igreja em estado permanente de missão precisa envolver-se com as famílias, os menores, os jovens e adolescentes, os idosos, as mulheres, o pai de família e a ecologia. Cada comunidade cristã precisa converter-se em um poderoso centro de irradiação da vida em Cristo (n. 362), no mundo da cultura (nn. 479-480), da comunicação social (nn. 484-490), nos centros de decisão (nn. 491-500) e na vida pública (nn. 501-508).

Novos lugares do compromisso missionário da comunidade

A evangelização não pode prescindir dos meios de comunicação social. Com eles, a Igreja proclama "sobre os telhados" a mensagem de que é depositária (*DAp*, n. 485). Mas eles não substituem as relações pessoais nem a vida comunitária (*DAp*, n. 489). Também tarefa de grande importância é a formação de pensadores e pessoas que estejam em níveis de decisão. É preciso impregnar esforços na evangelização de empresários, políticos e formadores de opinião no mundo do trabalho, dirigentes sindicais e comunitários (*DAp*, n. 492) Novo campo missionário é a pastoral do turismo e do entretenimento nos clubes, nos esportes, no cinema e centros comerciais (*DAp*, n. 493). Também é preciso valorizar o diálogo entre fé e ciência (*DAp*, n. 495), assim como comunicar os valores evangélicos de maneira positiva e propositiva, pois são muitos os que se dizem descontentes, não tanto com o conteúdo da doutrina da Igreja, mas com a forma como ela é apresentada (*DAp*, n. 497). Em resumo, os discípulos missionários de Cristo devem iluminar com a luz do Evangelho todos os espaços da vida social. A opção preferencial pelos pobres exige uma atenção pastoral aos construtores da sociedade. Se muitas estruturas atuais geram pobreza, em parte se deve à falta de fidelidade a compromissos evangélicos de muitos cristãos, com especiais responsabilidades políticas, econômicas e culturais (*DAp*, n. 501).

A modo de conclusão

A recepção de um documento do magistério, como no caso do *Documento de Aparecida*, é um fenômeno complexo. Por um lado, a recepção da proposta missionária de *Aparecida* não pode ser compreendida como um mero ato técnico e instrumental ou um processo sociológico, puramente numérico e quantitativo. A recepção envolve o conjunto do Povo de Deus, seu verdadeiro sujeito, cuja participação se dá sob um fundamento teológico, mais concretamente: pneumatológico. Como dissemos, na medida em que os fiéis, pelo Batismo, são depositários da diversidade de carismas no mesmo Espírito, a concepção de uma Igreja sacramento da comunhão da Trindade funda a participação de todos no processo de recepção. A recepção é um processo de comunhão, no qual, em torno ao objeto em causa, a Igreja local comunga com a fé confessada pelas Igrejas desde os apóstolos. Embora uma proposta eclesial não possa estabelecer-se independentemente e fora da comunhão da fé confessada pelos fiéis, a validade de um ensinamento magisterial não vem da aprovação dos fiéis, mas da conformidade do enunciado com a fé apostólica.

Por outro lado, do ponto de vista operacional, a recepção implica um processo que envolve tempo, lugar, atores e a proposta a ser recebida. É, antes de tudo, um processo de intercâmbio e de comunicação, pois ela engaja atores concretos em torno de um bem a ser recebido. Não é um processo unilateral, de mão única, de mero assentimento intelectual de um conjunto de verdades. Antes, trata-se da assimilação metabólica ou da inculturação de um ensinamento num lugar determinado, operada pelos atores de uma Igreja local, inserida no seio da sociedade. Preocupada com a operacionalidade, *Aparecida* nos presenteou não só com uma bela e desafiante proposta como teve o cuidado de visualizá-la num rico itinerário, em quatro etapas. O ponto de chegada depende de nos colocarmos, resolutamente, no ponto de partida. A hora é agora.

CONCLUSÃO

ESCUTAR E SEGUIR AS TESTEMUNHAS

ERWIN KRÄUTLER[*]

> *Estimula-nos o testemunho de*
> *tantos missionários*
> *e mártires de ontem e de hoje*
> *em nossos povos*
> *que têm chegado a*
> *compartilhar a cruz de Cristo*
> *até a entrega de sua vida.*
> (cf. *DAp*, n. 275)

Em memória de Romero

Anos atrás[1] tive o privilégio de visitar o "Hospitalito" onde Monsenhor Romero residia e foi assassinado. Nas paredes de seu quarto vi as fotos tiradas imediatamente depois que caiu, mortalmente ferido, aos pés do altar. A camisa e a túnica ainda manchadas de sangue causaram-me arrepios. Concelebrei com outros bispos e dezenas de padres a Santa Missa na capela e no mesmo altar em que, no dia 24 de março de 1980, o Arcebispo de San Salvador Oscar Arnulfo Romero foi fuzilado, enquanto apresentava de mãos erguidas pão e vinho. Concretizou-se o que poucos dias antes havia declarado: "Como pastor, estou obrigado por mandato

---

[*] Bispo do Xingu (PA). Nasceu na Áustria e há mais de quarenta anos vive na região amazônica. Ativista dos direitos humanos e presidente do Conselho Indigenista Missionário (CIMI).

[1] 27 de novembro de 2002, por ocasião de uma reunião em preparação ao COMLA 7 – CAM 2, realizado em novembro de 2003 na Guatemala.

divino a dar a vida por aqueles que amo". Jamais conseguirei descrever o que senti na hora da celebração eucarística.

Depois da Santa Missa, um padre se dispôs a responder a perguntas sobre o processo de beatificação. Sem meias palavras informou:

> O processo está parado. A discussão gira em torno da questão se Monsenhor Romero foi assassinado por causa de sua fé ou porque se envolveu em política. Além disso, existe o medo de que a beatificação de Monsenhor Romero venha a ser interpretada como beatificação da Teologia da Libertação.

Que discussão é essa? O arcebispo de San Salvador foi assassinado! Perdeu a vida! Derramou o seu sangue porque levou seu amor até as últimas consequências! O questionamento se foi "por causa da fé" ou "porque se envolveu em política", além de macabro e desapiedado, é de uma chocante frieza diante de quem deu a vida pelos irmãos e irmãs (cf. 1Jo 3,16). Alguém não poderia envolver-se em política exatamente por causa de sua fé, porque acredita e confia em Deus e seu Reino, porque procura viver os compromissos que emergem do Evangelho? Não devemos ser "sal da terra" (Mt 5,13), "luz do mundo" (Mt 5,14), "fermento na massa" (cf. Mt 13,33; Lc 13,20-21), também e, quem sabe, especialmente no campo da política? Não é a política e os políticos que determinam o sistema e criam as estruturas de um país? E se essas estruturas são iníquas, perversas, desumanas, não cabe a todos os fiéis e, por excelência, a um bispo exigir que sejam respeitados a dignidade e os direitos de quem foi criado à imagem e semelhança de Deus? A fé não se vive em ambiente asséptico, mas no meio do mundo. São "inimigos da cruz de Cristo" (Fl 3,18) aqueles que querem separar a fé da vida e confiná-la no recinto fechado do templo e de sua sacristia.

E por que esse medo de "beatificar" a Teologia da Libertação? Os mártires são a prova d'água da validade evangélica dessa teologia. Quando presidiu as exéquias de seu amigo Padre Rutílio Grande, sj, assassinado por ter vivido com os pobres, e três dias depois os militares invadirem a paróquia, espalhando terror, matando e prendendo e ainda profanando a Igreja e seu sacrário, Monsenhor Romero sofreu um impacto que o abalou até o âmago de seu ser. Defender a vida e a dignidade dos pobres e solidarizar-se com os perseguidos do seu povo será doravante parte intrínseca de sua missão de pastor. Foi inevitável que essa decisão, profundamente alicerçada no Evangelho, tenha tido consequências "políticas". Mexeu realmente com a ditadura e os usurpadores do poder. Nos três anos de vida que lhe restam, Monsenhor Romero tornar-se-á paradigmaticamente o profeta-mártir da América Latina. Deus e a história o colocaram neste caminho. O martírio não foi a sua escolha. Foi a sua graça historicamente assumida.

Seguir a Jesus

Nunca entendi a aversão, a alergia de certos segmentos de nossa Igreja à Teologia da Libertação. Ela é visceralmente bíblica. O Deus da Bíblia é um Deus-conosco, Emanuel. A história de Deus com a humanidade é uma história de aproximação, comunicação, convocação, solidariedade e libertação. Nos grandes mistérios dessa história, lembramos e celebramos um longo processo, em que Deus realiza sua missão na aproximação ao seu povo, na costura das rupturas, na libertação da humanidade. Não é um deus igual ao Amon-Ré dos egípcios, distante e inacessível, um deus que não revela o seu nome, pois tem medo de os seres humanos o invocarem. O Deus do povo oprimido e escravo no Egito revela seu nome. Não há prova maior de sua afeição. "Eu sou aquele que está (convosco)" (Ex 3,14). O Deus da Bíblia é um Deus que fala: "Eu vi a opressão de meu povo no Egito, ouvi o grito de aflição diante dos opressores e tomei conhecimento de seus sofrimentos. Desci para libertá-los das mãos dos egípcios e fazê-los sair desse país para uma terra boa e espaçosa, terra onde corre leite e mel [...]" (Ex 3,7-8). O Deus da Bíblia é um Deus que vê seu povo e por isso é justo, um Deus que ouve, que conhece e que desce para libertar e faz subir para uma terra boa e vasta. Em Jesus, nome que significa "Deus salva", "Deus liberta", Deus armou sua tenda entre nós (cf. Jo 1,14). No Verbo encarnado, o Deus criador se contextualiza como

Emanuel, como "Deus-conosco", prometido ao longo da história (cf. Is 7,14; Mt 1,23; 28,20).

No discurso sobre o juízo final, Jesus, o Filho de Deus, não nos recomenda apenas que ajudemos os pobres e nos solidarizemos com os excluídos da sociedade. Jesus vai bem mais longe. Ele mesmo se identifica com quem está na miséria, com quem sofre, com quem não tem onde cair morto, com os que são violentados e discriminados, com os sem terra, sem teto, sem nada (cf. Mt 25,31-46). É um sacrilégio desvincular o amor ao próximo do Amor a Deus, louvar a Deus com hinos e cânticos espirituais, mas deixar de "contemplar os rostos daqueles que sofrem", para citar o *Documento de Aparecida* (n. 65):

> Entre eles, estão as comunidades indígenas e afro-americanas [...]; muitas mulheres são excluídas, em razão de seu sexo, raça ou situação socioeconômica; jovens que recebem uma educação de baixa qualidade e não têm oportunidades de progredir [...]; muitos pobres, desempregados, migrantes, deslocados, agricultores sem terra [...]; meninos e meninas submetidos à prostituição infantil [...]; dependentes das drogas, as pessoas com limitações físicas, os portadores e vítimas de enfermidades graves [...] que sofrem a solidão [...]. Sentimos as dores, enfim, da situação desumana em que vive a grande maioria dos presos [...]. Os excluídos não são somente explorados, mas "supérfluos" e "descartáveis".

Ao contemplarmos os rostos dos que sofrem, divisamos o rosto desfigurado e ensanguentado do próprio Senhor Jesus como apelo veemente a lutarmos por um mundo justo, fraterno, solidário, como convocação insistente ao empenho generoso pelo Reino de Deus. O nosso Amor a Deus se mede pelo amor ao próximo.

Testemunhar o Reino

Somos convidados a ver com os olhos de Deus os pobres, os mutilados e os entregues à morte antes do tempo. Só o Amor consegue desvendar os enigmas da realidade, decifrar as causas da iniquidade, que são fruto de estruturas injustas e corações corrompidos. E é por causa deste amor "até o fim" (Jo 13,1), até o extremo, tantos homens e mulheres da América Latina se identificaram com Jesus até a cruz (cf. Jo 19,30), entregando a sua vida, derramando o seu sangue (cf. *DAp*, n. 140). Não se deixaram intimidar por ameaças, preferiram perder a vida a trair a sua fé e abandonar a luta pela causa dos pobres e excluídos, por seus direitos e sua dignidade.

O *Documento de Aparecida* fala quatro vezes (nn. 140, 220, 275 e 396) do martírio e dos mártires da América Latina, e sublinha "o testemunho como componente chave na vivência da fé" (n. 55). Lembra, sem mencionar explicitamente, a *Evangelii Nuntiandi*, de 1975, que resumiu com simplicidade a importância do testemunho e do martírio: "O homem contemporâneo escuta com melhor boa vontade as testemunhas do que os mestres" (n. 41). O *Documento de Aparecida* (n. 275) afirma:

> Seu [dos mártires] exemplo de vida e santidade constitui um presente precioso para o caminho cristão dos latino-americanos e, simultaneamente, um estímulo para imitar suas virtudes nas novas expressões culturais da história. Com a paixão de seu amor a Jesus Cristo, foram membros ativos e missionários em sua comunidade eclesial. Com valentia, perseveraram na promoção dos direitos das pessoas, foram perspicazes no discernimento crítico da realidade à luz do ensino social da Igreja e críveis pelo testemunho coerente de suas vidas.

Irmã Cleusa Carolina Rody Coelho, missionária agostiniana recoleta, morre brutalmente assassinada, aos 52 anos de idade, no dia 28 de abril de 1985. Dedicava-se ao povo indígena Apurinã, na Prelazia de Lábrea, Amazonas. "Agora, quem vai cuidar de nós? Ela era a nossa mãe", chora um índio apurinã no enterro da Irmã. É assassinada por causa de sua defesa da terra e da paz. Tornou-se mártir da causa indígena. A autópsia revela toda a crueldade com que foi morta: costelas quebradas, crânio fraturado, braço direito parcialmente separado do corpo, fratura na coluna vertebral. Sua mão direita nunca foi encontrada. Pedaços de chumbo no tórax e na região lombar indicam que levou um tiro de espingarda.

Padre Josimo Morais Tavares é baleado, pelas costas, em 10 de maio de 1986, pouco depois do meio-dia, quando subia a escada do edifício onde funciona a Comissão Pastoral da Terra (CPT) em Imperatriz, estado do Maranhão. Não resiste aos ferimentos. Duas semanas antes, Josimo havia lavrado o seu testamento:

> Tenho que assumir. Estou empenhado na luta pela causa dos lavradores indefesos, povo oprimido nas garras do latifúndio. Se eu me calar, quem os defenderá? Quem lutará em seu favor? Eu, pelo menos, nada tenho a perder. Não tenho mulher, filhos, riqueza... Só tenho pena de minha mãe, que só tem a mim e ninguém mais por ela. Pobre. Viúva. Mas vocês ficam aí e cuidam dela. Nem o medo me detém. É hora de assumir. Morro por uma causa justa. Quero que vocês entendam que tudo isso que está acontecendo é uma consequência lógica do meu trabalho na luta e defesa dos pobres, em prol do Evangelho, que me levou a assumir essa luta até as últimas consequências. A minha vida nada vale em vista da morte de tantos lavradores assassinados, violentados, despejados de suas terras, deixando mulheres e filhos abandonados, sem carinho, sem pão e sem lar.

Em 25 de agosto de 2001, Ademir Alfeu Federicci (Dema), agricultor, pai de família, é assassinado em Altamira, estado do Pará, aos 36 anos de idade. Às duas e meia da madrugada um pistoleiro invade-lhe a casa e abre fogo contra ele, que cai aos pés da esposa e morre pedindo a ela, Maria da Penha, que cuide dos filhos, agora órfãos de pai. Foi dirigente de Comunidade Eclesial de Base na Rodovia Transamazônica. Dema havia assumido uma posição decidida de defender o meio ambiente, pois deu-se conta de que a devastação inescrupulosa do vale do Xingu terá consequências nefastas para as futuras gerações. Denunciou irregularidades da extinta Sudam. Ergueu sua voz contra o projeto hidrelétrico Belo Monte. Tornou-se militante convicto da ecologia, que entendeu como defesa intransigente do lar que Deus criou para todos os povos e que deve ser cuidado, zelado, amado. Somos responsáveis por ele em vista das gerações que vêm depois de nós. Dema jamais se deixou corromper pelos argumentos falaciosos repetidos continuamente pelos políticos de plantão com seus *slogans* que anunciam sacrifícios para os pequenos: "O progresso tem seu preço".

Irmã Dorothy Mae Stang pertencia à Congregação das Irmãs de Notre Dame de Namur. Em 1982, chega na Prelazia do Xingu, estado do Pará, e morre assassinada em 12 de fevereiro de 2005, aos 73 anos de idade, no município de Anapu. Defendeu as famílias de agricultores contra grileiros e madeireiros e lutou por projetos de colonização que respeitassem a dinâmica de uso sustentável da floresta. Regou com o seu sangue o cobiçado chão da floresta tropical na Amazônia. Quando um de seus algozes perguntou se estava armada, mostrou a Bíblia Sagrada e leu as palavras do Evangelho segundo São Mateus: "Bem-aventurados os pobres, os mansos, os que têm fome e sede de justiça". Na última entrevista que deu a um jornalista, afirmou com ênfase: "Eu acredito muito em Deus e sei que ele está comigo!". E ancorada nesta fé acrescentou: "Sei que eles querem me matar, mas não vou fugir. Meu lugar é aqui, ao lado dessas pessoas constantemente humilhadas por gente que se considera poderosa!".

Poderia continuar esse martirológio e acrescentar dezenas de nomes de mulheres e homens de todos o países da América Latina. Restrinjo-me a esses quatro porque os conheci pessoalmente. Ao recordá-los, sinto uma imensa admiração e um carinho todo especial, mas ao mesmo tempo me invade uma profunda indignação quando penso nos responsáveis por sua morte. E essa indignação se torna revolta, pois nenhum dos mandantes, dos que encomendaram o assassinato, se encontra preso. É a prova irrefutável de que atrás dessas mortes existe um sistema iníquo, existe um consórcio do crime. Esses homens e mulheres não sofreram somente ameaças. Foram mortos. Sua trajetória foi brutalmente encerrada antes do tempo. A vida lhes foi tirada. Tombaram. O último ato da sociedade envolvente é proceder à autópsia para determinar detalhadamente a *causa mortis* e depois sepultar os corpos, fincando uma cruz na sepultura com data de nascimento e de morte da pessoa executada. Mas o povo que acredita na justiça da ressurreição jamais os esquece. Visita seus túmulos, acende velas, faz romarias, venera-os como santas e santos.

Martírio pela causa, sem casuísmo

Monsenhor Oscar Arnulfo Romero é mártir ou não é? Irmã Cleusa, Padre Josimo, Dema, Irmã Dorothy são mártires ou não são? Foram mortos porque se "envolveram em política"? Ou, porque professaram, na luta pelos direitos humanos e na rejeição de todo tipo de injustiça e violência, sua fé no Reino de Deus, "Reino da justiça, do amor e da paz" (Prefácio de Cristo Rei)?

Qual é a diferença entre Monsenhor Oscar Romero e Justino, mártir no tempo do imperador Marco Aurélio (cerca de 165)? Os mártires das grandes perseguições do Império Romano, ao professarem "Jesus Cristo é o Senhor", incorreram em crime de lesa-majestade, pois negaram-se a prestar culto ao imperador. Aceitar a Cristo como SENHOR significava atentar contra o sistema vigente e destronar César. Por isso o prefeito de Roma ordenou a Justino: "Manifesta tua fé nos deuses e obedece aos imperadores". Não conseguindo dobrá-lo, pronuncia a sentença: "Os que não quiserem sacrificar aos deuses e obedecer à ordem do imperador [...] sejam conduzidos para sofrer a pena capital, segundo a norma das leis" (cf. *Atas do martírio dos santos Justino e seus companheiros*).

O arcebispo de San Salvador, também ele não fez outra coisa do que professar "Jesus Cristo é o Senhor, para a glória de Deus Pai" (Fl 2,11). Por causa deste Cristo Senhor e em nome do Evangelho denunciou a injustiça e violência que desabou em cima de seu povo, a miséria que assolava o seu país, as injustiças praticadas pelo governo, o sangue derramado pela ditadura. Só de janeiro a março de 1980 foram assassinados 1015 salvadorenhos. Fez a opção de colocar-se do lado do povo sofrido, defendendo com toda firmeza e coragem o rebanho de que era pastor. Justino negou-se a queimar incenso aos deuses e ao imperador. Com tal recusa e a proclamação de Cristo como Senhor rejeitou a soberania absoluta do imperador e incorreu na pena máxima. A intransigente defesa dos pobres de Monsenhor Romero, sua luta pela justiça e pelos direitos humanos despertou igualmente o ódio dos poderosos. Suas denúncias tornaram-no incômodo. O seu compromisso com os prediletos de Deus subverteu a ordem estabelecida. E a ditadura se vinga. Quem é contra tem de ser eliminado. Assim aconteceu também com Cleusa, Josimo, Dema, Dorothy e tantos outros. Negaram-se a prestar culto ao regime injusto e arbitrário de um sistema excludente e depredador. Recusaram-se a fazer aliança com os poderosos. Denunciaram sua corrupção, suas políticas infames, a inconstitucionalidade de seus atos. Foram mortos porque não traíram o Cristo Senhor, porque ficaram fiéis ao Evangelho, porque perseveraram até o fim (cf. Mt 24,13). No martírio misturaram seu sangue com o sangue de Cristo, prova mais eloquente do amor: "Ninguém tem amor maior do que aquele que dá a vida por seus amigos" (Jo 15,13). Eis a missão dos discípulos e das discípulas: anunciar o Evangelho do Reino e testemunhar o amor maior de Deus. Como Jesus "é testemunha do mistério do Pai, assim os discípulos são testemunhas da morte e ressurreição do Senhor" (*DAp*, n. 144).

O martírio é a doação total e irrestrita em favor do Reino de Deus, levada até as últimas consequências. É amar até o fim (cf. Jo 13,1). Pode haver razões diversas, mas o motivo que leva ao martírio é sempre o mesmo: o amor maior. Santa Inês, Santa Maria Goretti ou, no Brasil, Albertina Berkenbrock e Aída Curi são mártires da castidade porque não cederam às investidas perversas do agressor. Preferiram morrer a macular sua virgindade. Nunca ninguém duvidou da justeza de declarar santas essas moças por causa de sua firmeza e coragem. Viveram e morreram inspiradas pela mística da bem-aventurança dos "puros de coração" e foram agraciadas com a realização da promessa: "porque verão a Deus" (Mt 5,8).

Mas existem ainda outras bem-aventuranças que se referem explicitamente ao empenho em favor da promoção da justiça e da paz: "Felizes os que têm fome e sede da justiça" (Mt 5,6); "Felizes os misericordiosos" (Mt 5,7); "Felizes os que promovem a paz" (Mt 5,9), "Felizes os perseguidos por causa de justiça" (Mt 5,10). E aos que arriscam a vida em favor da justiça, em favor da promoção humana, da dignidade humana, dos direitos humanos, é afirmado que "deles é o Reino dos Céus". E tem mais. São considerados especialmente bem-aventurados aqueles e aquelas que sofrem injúrias, perseguição, difamação, calúnia: "Alegrai-vos e exultai..." (Mt 5,12). Como pode alguém exultar e se alegrar quando é perseguido, agredido naquilo que lhe é tão caro, o bom nome, a boa reputação? Há, porém, um detalhe significativo no texto sagrado. O motivo da alegria não são as agressões, as hostilidades em si, mas o sofrimento "por causa de mim". Aí reside a razão profunda do martírio, do martírio do sangue derramado, mas também do martírio que é o testemunho de toda uma vida consagrada ao Senhor e seu Reino. O martírio pressupõe uma paixão sem limites. São Paulo nos dá a chave para entendermos melhor a verdadeira mística do martírio: "Mas essas coisas, que eram ganhos para mim, considerei-as prejuízo por causa de Cristo. [...] Por causa dele, perdi tudo..." (Fl 3,7-8).

No momento em que escrevo estas linhas faço em minha vida a experiência bem concreta do que o apóstolo *ad gentes* quis dizer com as palavras "Por causa dele, perdi tudo...". Exigi das autoridades uma investigação aprimorada da morte brutal de Irmã Dorothy, que desde 1982 trabalhou comigo, e a identificação dos integrantes do consórcio do crime que espalha o terror na região. Manifestei meu repúdio a projetos faraônicos que destroem a Amazônia e causam danos irreversíveis ao meio ambiente. Denunciei uma quadrilha, composta de pessoas da alta sociedade, que cometeu abusos sexuais contra menores. Coloquei-me sempre ao lado dos povos indígenas do Xingu e do Brasil, defendendo os seus direitos constitucionais às terras que herdaram de seus ancestrais. Exatamente por causa deste meu empenho, o meu nome se encontra numa lista de pessoas marcadas para morrer. Até o preço pela cabeça do bispo do Xingu já foi estipulado. Por causa das repetidas ameaças, a Secretaria de Estado de Segurança Pública do Pará decretou proteção policial 24 horas por entender-se responsável por minha integridade física. Assim, desde junho de 2006 estou continuamente acompanhado por policiais onde quer que me encontre na Prelazia do Xingu. Pedi reiteradas vezes que se relaxasse essa medida de proteção. Não fui atendido. Pelo contrário, as autoridades me recomendam o máximo de cuidado.

Sinto-me cerceado em minha liberdade de ir e vir, muito mais ainda no exercício de minha missão de pastor. Sou vigiado durante a celebração eucarística, nas viagens pastorais a comunidades, em reuniões, seminários, retiros e encontros, até em visitas a enfermos. Os soldados moram comigo debaixo do mesmo teto. Quem duvida que essa presença permanente da polícia seja incômoda? Mesmo assim, sou um privilegiado. Quem protegeu a Irmã Cleusa, o Padre Josimo, o Dema, a Irmã Dorothy e o Irmão Humberto, assassinado em 1995 na sede da Prelazia do Xingu, em Altamira, na mesma casa em que moro? Aprendi e hoje estou convicto de que, ao lado de tantos homens e mulheres assassinados nos últimos anos, líderes indígenas e defensores dos direitos humanos, fiéis e perseverantes até o fim no exercício de sua missão, a nossa solidariedade passa pela prontidão profética da justiça maior e pela gratuidade do amor maior.

Um novo Pentecostes?

O *Documento de Aparecida* declara que "a Igreja necessita de forte impulso que a impeça de se instalar na comodidade, no cansaço e na indiferença, à margem do sofrimento dos pobres do Continente" e acrescenta: "Esperamos um novo Pentecostes que nos livre do cansaço, da desilusão, da acomodação ao ambiente; esperamos uma vinda do Espírito que renove nossa alegria e nossa esperança" (n. 362). O "forte impulso", sem dúvida, é garantido se nos deixarmos comover pelo exemplo dos mártires que deram a vida pelos irmãos e irmãs. Mas o "novo Pentecostes" depende de algo mais. Medellín, que "latinoamericanizou" o Concílio Vaticano II, abriu os olhos e o coração de nossa Igreja para a realidade socioeconômica e política dos povos deste continente. Não se restringiu a lamentar a injustiça e a violência que chamou de "institucionalizada", mas procurou identificar as causas da exclusão de milhões de seres humanos do banquete da vida. Insistiu em que a Igreja precisava engajar-se na promoção da justiça e da paz, na luta pelos direitos humanos. Medellín tornou-se novo Pentecostes para a América Latina. Agora, depois da Conferência de Aparecida, não basta apenas "esperar" por um novo Pentecostes. O novo

Pentecostes só vai acontecer se a Igreja estiver disposta a abrir as portas para o mundo como aconteceu naquela memorável manhã em Jerusalém (cf. At 2,1-41), a sair do esconderijo que armou atrás dos muros dos templos e das instituições, a lançar-se no meio do mundo e anunciar com coragem o Evangelho de Deus, a entrar sem medo e acanhamento nesta sociedade pluralista, diversificada, e a defender os pobres, os excluídos, especialmente aqueles que hoje são considerados supérfluos e descartáveis.

A dimensão samaritana de ajudar nossos irmãos e irmãs para aliviar a dor e combater a miséria terá sempre sua importância, mas não pode nunca substituir a dimensão profética de nossa ação evangelizadora de identificar as causas da discriminação e exclusão e denunciá-las com a *parrhesia* dos Atos dos Apóstolos (cf. 4,13.29.31; 9,27; 13,46; 14,3; 19,8; 26,26; 28,31). O novo Pentecostes exige que a Igreja fale ao mundo com competência e ousadia, não para o mundo de ontem e de outrora, mas para o mundo de hoje e de agora e com uma linguagem que o mundo entende. Só assim a Igreja concretizará o compromisso assumido em Aparecida de ser "companheira de caminho de nossos irmãos mais pobres, inclusive até o martírio". A opção pelos pobres saltará do papel para o chão concreto da ação evangelizadora, pois irá "atravessar todas as nossas estruturas e prioridades pastorais", e assim a Igreja da América Latina e do Caribe viverá a graça de um novo Pentecostes, cumprindo a sua missão de "ser sacramento de amor, solidariedade e justiça entre nossos povos" (*DAp*, n. 396).

SUMÁRIO

PRÓLOGO
A missão da Igreja Católica: para que nossos povos nele
tenham vida – *Sergio Torres González* 5

PARTE I
O CONTEXTO DA MISSÃO NA AMÉRICA LATINA E NO CARIBE
Missão em um tempo de mudanças profundas e desafios culturais
inadiáveis – *Luiz Carlos Susin* 25
A dimensão conflituosa da missão na sociedade do conhecimento –
J. B. Libanio 41
A missão diante da crise econômica: interpretação, consequências
e desafios – *Manuel Hidalgo* 51

PARTE II
OS FUNDAMENTOS BÍBLICOS DA MISSÃO
O estilo de Jesus como paradigma da missão – *Jon Sobrino* 71
A missão da Igreja: lembrar o Reino, zelar pela vida – *Paulo Suess* ... 87

PARTE III
EIXOS TRANSVERSAIS DA MISSÃO
A opção pelo pobres como expressão da autenticidade da missão –
Ronaldo Muñoz 99
Ecologia e missão: um olhar a partir do
Documento de Aparecida – *Afonso Murad* 117
Dívida ecológica e evangelização – *Leonardo Boff* 139
Deus nos criou, homem e mulher – *Bárbara Bucker* 143
Uma missão descolonizadora de nossas mentes em relação
aos indígenas – *Eleazar López Hernández* 151

Uma missão descolonizadora de nossas mentes em
relação aos afrodescendentes – *Silvia Regina de Lima Silva*............ 169

PARTE IV
A ESPIRITUALIDADE E A MÍSTICA DA MISSÃO

A missão como ação do Espírito na Igreja e na sociedade –
Pedro Trigo.. 183
A missão como seguimento de Jesus Cristo no
Espírito – *Maria Clara Lucchetti Bingemer*.............................. 193

PARTE V
EXIGÊNCIAS PARA A MISSÃO EVANGELIZADORA

A missão como conversão pastoral:
uma pergunta ou uma resposta? – *Francisco Merlos*................ 205
A "recepção" da *Evangelii Nuntiandi* e da
Redemptoris Missio em Aparecida – *Pablo Bonavía*............... 221
A missão como renovação eclesial – *Víctor Codina*................ 235
Numa mudança de época, qual (que) missão? – *Diego Irarrázaval*.. 247

PARTE VI
A MISSÃO NA PRÁTICA DA IGREJA

Condições e elementos para a missão permanente –
Roberto Tomichá 259
Pedagogia e método para uma recepção criativa de Aparecida –
Agenor Brighenti... 273

CONCLUSÃO

Escutar e seguir as testemunhas – *Erwin Kräutler* 289

Impresso na gráfica da
Pia Sociedade Filhas de São Paulo
Via Raposo Tavares, km 19,145
05577-300 - São Paulo, SP - Brasil - 2012